L'ÂME
est
ÉTERNELLE

Catalogage avant publication de Bibliothèque et Archives nationales du Québec et Bibliothèque et Archives Canada

Williams, Lisa, 1973-
   L'âme est éternelle
   (Collection Voulez-vous tout savoir?)
   Traduction de : The survival of the soul.
   ISBN 978-2-89436-316-4
   1. Spiritisme. 2. Vie future. I. Titre.

BF1261.2.W5414 2011   133.9   C2011-941803-7

Nous reconnaissons l'aide financière du gouvernement du Canada par l'entremise du Programme d'aide au développement de l'édition (PADIÉ) pour nos activités d'édition.

Nous remercions la Société de développement des entreprises culturelles du Québec (SODEC) pour son appui à notre programme de publication.

© 2011 par Lisa Williams. Publié originalement par la maison Hay House inc.
   sous le titre *The Survival of the Soul*

Traduction : Sylvie Fortier
Infographie de la couverture : Marjorie Patry
Mise en pages : Interscript
Révision linguistique : Amélie Lapierre
Correction d'épreuves : Interscript

Éditeur : Les Éditions Le Dauphin Blanc inc.
         Complexe Lebourgneuf, bureau 125
         825, boulevard Lebourgneuf
         Québec (Québec) G2J 0B9 CANADA
         Tél. : (418) 845-4045 Téléc. : (418) 845-1933
         Courriel : info@dauphinblanc.com
         Site Web : www.dauphinblanc.com

ISBN : 978-2-89436-316-4

Dépôt légal : 4e trimestre 2011
         Bibliothèque nationale du Québec
         Bibliothèque nationale du Canada

Imprimé au Canada

Limites de responsabilité

L'auteur et l'éditeur ne revendiquent ni ne garantissent l'exactitude, le caractère applicable et approprié ou l'exhaustivité du contenu de ce programme. Ils déclinent toute responsabilité, expresse ou implicite, quelle qu'elle soit.

LISA WILLIAMS

Médium et clairvoyante
de réputation internationale

L'ÂME
est
ÉTERNELLE

Collection *Voulez-vous tout savoir?*

Traduit de l'anglais
par Sylvie Fortier

Le Dauphin Blanc

À mon fils, Charlie, ma source d'inspiration,
qui me montre toujours la lumière,
le sourire aux lèvres et l'amour dans le cœur !

Table des matières

Introduction

L'âme est éternelle paraît à une époque où bon nombre de gens cherchent à comprendre ce qui se passe quand nous quittons la vie. «Que se passe-t-il quand nous mourons?» est une question que plusieurs personnes me posent, ce qui est bien compréhensible puisque je suis une médium* sensitive, capable de communiquer avec les morts.

Depuis quelque temps, cette question revient de plus en plus souvent, les participants à mes ateliers et à mes lectures en direct étant plus curieux de l'au-delà que désireux de recevoir les messages de leurs chers disparus. C'est cet intérêt croissant qui m'a incitée à donner ma réponse sous forme de livre.

On pourra me juger présomptueuse d'affirmer que j'ai la réponse à ce qui est certainement le plus grand mystère de la vie, car cela ira apparemment au-delà de ce que le commun des mortels peut espérer savoir un jour. Or, je ne me considère pas comme un être particulier à mettre sur un piédestal. Ce n'est pas moi. Les propos que je tiens dans ces pages m'ont été transmis par l'Esprit lors de lectures que j'ai données à différentes personnes ou m'ont été communiqués par un de mes nombreux guides spirituels, ces êtres à la présence dynamisante qui m'accompagnent depuis le début de mon périple sur terre. (Veuillez noter qu'*Esprit* est le terme dont je me sers pour désigner collectivement les âmes passées dans l'au-delà.) Mon expérience de première main a également sa valeur : en effet, je suis «morte», mais je n'ai pas terminé la transition. Au lieu de cela, j'ai vécu une expérience de mort imminente (EMI) et j'ai été renvoyée sur terre pour faire mon travail.

Je suis simplement un canal grâce auquel l'information et la connaissance peuvent être transmises et partagées avec ceux qui veulent savoir. Je ne suis pas la Source, et nous possédons *tous* un potentiel de voyance. Par contre, tous les voyants ne sont pas médiums. Tout comme on développe un muscle par le moyen de l'exercice répété, il faut s'exercer pour

---

* *Médium* (masculin) est également employé au féminin dans ce livre.

renforcer sa capacité à entrer en contact avec l'Esprit. Pendant plusieurs années, j'ai cultivé mon don de médiumnité psychique avec cet objectif en tête, en donnant un peu partout dans le monde des lectures à des individus et à de grandes foules (ainsi qu'à la télévision). Surtout, j'ai appris que je dois toujours croire en moi.

Les circonstances qui m'ont amenée à exercer cette profession unique font l'objet d'une histoire que je raconte dans mon premier livre, *Life Among the Dead*. Enfant, je voyais souvent des esprits à qui je parlais, mais j'avais appris à cacher ce que je finis par appeler mon « don », car mon entourage me jugeait étrange et craignait ma capacité à voir les morts. Même si ma grand-mère maternelle, Frances Glazebrook, était alors une médium professionnelle, j'avais très peu de contacts avec elle. Quoi qu'il en soit, elle me prédit à l'adolescence que je serais sur scène devant des milliers de personnes pour faire ce qu'elle appelait son « travail ».

Lorsque j'ai commencé à donner des lectures professionnellement, j'ai été renversée de constater leur popularité ; par contre, je n'ai jamais pensé devenir célèbre ou faire de la télévision. J'étais heureuse de donner des lectures privées tous les jours et d'aider les gens dans leur cheminement. Cependant, il y a environ six ans, alors que je vivais à Redditch en Angleterre, dans une maison dont la pièce de devant me servait à recevoir mes clients, j'ai eu l'occasion de me rendre à Los Angeles pour une assez longue période. J'étais en mesure de faire ce séjour grâce à un ami à qui j'avais donné une lecture et qui m'avait encouragée à prendre des vacances et à explorer la vie à Los Angeles. Ce voyage a changé ma vie.

Les coïncidences n'existent pas, dit-on, et rien n'arrive sans raison. Il y avait donc une raison pour expliquer que je tombe gravement malade et que je sois hospitalisée durant mon séjour aux États-Unis. Voyez-vous, j'avais combattu une grave infection pelvienne qui ne répondait à aucun des traitements antibiotiques traditionnels durant les trois mois qu'avait duré mon séjour à Los Angeles. Après m'avoir opérée, les médecins avaient conclu qu'il n'était pas prudent pour moi de reprendre immédiatement l'avion pour l'Angleterre. J'avais donc fait « prolonger » mon visa de dix jours pour ma convalescence.

Durant ces dix jours, j'ai donné une lecture à une femme qui m'a proposé de rencontrer un de ses amis, un homme appelé « Merv Griffin ». C'était apparemment une vedette de la télévision américaine, mais étant Britannique, je ne savais rien de lui. J'ai rencontré Merv et nous avons fini par nous lier d'amitié. Je suis revenue aux États-Unis pour travailler avec lui et créer une émission pilote qui est par la suite devenue *Lisa Williams, dialogue avec les morts*. Grâce au succès de cette émission, ma carrière m'a permis de faire le tour du monde, d'enseigner le développement psychique et médiumnique à de petits groupes, mais aussi d'être sur scène devant des milliers de personnes et de donner des lectures à de grandes foules, exactement comme grand-mère me l'avait prédit !

La création de ce livre

L'histoire de la rédaction de ce livre, mon deuxième, est intéressante en ce qu'elle révèle beaucoup de choses sur ma façon de travailler. Le moins que l'on puisse dire, c'est que les choses ne se sont pas déroulées comme je m'y attendais. En réalité, aussitôt après avoir fait un premier jet d'un certain nombre de chapitres, j'ai déchiré le tout, en comprenant qu'il fallait que j'aborde le sujet autrement que je l'avais fait dans ma première tentative structurée. Tout cela venait à la suite d'une dictée que mes guides spirituels m'avaient donnée et que j'ai notée de mon mieux, en laissant mes doigts voler sur le clavier de mon ordinateur aussi vite qu'ils en étaient capables.

Tout avait commencé en avril 2009, au moment de mon voyage en Australie, où je devais donner quatre représentations à Sydney et à Melbourne. Le pays avait récemment été dévasté par des feux de brousse qui avaient frappé la campagne entourant Melbourne et j'avais décidé de verser une partie de mes recettes aux efforts de reconstruction. J'avais aussi prolongé mon séjour pour me rendre à Uluru ou Ayers Rock, gigantesque monolithe dont j'avais entendu dire qu'il est un haut lieu spirituel de l'Australie centrale.

J'étais assise sur le balcon de ma chambre d'hôtel, non loin du site sacré, quand j'avais ressenti une soudaine urgence d'écrire. L'idée m'était venue d'écrire un livre sur ce qui se passe au moment de la mort. J'avais commencé en me servant des données reçues lors de mes lectures médiumniques, mais j'avais presque aussitôt senti la présence de quelqu'un assis à mes côtés. Je ne savais pas qui c'était, mais j'ai eu conscience de recevoir de l'information, comme si je prenais une dictée.

OK, ai-je songé, *je vais oublier l'écriture structurée et simplement prendre en note ce que je reçois.* Mais, j'ai d'abord demandé : *Qui es-tu ?* J'ai entendu cette réponse : *Je suis Ariel.* Ensuite, l'esprit Ariel m'a transmis des informations que j'ai transcrites à l'ordinateur et qui comprenaient une foule de renseignements que j'ai repris dans le présent ouvrage.

Quelques mois après cette expérience, j'étais à New York où je venais de signer un contrat d'édition avec Hay House. Comme je revenais de croisière et que je me préparais à partir en tournée, j'ai décidé de rester quelques jours à New York et de commencer la rédaction du livre au lieu de rentrer sur la côte ouest pour un séjour qui ne durerait que trente-six heures.

Vous refuserez peut-être de croire que New York est un bon endroit pour canaliser les énergies créatrices, mais j'ai découvert que c'est le cas. En fait, je n'ai finalement pas quitté ma chambre durant trois jours entiers. Dieu soit loué pour le service aux chambres. Il m'a permis de rester claquemurée, de pratiquer mon yoga et d'apaiser mon esprit de façon à m'ouvrir à d'autres infusions de l'Esprit.

Au bout d'un moment, j'ai senti une présence derrière moi et constaté qu'il s'agissait de Ben, le guide spirituel qui m'accompagne depuis des années. Il m'a dit : *Je veux te présenter quelqu'un, un esprit qui s'appelle Josiah.* Il m'a ensuite montré une vision de moi en Australie en train de canaliser et d'écrire les informations venues d'Ariel. En voyant cela, j'ai conclu que Josiah voulait que je reçoive et que je transcrive le matériel qu'il allait me donner à son tour.

Encore une fois, j'étais éloignée du cadre formel que je voulais donner à ce livre, étant donné que j'avais déjà commencé à organiser les chapitres après la canalisation d'Ariel. Je me suis donc assise en silence et j'ai pensé : *OK. Je suis prête.*

Chaque fois que je donne une lecture, je commence toujours par une prière d'ouverture. Je demande à mes guides spirituels de m'accorder la protection dont j'ai besoin pour transmettre correctement l'information que je reçois. Je demande que la transmission soit claire, précise et concise, et je demande aussi de recevoir uniquement des renseignements parfaitement probants. Ensuite, je ferme les yeux et je perçois une énergie qui s'approche et fusionne avec la mienne. Ce jour-là, dans ma chambre d'hôtel, j'ai reçu une énergie très différente de celle à laquelle j'étais habituée. Ce que je percevais était extrêmement puissant, comme si j'étais directement branchée à la Source de l'Univers.

J'ai laissé mes doigts courir sur les touches du clavier de l'ordinateur. Par la petite fenêtre de ma chambre, je pouvais voir les arbres, et au loin, le ciel. Je n'étais pas vraiment présente dans mon corps; j'en étais sortie en flottant avant de m'asseoir avec mes guides un long moment. Mon corps physique était seul à taper, car mon âme était *sortie* de mon corps.

Comme je n'étais pas présente, je ne connaissais pas le sujet de mon échange avec l'Esprit, mais, tout d'un coup, j'ai été ramenée brusquement à l'intérieur de mon corps. Ma première pensée a été: *J'ai besoin d'aller à la toilette.* J'ai demandé la permission à Ben, debout près de moi. Il a acquiescé.

Il faut que je lise ce que j'ai écrit, ai-je songé, en me dirigeant vers la salle de bain, car mon cerveau n'avait pas traité l'information pendant la transmission. Je me suis donc dirigée vers la salle de bain avec mon portable ouvert en lisant ce que j'avais écrit. J'étais tellement fascinée par ce que je lisais que je n'ai jamais lâché l'ordinateur des yeux: je suis allée à la toilette et je me suis lavé les mains tout en poursuivant ma lecture. J'étais renversée par ce que je voyais à l'écran.

C'est incroyable! ai-je pensé. *Il faut que je partage ce matériel avec quelqu'un.* J'ai entendu: *Tu as vingt minutes avant que nous reprenions.* J'ai reposé mon portable sur le bureau et envoyé un extrait de ce que j'avais tapé à mon adjointe Caroline et à mon ami Jonesy. Les deux m'ont répondu immédiatement en disant: «Mon Dieu! Wow! C'est absolument incroyable!»

Après vingt minutes, j'ai senti que l'on me tapotait le crâne.

— *Bon, bon, je viens*, ai-je lancé avant de me préparer à reprendre le travail.

— *Non. Ailleurs.*

— *Ailleurs ?* ai-je pensé.

— *Oui. Assieds-toi ailleurs.*

Je me suis assise sur le lit, après quoi durant encore deux heures, l'esprit appelé « Josiah » m'a de nouveau transmis de l'information que j'ai tapée.

En me présentant Josiah, Ben m'avait dit qu'il s'agissait d'un Aîné travaillant directement avec la Source et qu'il fallait que l'information transmise soit représentée correctement. Vers la fin de notre « session », je suis revenue dans mon corps, ce qui m'a permis de commencer à traiter ce qui m'avait été dicté, probablement pour que je puisse vérifier et clarifier le contenu. *Bon, j'ai des questions*, ai-je dit. Et pendant encore une demi-heure, j'ai demandé des éclaircissements sur des points que je ne comprenais pas, tout en traitant simultanément ces nouvelles données.

Finalement, je suis descendue au centre d'affaires de l'hôtel pour imprimer ce que j'avais écrit, ce qui m'a donné un document de bonne taille. Je suis retournée à ma chambre et j'ai détruit mes premiers chapitres plus structurés. Je comprenais clairement que mon livre devait s'appuyer sur l'information transmise par l'Esprit et non sur mon intellect.

À propos de ce livre et de la série

L'âme est éternelle est le premier titre d'une série que je suis en train d'écrire et qui s'intitule *Voulez-vous tout savoir ?* J'ai choisi ce titre pour la série étant donné que c'est la première question que je pose aux personnes qui viennent me consulter parce qu'elles sont en quête de réponses. C'est ma façon d'obtenir l'autorisation de relayer les renseignements que me transmet l'Esprit. Je veux aussi que les gens s'approprient l'information. Je la leur transmets et ils ont la responsabilité de l'accueillir. Les messages ne sont pas toujours agréables à entendre, mais je ne les censure pas. J'essaie de relayer les « mauvaises nouvelles » avec le plus d'amour et de tact possible, mais il faut néanmoins que je sache que la personne est disposée à entendre la vérité.

Les livres de la série *Voulez-vous tout savoir ?* aborderont les divers sujets qui font l'objet des questions que l'on me pose, mais l'information et le savoir viendront en définitive de l'Esprit. Parmi les sujets que je traiterai, certains toucheront la manière dont vous pouvez en tant que parent aider vos enfants à développer leurs facultés psychiques et la façon de trouver votre âme sœur, aussi appelée votre « flamme jumelle », ou de travailler avec elle.

La première partie de ce premier ouvrage vous prépare à l'exploration de l'au-delà. Je présente un compte rendu détaillé de mes échanges avec les esprits durant mes années formatrices. Vous vibrerez peut-être à la lecture du récit de mon enfance, puisque nombre d'enfants font preuve d'habiletés psychiques innées et doivent s'isoler et taire leurs perceptions afin de ne pas bouleverser leur entourage. Je parlerai ensuite des croyances. C'est dans l'ordre naturel des choses d'aborder ce sujet en entamant le processus, étant donné que je sais trop bien que plusieurs sont aux prises avec une foule de doutes et de tabous sur l'au-delà, que ce soit en raison de leur éducation religieuse ou parce qu'ils sont le produit d'un savoir universitaire ou scientifique qui leur a été en quelque sorte imparti. J'étudie ensuite la tendance des êtres humains à appréhender la mort et j'explique ma compréhension de cette tendance en revenant sur l'expérience du décès de ma grand-mère.

Dans la deuxième partie, je raconte mon expérience de mort imminente et comment j'ai traversé le voile pour passer dans la « Lumière blanche » et me retrouver dans les bras de ma grand-mère Frances (que j'appelle « mamie ») venue m'accueillir. Je poursuis en explorant la voie qui attend les âmes qui font la transition à la suite d'une incarnation où elles ont beaucoup fait souffrir les autres (l'enfer est présenté comme un état d'esprit plutôt que comme un lieu tangible). Je m'étends ensuite sur votre « famille » de guides et d'êtres chers qui attendent votre arrivée dans l'au-delà pour s'assurer que votre voyage s'avérera une expérience formidablement thérapeutique. Vous découvrirez que le voyage dans l'au-delà est un séjour d'apprentissage et de croissance et qu'une fois leur transition accomplie, les âmes reviennent un certain temps nous visiter pour vérifier l'état de ceux qui leur sont chers afin de leur offrir du réconfort et des explications au besoin.

La troisième partie est consacrée au processus vécu par toutes les âmes et qui consiste à guérir de l'incarnation qui vient de se terminer. Chaque chapitre couvre une « salle » ou étape du processus : de la première étape dans la salle d'Attente, où les âmes nouvellement arrivées sont accueillies et se voient remettre leur contrat d'incarnation, jusqu'à l'étape finale dans la salle de Tutelle, où les âmes reçoivent de l'aide et des conseils avant de déterminer leur cheminement dans l'au-delà.

La quatrième partie décrit comment les âmes, alors qu'elles sont encore dans l'au-delà, ont la possibilité de choisir leurs parents en observant soigneusement les candidats putatifs dans la salle de Présélection. En préparation de leur réincarnation, elles rédigent un nouveau contrat d'incarnation et définissent avec précision les événements et les conditions nécessaires à la poursuite de leur évolution.

Présentation de mon équipe de guides spirituels

Tout au long de ces pages, vous ferez la connaissance des guides spirituels avec lesquels je travaille et qui lisent parfois eux-mêmes leurs paroles pendant que je les transcris. J'en ai déjà évoqué trois brièvement, mais j'aimerais maintenant vous les présenter en détail.

— **Ben**, mon maître guide, est avec moi depuis ma naissance, mais je n'ai pris conscience de sa présence qu'au moment où j'ai commencé à travailler comme médium. J'ai vécu avec Ben une incarnation au cours de laquelle il a contribué à sauver ma vie. Par la suite, nous avons conclu une entente selon laquelle il aiderait les autres à travers moi et contribuerait à ma mission d'enseignement de la spiritualité.

Ben a fait irruption dans ma vie un dimanche soir. J'avais vingt-sept ans. Il accompagnait ma grand-mère décédée qui m'a dit, en me présentant ce beau grand inconnu aux cheveux noirs : « Je t'ai amenée jusqu'ici, mais je ne peux pas te guider plus loin. C'est maintenant le travail de Ben. » Présent dans ma vie depuis ce temps, il m'a éclairée de ses conseils dans bon nombre de situations personnelles. Sa fonction principale consiste néanmoins à m'aider à faire le lien entre les âmes des défunts et les vivants restés sur terre.

— **Ariel** est un esprit au taux vibratoire élevé ; elle s'est exprimée à travers moi pour la première fois au début de 2009, alors que je séjournais à Uluru, ou Ayers Rock, un site sacré en Australie. Je méditais en admirant le coucher du soleil lorsqu'elle s'est manifestée. Elle m'a fourni une partie de l'information à la base de cet ouvrage. Je lui suis reconnaissante de m'avoir transmis ce savoir qui sera utile à tant de gens.

— **Josiah** est un esprit qui m'a visitée plusieurs fois au fil des ans, mais jusqu'à tout récemment, je n'avais jamais eu avec lui un contact aussi étroit que celui que j'ai avec Ben. Josiah est un Aîné, un rôle qui représente l'étape intermédiaire entre le guide spirituel et Dieu. Par l'entremise de la méditation et de la canalisation en transe profonde, Josiah a pu se manifester à moi et me décrire le processus de ce passage de la vie. Il m'a montré le cheminement et les différentes étapes accompagnant la mort et expliqué comment nous pouvons grandir à partir de notre âme et entrer en contact avec notre *nous* supérieur.

Ce sont mes trois principaux guides spirituels, mais j'ai d'autres guides avec qui je travaille quotidiennement en fonction de mes besoins et qui m'aident en cas de nécessité, selon les situations qui se présentent. Tout le monde a une équipe de guides. Elle est dirigée par un maître guide. Ben est le mien. Vous n'êtes peut-être pas conscient de l'existence de vos guides spirituels, mais ne doutez pas de leur présence. Votre maître guide engage des auxiliaires et d'autres guides à vous venir en aide et à vous épauler dans les différentes situations de *votre* vie. Ainsi, Lucinda est l'un des guides qui m'aident à transmettre les messages. Elle est souvent là pour me transmettre de l'information quand j'enseigne et que je donne des lectures à des foules.

L'information que j'ai reçue de mon équipe de guides spirituels a été révélatrice et j'ai personnellement beaucoup appris sur moi en cours de route. J'ai inclus plusieurs passages de transcriptions afin que vous puissiez voir exactement sous quelle forme mes guides m'ont transmis l'information que j'ai utilisée. Veuillez noter que chaque fois qu'un de mes guides ou un autre habitant du royaume spirituel s'exprime, ses propos sont rapportés en italique. J'ai également inclus les rapports ou les transcriptions de lectures que j'ai données, comme elles ont été facilitées par mes guides. (Le nom et l'identité des personnes ont été modifiés pour respecter la confidentialité.)

Alors, voulez-vous tout savoir ? Si c'est le cas, vous trouverez les réponses à plusieurs de vos questions dans les pages qui suivent. Si vous êtes vraiment prêt, lançons-nous ensemble dans cette palpitante aventure !

Première partie

ORIENTATION

Tout est dans le choix du moment.
Il n'y a pas de coïncidences.

Chapitre 1

Découverte

« Que se passe-t-il quand on meurt ? »

C'est une question que j'ai entendue bien souvent depuis le temps que je travaille comme médium clairvoyante. Et j'y ai répondu souvent aussi, étant donné que je transmets les messages que les défunts adressent à leurs proches en s'exprimant d'au-delà de la dimension terrestre. Ces messages révèlent toujours un trésor de connaissances étonnantes sur l'au-delà, qui nous confirme que l'âme survit réellement à la mort.

Je ressentais pourtant encore le besoin de trouver réponse à plusieurs questions, alors même que je prenais de l'expérience dans mon travail de médium clairvoyante. Dans ma quête pour comprendre le cheminement élargi de la vie, je me suis ouverte à l'Esprit et j'ai reçu de l'information d'une source que je ne peux qualifier que de supérieure. Dans ma quête, j'ai découvert que nous sommes tous lancés, dans la mort comme dans la vie, dans un voyage somptueux et gratifiant qui a pour but notre apprentissage et notre croissance continus. J'ai appris que l'âme survit non seulement à la mort, mais qu'elle évolue. Le déroulement de ce processus forme le sujet de ce livre.

Au cours de notre vie, nous nous demandons tous pourquoi nous sommes ici et quel est notre dessein ; or, nous sommes peu à connaître les réponses. En ce monde, seule une poignée d'individus connaît sa véritable vocation et son destin, alors que plusieurs sont toujours en quête pour les découvrir. C'est qu'une vérité importante leur échappe : *les réponses sont en nous.*

Toutes les réponses que j'offre dans *L'âme est éternelle* sont venues de mon for intérieur, la source de sagesse la plus profonde à laquelle nous ayons tous accès. Dans tous les cas, j'ai fait appel aux preuves fournies par les nombreuses lectures que j'ai données, aux messages que j'ai canalisés pour mes guides spirituels et à mes expériences personnelles, par exemple mon expérience de mort imminente qui remonte à quelques années (j'en parle plus loin en détail). Depuis que je suis enfant, j'entre souvent en contact étroit avec l'Esprit et pour moi, cette façon de vivre a toujours été naturelle.

Mon objectif en écrivant ce livre est de répondre aux questions que vous vous posez sur ce qui se passe à la mort afin de vous aider à bien comprendre le cheminement que nous devons tous faire et les leçons que nous devons tous apprendre. Revoyez-vous les membres de votre famille décédés avant vous ? Retournez-vous sur le plan terrestre après un certain temps dans l'au-delà ? Et surtout, Dieu existe-t-Il *vraiment* ?

Voilà certaines des questions auxquelles je répondrai dans ce livre. En définitive, je suis certaine d'une chose : la vie est pour nous tous un voyage qui ne s'arrête jamais, même après la mort. En fait, notre départ du monde matériel est le début de notre renaissance dans une vie éternelle et immortelle où nous continuons d'aimer, d'apprendre et de grandir. Je savais tout cela grâce aux expériences que j'ai vécues durant mon enfance, mais j'en étais venue à douter avant de m'ouvrir à mes facultés de médium clairvoyante.

Mes deux mondes

Une fois adultes, nous ne nous souvenons généralement pas du temps que nous avons passé dans l'au-delà entre nos incarnations terrestres (bien que certains enfants s'en souviennent, pour des raisons que j'expliquerai dans un chapitre subséquent). *Personnellement*, j'avais plusieurs souvenirs du royaume spirituel quand j'étais enfant et je vivais aussi des expériences réelles, même s'il m'arrivait de penser que j'étais folle !

Ce n'est que plus tard que mon lien avec l'Esprit a été confirmé par un numérologue qui a ajouté : «Vous ne faites pas que communiquer avec le royaume des esprits ; vous vous en *souvenez*.» Une autre confirmation m'a été donnée par une astrologue qui m'a dit : «Il est dans votre nature d'être fascinée par la mort.» J'ai trouvé son commentaire étrange, jusqu'à ce qu'elle ajoute que j'employais ma fascination pour la mort à aider les autres, une affirmation parfaitement juste. J'étais très soulagée de finalement rencontrer des personnes qui me comprenaient !

Quand j'étais plus jeune, je n'étais pas très bien soutenue dans ce que je vivais et certaines de mes expériences me troublaient beaucoup. On me connaît peut-être aujourd'hui comme Lisa Williams, la médium clairvoyante qui anime ses propres émissions de télé dans lesquelles elle communique avec ces chers disparus, mais quand j'étais enfant, une enfant qui voyait les morts, j'avais peur.

Je précise : ce n'était pas leur apparition qui m'effrayait, car rien de leurs allées et venues ne m'apparaissait anormal. J'ai appris à craindre leurs visites à la suite des réactions qu'elles ont suscitées chez les adultes qui m'entouraient. J'ai reçu mon éducation scolaire dans un milieu chrétien et mon père était (et reste) un athée pur et dur. Quand j'ai confié à ma famille que je voyais les esprits et que j'échangeais avec eux, on m'a vite étiquetée comme une enfant « à l'imagination débordante ». C'était pour ma famille la seule façon de gérer ce qui lui apparaissait comme un comportement inquiétant.

J'ai donc appris à taire ce qui était normal à mes yeux. J'étais par conséquent une enfant plutôt solitaire, luttant pour vivre dans deux mondes très différents. Dans le premier, où vivait ma famille et mes amis, je me conformais aux idées que les autres entretenaient sur la vie, je faisais semblant, j'écoutais leurs opinions et je ne mentionnais jamais ma réalité personnelle. Dans le second, plus réel à mes yeux par bien des côtés, j'échangeais avec mes amis et visiteurs spirituels. Durant toute mon enfance, j'ai senti très intensément que je vivais dans mon monde et que j'étais passablement détachée de celui que les autres tenaient pour réel.

Oui, je voyais les esprits de ceux qui avaient accompli la transition : je leur parlais et ils me répondaient. Mais, c'était comme parler à un vivant, *ce qu'ils étaient*, pour moi. Je n'ai jamais pu comprendre le mot *mort*, porteur d'un sentiment déroutant de finalité dans la bouche de quelqu'un. À l'époque, la mort était un état qui n'existait pas dans ma réalité.

Mon premier souvenir d'un esprit qui s'adresse à moi remonte à l'époque où j'avais environ trois ans. J'aimais m'amuser dans ma chambre avec mes amis (que j'étais seule à voir), un petit garçon et une petite fille, morts dans un incendie, qui avaient l'habitude de me rendre visite. Je remarquais souvent la présence d'un homme dans la pièce. Assis dans un coin, il nous surveillait. Comme il ne disait jamais rien, je choisissais de faire comme s'il n'était pas là. Pendant ce temps, ma mère vaquait à ses occupations, s'occupant de Christian, mon frère cadet, et remarquant à peine les ricanements venant de ma chambre. Si elle les remarquait, je suis certaine qu'elle se disait que c'était seulement « Lisa qui s'amusait ».

Un soir, j'ai été appelée à table pour dîner. L'homme dans ma chambre m'a accompagnée jusqu'à la salle à manger, ou plutôt a *flotté* à côté de moi, car je n'ai jamais vu ses jambes, et s'est assis sur une chaise dans un coin. J'étais à table devant mon assiette qui contenait quelques légumes. Lorsque j'ai pris des pois verts avec ma fourchette pour les porter à ma bouche, il s'est produit un événement inattendu. L'homme a parlé pour la première fois.

« Ne mange pas tes pois ou tu mourras ! » m'a-t-il mise en garde.

Surprise, j'ai déposé ma fourchette, puis j'ai entrepris de manger tout ce qu'il y avait autour des pois dans mon assiette en les évitant soigneusement. Bien entendu, ma mère m'a demandé pourquoi je ne les mangeais pas.

« Il a dit que je mourrai si je les mange ! ai-je lancé, désignant du doigt l'homme assis dans le coin.

— Ne fais pas l'idiote, il n'y a personne », a répondu ma mère avant d'entreprendre de me convaincre de manger mes pois.

Cependant, j'ai refusé et je suis restée les bras croisés et les lèvres serrées. Rien n'entrerait dans ma bouche, et même la promesse de manger de la crème glacée au dessert n'a pu me convaincre de manger ces petits trucs ronds et verts capables de me tuer. *Jamais !*

Je me souviens que c'est là que mes parents ont déclaré que j'avais une imagination débordante. Depuis ce jour, je déteste les pois, en dépit du fait que j'ai récemment découvert que le grand-oncle de mon père est mort étouffé par une bouchée de pois! C'était donc probablement le grand-oncle qui me surveillait pendant que je m'amusais dans ma chambre et qui a essayé de me mettre en garde contre le légume «mortel».

Aventures nocturnes

Tant que mes spectres me rendaient visite le jour, j'étais capable de jouer et de m'amuser avec eux. Par contre, la nuit, c'était une autre histoire. Toutes sortes d'individus, et pas que des enfants, faisaient irruption dans ma chambre alors que j'étais censée dormir. Cela me terrifiait tellement que j'étais *incapable* de dormir. Je me cachais sous les couvertures pour éviter ces intrus, mais comme je n'arrivais plus à respirer, au bout d'un moment, il fallait bien que je sorte de ma cachette, souvent pour voir une femme debout au pied de mon lit, les mains sur les hanches, le regard coléreux, ce qui me renvoyait immédiatement sous les couvertures. Quand j'en ressortais pour respirer, je fermais les yeux très fort pour ne plus voir les esprits regroupés dans ma chambre. Cela ne les empêchait pas de me tirer les cheveux, de me pousser du doigt et de me parler, toutefois. J'enfonçais la tête sous l'oreiller en espérant de tout mon cœur qu'ils s'en aillent. Hélas, ils s'incrustaient.

J'avais d'autres aventures nocturnes tout aussi déstabilisantes. Je me souviens qu'allongée dans mon lit, je sortais de mon corps en flottant. Je regardais derrière moi et je me voyais dormir paisiblement tandis que je volais au-dessus de mon corps. Au début, c'était excitant. *Wow! Je peux voler!* me disais-je avec un frisson d'excitation, avant de faire le tour de la maison pour regarder dormir mon frère ou pour observer mon père et ma mère qui regardaient la télévision dans la salle de séjour.

Mais, une nuit, je me suis retrouvée seule, dehors, dans le noir et à quelque distance de la maison. Je n'avais que quatre ans à l'époque et j'ai compris sur-le-champ que je n'aurais pas dû sortir seule. Ma mère m'avait avertie de ne jamais sortir après la tombée du jour parce qu'il y avait de «mauvaises gens» dehors, la nuit. J'étais maintenant dehors, effrayée, et je ne savais que faire.

En regardant autour de moi, j'ai reconnu la route où je me trouvais, mais je ne savais pas comment rentrer à la maison. J'ai aussi reconnu, au pied d'une colline, l'endroit où mon père se rendait pour frapper des balles de golf, ce qui m'a fait comprendre que je n'étais pas très loin de chez moi. Quoi qu'il en soit, la panique m'a gagnée et je me suis mise à pleurer, bien que les larmes n'aient pas roulé sur mes joues comme elles l'auraient fait si j'avais été dans mon corps.

J'ai essayé de crier, mais aucun son n'est sorti de ma bouche. J'ai essayé de parler à un homme qui montait la colline à pied, mais il a fait comme s'il ne me voyait pas. C'est là que j'ai compris que je volais et que je n'avais pas de bouche, encore moins de corps. À ce moment, j'ai vu l'homme qui m'avait conseillé de ne pas manger de pois. Contrairement au premier homme, il a compris que j'étais bouleversée et m'a offert son aide.

Imagine que tu es dans ton lit en sécurité, a-t-il dit.

C'est ce que j'ai fait. J'ai imaginé que j'étais au milieu de mes peluches et que je sentais la chaleur des couvertures. J'ai brusquement été aspirée, attirée vers mon lit, par une énergie qui semblait venir de mon abdomen. Elle m'a aspirée avec une telle force que j'ai passé à toute vitesse devant les lampadaires, enfilé l'escalier de l'appartement, passé à travers la porte, filé devant mon père et ma mère assis devant la télévision et atterri (pouf!) dans mon lit.

Réveillée en pleurs, je me suis précipitée dans la salle de séjour pour que mes parents me réconfortent après cette expérience traumatisante. Or, une fois réconfortée, je craignais toujours de retourner au lit et j'ai refusé de quitter la salle de séjour. Mes parents pouvaient endurer ce comportement nocturne une fois, mais quand il en est venu à faire partie de la routine quotidienne, ils s'en sont irrités et n'ont pas su comment gérer cette nouvelle situation.

À ce sujet, on a raconté maintes et maintes fois aux réunions de famille qu'un soir, j'avais refusé d'aller au lit et que mon père avait fermé toutes les lumières et était sorti de la salle de séjour, me laissant là. Rebelle et entêtée (je n'ai pas changé!), je n'ai rien dit et je suis restée assise, les yeux rivés sur la porte. Finalement, la culpabilité a eu le dessus sur mon père: il est revenu dans la salle de séjour, m'a prise dans ses bras et m'a emportée dans mon lit.

Ce fut le début d'une série de nuits similaires. Un parent disait à l'autre : « C'est à ton tour, ce soir », et je me retrouvais dans mon lit avec ma mère ou mon père recroquevillé à mes côtés, un bras passé autour de moi pour me réconforter. Étant mère moi-même, je comprends aujourd'hui la tension que j'ai dû infliger à la relation de couple de mes parents ; à l'époque, j'étais tellement reconnaissante d'avoir quelqu'un avec moi que je n'ai jamais pensé à ce que cela pouvait représenter pour eux.

À ce moment, je ne savais pas que mes excursions nocturnes étaient des exemples de _voyage astral_, un phénomène où l'âme et le corps se séparent alors que l'individu est toujours incarné sur terre. Une fois séparée du corps, l'âme est libre de voyager sans les entraves du plan matériel, une expérience qui s'apparente à voler. Nous voyageons tous durant notre sommeil, mais la majorité n'en a généralement pas conscience sur le moment ni par la suite.

Enfant, j'ai fini par avoir tellement peur de voyager de cette manière que je me réveillais automatiquement en sursaut pour m'empêcher de « sortir » en succombant au sommeil, ce qui entraînait une sensation très perturbante. Vous vous souvenez peut-être d'avoir vécu la même chose : tandis que vous sombriez dans le sommeil, votre subconscient a pris le relais et votre attachement pour le plan physique a diminué. En même temps, votre taux vibratoire a augmenté, ce qui a facilité la prise de contact avec le royaume spirituel. On garde rarement le souvenir de cet événement, mais si vous portez attention au phénomène à partir de maintenant, vous remarquerez peut-être qu'il se produit lorsque vous glissez dans le sommeil.

Je n'ai eu accès au souvenir complet des voyages astraux de mon enfance qu'une fois adulte, dans mes méditations profondes. Aujourd'hui, je comprends que l'étrange sensation d'aspiration que je ressentais dans mon ventre lorsque j'étais ramenée dans mon corps était ma perception de ce que l'on appelle le « cordon d'argent ». C'est le lien qui relie l'âme au corps de notre vivant ; son point d'insertion se situe à environ trois centimètres sous le sternum. Le cordon ne se rompt pas avant qu'il soit temps pour nous de passer dans l'au-delà. Je le considère comme la force vitale que nous possédons tous, qui nous vient de la Source et qui maintient notre lien avec notre incarnation terrestre.

J'ai compris depuis que, lors de notre séjour sur le plan terrestre, l'âme quitte souvent le corps. De cette manière, le corps peut accueillir la guérison dont il a besoin, ou nous pouvons recevoir «subconsciemment» des données qui nous aident à poursuivre notre cheminement. Vous est-il déjà arrivé de vous réveiller après une nuit de sommeil avec le sentiment de connaître la réponse à une question qui vous troublait la veille? Il est probable que l'information ait été téléchargée en vous par l'Esprit pendant que vous étiez en voyage astral afin de vous fournir ce qu'il vous fallait pour résoudre votre dilemme.

L'acceptation de mon don

En grandissant, je me sentais souvent à part. J'avais des amis, mais je n'ai jamais été la fille la plus populaire de l'école. Une amie, Samantha, m'a pourtant beaucoup aidée à accepter ce qu'elle a d'abord appelé mon «don». J'étais encore très jeune lorsqu'elle a employé ce mot et même si je trouvais étrange de penser que j'avais un don, cela me semblait juste. Je ne sais pas pourquoi elle m'avait attribué ce caractère spécial, puisque je n'ai jamais pensé sortir de l'ordinaire. Néanmoins, du jour où je lui ai fait la démonstration de ce qu'elle semblait considérer comme des facultés psychiques – par exemple, savoir qu'un tel téléphonerait ou qu'un camarade de classe serait absent avant que nous arrivions à l'école –, Sam a été persuadée que j'étais «différente».

Sam était la première personne à qui je confiais mon secret et, petit à petit, je me suis mise à accepter le fait que j'avais bel et bien quelque chose de spécial que les autres ne possédaient pas. Je ne prenais pas la chose très au sérieux, par contre. Entre nous, Sam et moi nous amusions beaucoup de mon don, riant quand un professeur confirmait ce que je savais déjà, par exemple que nous allions avoir un examen «surprise». C'était amusant de jouer ce genre de jeu, et partager mes expériences avec Sam a été un grand soulagement et m'a aidée à accepter ce que j'étais capable de faire. Enfin, une personne en chair et en os faisait partie de mon monde!

La vie a continué, comme mes échanges quotidiens avec l'Esprit. J'avais souvent des prémonitions par rapport aux événements et je sentais les états d'âme des gens sans qu'ils aient besoin de ne rien dire. Mon don avait apparemment deux modes : l'intuition psychique et la communication avec les défunts. Quoi qu'il en soit, ce n'est qu'à dix-sept ans que j'en suis venue à m'ouvrir pleinement à mes facultés psychiques.

Mes amies et moi avions organisé un voyage en autocar à Blackpool, ville de villégiature en bord de mer au nord de l'Angleterre. En fait, c'était juste une bonne excuse pour fuir l'école et s'amuser. Le programme de l'excursion prévoyait de l'alcool, mais je n'ai rien bu, puisque je n'ai jamais eu besoin de boire pour m'amuser, quoiqu'en regardant certains vieux clichés de ces années d'études, on pourrait penser que j'avais passablement picolé ! Cela dit, ce n'était que moi exprimant mon côté givré. En fait, certains événements de ce voyage ont eu une profonde influence sur moi et ont changé à jamais l'opinion que j'avais de ce que Sam appelait mon « don ».

Blackpool comporte trois jetées qui s'avancent dans la mer en offrant différentes attractions aux touristes. La jetée nord était à l'époque la plus raffinée et la plus traditionnelle des trois. Il n'y avait pas autant d'installations et de salles de jeux électroniques, ce qui donnait l'impression de remonter dans le temps et en faisait un endroit intéressant à visiter. Cette jetée était aussi plus calme et plus décontractée que ses voisines, plus bruyantes.

En nous promenant, mes amies et moi avons remarqué devant une structure en forme de tente une affichette qui disait : « *Diseuse* de bonne aventure ». (Je n'ai jamais aimé le terme, mais j'accepte le fait que certains l'emploient.) Certaines ont décidé de s'offrir une lecture « juste pour s'amuser ». Pour ma part, je n'ai pas révélé que j'avais plusieurs questions auxquelles j'espérais vraiment obtenir des réponses. Je voulais en savoir plus sur ce garçon qui me plaisait, je voulais savoir si je réussirais ces examens qui me donnaient du fil à retordre, je voulais savoir ce que je ferais en sortant de l'école dans quelques mois. Enfin, toutes ces choses normales auxquelles on pense quand on a dix-sept ans et la vie devant soi.

Une des filles est passée avant moi. Elle est sortie de la tente environ quinze minutes plus tard, les yeux rivés au sol et marmonnant : « Elle raconte que des conneries. » Ensuite, c'était mon tour. J'ai franchi les rideaux de l'entrée et j'ai pénétré dans une petite pièce surchauffée. Deux chaises se faisaient face de part et d'autre d'une petite table. Une nappe recouvrait la table et un jeu de tarot était posé sur la nappe. Je me rappelle m'être vaguement souvenue que les cartes ressemblaient au jeu que mamie – ma grand-mère maternelle Frances – rangeait sur le manteau de la cheminée de sa maison. Tout cela faisait très *sorcière*, un terme que j'utilise à l'occasion avec affection pour parler de mes facultés psychiques.

La femme m'a fait signe de m'asseoir sans même lever les yeux. Elle avait des cheveux blonds aux longues mèches qui tombaient plus bas que ses épaules, de longs ongles roses apparemment mortels et son visage était couvert de plusieurs couches épaisses de maquillage. Elle portait une robe violette et des pendants d'oreilles, costume typique auquel je m'attendais de la part d'une chiromancienne ou d'une carto-mancienne. En réalité, elle avait tout du personnage.

Elle a lentement levé ses grands yeux bleus sur moi tout en s'empa-rant d'un geste vif du paquet de cartes posé sur la table. Lorsque nos yeux se sont croisés, elle a déposé les cartes devant moi et m'a fixée d'un regard perçant. J'avais l'impression qu'elle regardait à travers moi. J'ai ressenti un tel malaise que je me suis retournée pour voir ce qui se trouvait derrière moi.

« Intéressant, très intéressant », a-t-elle laissé tomber. En me ten-dant les cartes, elle m'a dit de les brasser avant de les couper de la main gauche et d'en faire trois piles. J'étais nerveuse, mais comme je ne vou-lais pas l'irriter, j'ai fait exactement ce qu'elle m'a demandé. Ensuite, elle m'a dit de choisir deux séries de cartes.

Bon, ai-je pensé, *quelle est la bonne série ? Comment saurai-je si j'ai choisi la bonne ?* Avant que je puisse terminer la formulation de cette question en esprit, elle a ajouté : « Tu seras attirée par la série de cartes avec lesquelles tu as besoin de travailler. Ne choisis pas ; laisse plutôt les cartes te sauter aux yeux. »

Wow! Elle m'a entendue! C'est ce que j'ai fait. Aujourd'hui, je sais que beaucoup de gens réagissent comme moi lorsqu'ils ont à choisir des cartes pour une lecture : ils s'inquiètent de choisir le mauvais jeu ou la mauvaise série de cartes. Or, comme j'allais m'en rendre compte, c'est l'occasion de suivre son instinct viscéral et de renoncer à vouloir influer sur les résultats.

La femme a déplacé les cartes que j'avais choisies puis elle m'a dévisagée, ce qui m'a rendue mal à l'aise encore une fois.

« Quelque chose ne va pas ? » ai-je demandé, car je n'avais aucune idée de ce qu'elle voyait et bien entendu, je m'attendais au pire.

Elle s'est penchée et m'a parlé très doucement, comme si elle voulait que personne d'autre que moi n'entende ses paroles : « Tu as un don, a-t-elle dit lentement, mais tu ne sais pas quoi en faire. » Je suis restée immobile, bouche bée, ne sachant que répondre. « Ton don est extrêmement puissant, beaucoup plus puissant que le mien, a-t-elle ajouté. Je n'ai rien vu de tel depuis plusieurs années. »

C'était le bouquet. J'avais maintenant la confirmation que mon amie avait dit la vérité en sortant de la tente : cette femme ne racontait que des conneries. Comment pouvait-elle dire à une étudiante de dix-sept ans qu'elle était plus puissante qu'elle, alors que c'était elle qui donnait la lecture ? Il devait s'agir d'une sorte de ruse.

Mais, attendez une minute : comment sait-elle que j'ai un don ? L'idée me gardait immobile sur ma chaise. Par la suite, elle m'a permis de lui poser quelques questions. Naturellement, j'ai voulu lui parler des garçons. (Elle avait raison quand elle m'a dit que les hommes de ma vie ne seraient jamais les « bons ».) J'ai aussi voulu savoir quel genre d'emploi j'occuperais. Elle a répondu que j'allais acquérir une formation professionnelle, que je poursuivrais plusieurs carrières, mais qu'une seule serait significative. Elle a ajouté que j'aurais à prendre une décision à ce sujet. J'ignorais alors que cette décision consisterait à me servir de mon don pour en faire mon métier.

Je n'ai jamais oublié les derniers mots de cette femme. Alors que je passais les rideaux drapés de la tente pour rejoindre mes amies, elle m'a lancé : « Tu aideras beaucoup de gens et tu changeras leur vie. Ne renonce pas à cette activité ! »

Je comprends maintenant que cette femme était une voyante incroyablement douée, que d'autres auraient facilement pu dénigrer à cause de son apparence stéréotypée ou par dépit de ne pas avoir entendu ce qu'ils voulaient entendre. Avec le recul, je comprends que l'amie qui était entrée la première et sortie en marmonnant réagissait probablement au fait qu'elle n'avait pas obtenu l'information qu'elle pensait qu'elle aurait dû recevoir. Or, ce que la voyante lui avait dit était probablement dans le mille !

En me voyant sortir, mes amies m'ont entourée et ont voulu savoir ce que la femme m'avait dit. J'ai inventé quelque chose parce que je n'étais pas prête à affronter la réalité du message que j'avais reçu, même si mon don était normal à mes yeux (et l'est toujours). J'étais en quelque sorte incapable d'accepter la reconnaissance de mon don par la cartomancienne, et l'aide que j'apporterais à une si grande échelle ; d'ailleurs, je n'étais pas certaine de vouloir que le monde le sache. Aujourd'hui, je vois certaines personnes réagir de la même manière aux lectures que je donne lorsque l'information transmise est trop éloignée de l'idée qu'elles se font actuellement d'elles-mêmes. À l'époque, toutefois, j'ignorais de quoi parlait la voyante et même si son message m'avait fortement impressionnée, je le gardai pour moi.

L'influence de ma grand-mère

C'est après l'incident de Blackpool que j'ai commencé à m'intéresser à mamie, ma grand-mère maternelle. Je savais qu'elle travaillait comme médium clairvoyante et qu'elle donnait des lectures à la maison, mais je n'avais pas fait le lien entre ce qu'elle faisait et la voyante de Blackpool jusqu'à ce que je constate qu'elles utilisaient toutes deux le même jeu de tarot.

Je savais que mamie recevait souvent des gens en consultation ; ils attendaient patiemment leur lecture au pied de l'escalier qui conduisait à son salon. Je me rappelle que je les entendais échanger à voix basse sur ce qui se produirait si un certain être cher se manifestait. Mais, c'était la vie de mamie Frances, quelque chose qu'elle avait toujours fait d'aussi loin que je me rappelle. Je n'y avais jamais beaucoup réfléchi, même lorsqu'elle m'avait sévèrement avertie de ne jamais toucher aux cartes qu'elle rangeait sur le manteau de sa cheminée.

C'est à ce moment que j'ai eu l'occasion de la voir en action. J'avais quitté la maison familiale pour commencer une nouvelle vie dans le Hertfordshire, à environ cent soixante kilomètres de là. Mon amie Sue, qui avait aussi grandi à Redditch, et moi retournions à la maison en visite quand nous avons décidé de faire un saut chez ma grand-mère. Mamie nous a accueillies chaleureusement avant de nous demander brusquement de nous asseoir autour de la table ronde qui se trouvait dans un coin de la pièce donnant sur le jardin. Une fois que nous avons été assises toutes les trois, elle a regardé Sue droit dans les yeux et lui a dit : « David est ici pour toi. » Elle s'est tue un moment avant de poursuivre sa lecture.

Même si j'étais proche de Sue, j'en savais très peu sur sa vie familiale. Je savais seulement qu'elle avait une sœur et qu'elle ne s'entendait pas vraiment avec sa mère, ce qui expliquait en partie pourquoi elle était déménagée dans le Hertfordshire. Sue me révéla par la suite que David était son père et qu'il était décédé depuis quelques années seulement, ce que j'ignorais. C'était la première fois que je voyais ce dont mamie était capable et j'ai été stupéfaite de ressentir une énergie intense durant toute l'expérience.

Quelques semaines plus tard, c'était à *mon* tour de recevoir une lecture. J'étais chez mamie quand elle m'a lancé de but en blanc : « Lisa, il faut que je te donne une lecture. » Bien entendu, j'étais intriguée et je l'ai laissé faire. Elle m'a dit quelque chose que je n'ai pas compris sur le coup, mais seulement plus tard : « Si je vois ma mort, j'arrête. »

Nous avons pris place à la table où Sue et moi nous étions assises quelques semaines plus tôt, mais cette fois, mamie m'a demandé de brasser les cartes. J'étais déroutée : Sue ne l'avait pas fait, alors pourquoi me le demandait-elle ?

Je sais aujourd'hui que ma grand-mère était sur le point de me donner une lecture clairvoyante et qu'elle voulait confirmer l'information reçue à l'aide des arcanes du tarot, une pratique courante dans le métier. La lecture que Sue avait reçue n'était pas de nature clairvoyante : elle avait plutôt servi à transmettre un message de son père à l'aide de ma grand-mère comme *médium* (d'où le terme). Comme mamie Frances travaillait avec un autre type d'énergie, celle d'un esprit en visite, elle n'avait pas eu besoin du tarot avec Sue.

Cet exemple illustre la différence entre le travail des clairvoyants et celui des médiums. Dans une lecture clairvoyante, la praticienne est capable de voir les événements et les situations qui se produiront dans le futur, grâce à son intuition et en faisant appel au savoir intérieur. Comme je l'ai déjà mentionné, nous sommes tous clairvoyants et nous avons tous accès à ce savoir. Certains l'appellent l'« intuition féminine », d'autres le « savoir intérieur », mais c'est ce qui se produit quand vous êtes en harmonie avec vous-même et que vous écoutez votre *vous* supérieur.

D'un autre côté, le médium est un « intermédiaire » entre ce monde et le suivant. Le médium ressemble à un émetteur radio dont les DJ sont les esprits ; ils utilisent le médium pour transmettre leur message à la personne qui reçoit la lecture. Le médium doit « syntoniser » avec doigté pour s'assurer de capter la bonne station et de transmettre le message avec le plus de clarté et d'exactitude possible. Tous les médiums tendent à être clairvoyants, mais les clairvoyants sont rarement médiums. Les médiums n'utilisent pas le tarot, mais font par contre appel à d'autres outils, par exemple en tenant des articles personnels ayant appartenu au mari d'une cliente, en lui tenant la main, ou autre chose.

De retour à la maison de mamie Frances. Ma chère grand-mère m'a fait battre les cartes et me les a fait couper en trois piles. Je n'avais pas besoin d'utiliser une main en particulier comme avec la clairvoyante de Blackpool et j'ai été déroutée encore une fois. Mamie m'a demandé de choisir la pile que je *ne voulais pas regarder* et de l'écarter. En l'entendant, j'ai ressenti une certaine panique s'installer : *Et si je choisis la mauvaise pile ? Est-ce que je renonce à mon avenir pour la mauvaise série de cartes ? Oh ! non, décider, décider.* Je détestais ce sentiment d'incertitude, mais comme la clairvoyante de Blackpool me l'avait conseillé, j'ai suivi ce que je ressentais et fait confiance à mon instinct (même si j'étais tellement intriguée que je voulais voir *toutes* les cartes).

Mamie m'a ensuite demandé de choisir la pile avec laquelle je voulais travailler en premier, puis en second. C'était plus facile puisque je savais maintenant que j'allais voir les deux. (En réalité, c'était stupide. Je suppose que je suis simplement curieuse !)

J'ai demandé à mamie pourquoi elle ne voulait pas examiner la troisième pile que j'avais écartée. Elle a répondu : « C'est ton passé et tu ne peux rien y changer. Les deux autres piles sont ton présent et ton avenir. C'est là-dessus que nous allons nous concentrer. »

Alors, je peux changer les événements qui sont dans les cartes ? ai-je songé.

Elle a dû entendre mes pensées, car elle a dit : « Non, tu ne peux pas changer les événements prédestinés. Ils ont déjà été décidés pour t'enseigner des leçons, mais tu as aussi ton libre arbitre. Le libre arbitre te donne la capacité de choisir d'apprendre tes leçons ou pas. Par contre, si certaines situations sont prédestinées, elles se produiront. »

La lecture a commencé. J'ai tout de suite pensé au garçon que je fréquentais : est-ce que c'était « le bon » ? Et mon travail du moment. Allait-il changer ? Est-ce que je deviendrais chanteuse un jour ? Est-ce que je ferais carrière professionnellement ? Avec le recul, mes préoccupations et mes questions étaient superficielles et égoïstes, mais à l'époque, elles avaient de l'importance à mes yeux. J'avais besoin de réponses.

Au moment où j'ai eu l'impression que la lecture se terminait, ma grand-mère m'a regardée avant de regarder au-dessus de moi, exactement comme la clairvoyante de Blackpool. *Qu'est-ce que les clairvoyantes ont à me regarder et à regarder ensuite autour de moi ?* me suis-je demandé. Mamie a dit : « Tu as la lumière violette et jaune au-dessus de la tête. »

J'ai levé les yeux pour voir de quoi elle parlait. *Quelle lumière ?* Je ne voyais rien. Elle a repris en disant qu'elle savait que je voulais avoir les réponses à certaines questions et elle a vite répondu aux plus importantes. Non, je n'étais pas avec le bon compagnon. Oui, mon emploi allait changer.

Le quotidien étant réglé, il était temps pour elle de me dire ce que je *ne voulais pas* entendre. Avant, elle m'a servi une mise en garde bienveillante : c'était de l'information qu'il me fallait entendre et que je devais écouter attentivement.

Elle m'a d'abord dit que je deviendrais célèbre. Bon, quand on est jeune, on veut tous entendre que l'on aura la célébrité à cause du faste et du prestige que dépeignent les magazines et les films. Mais moi, tout ce je voulais, c'était chanter : j'espérais que la célébrité dont elle parlait faisait référence à un contrat de disque imminent. J'étais bien loin de la vérité ! Mamie a ajouté que je serais connue grâce à mon travail et que je ferais *le même qu'elle*. Je poursuivrais son travail, mais sur scène, en agissant comme médium devant des milliers de personnes, partout à travers le monde.

À l'époque, j'étais tellement stupéfaite d'entendre que c'était cela, mon avenir, que les bras m'en sont tombés. Aujourd'hui, je ne pourrais imaginer faire autre chose. Heureusement, ma superficialité a disparu peu de temps après cette première lecture, en raison des événements qui allaient bouleverser ma vie, comme le fait d'avoir le cancer et de devenir mère monoparentale. (Je raconte entre autres expériences celles qui ont façonné mon cheminement et m'ont amenée à pouvoir faire ce travail dans mon premier livre, *Life Among the Dead*.)

Aujourd'hui, je fais partie « de l'industrie », comme on le dit quand on travaille à Hollywood, mais à mes yeux, il ne s'agit toujours pas d'une question de faste et de prestige. Comme on me l'a prédit, mon travail aide les gens à guérir grâce à la compréhension de leur cheminement dans la vie *et* dans la mort.

Mes débuts dans la profession

C'est seulement après le décès de ma grand-mère que j'ai finalement commencé à travailler professionnellement comme médium. Mamie Frances ne m'avait pas donné de formation pour cultiver mon don et j'étais seule pour ce qui était d'organiser mes lectures. Heureusement, une amie dotée d'un meilleur sens des affaires que moi m'a suggéré de lui donner une lecture et de lui demander vingt livres, ce qui correspond à trente-cinq dollars américains environ.

Ma grand-mère m'avait dit une phrase qui m'est restée au fil des ans : « Fais toujours confiance à ton instinct viscéral, il ne te laissera jamais tomber. » La clairvoyante de Blackpool rencontrée lorsque j'étais étudiante m'avait transmis le même message, qui reste d'ailleurs un mantra redoutable que je transmets à ceux de mes étudiants qui s'efforcent de cultiver leurs facultés psychiques.

En m'acheminant vers l'âge adulte, j'ai fini par accepter que la clairvoyance et la médiumnité faisaient partie de ma nature. Je ne pouvais ni en changer ni m'en cacher. J'ai accepté mon don petit à petit, mais ma route n'a pas été facile. J'avais le soutien de mes amis (et, dans une moindre mesure, de ma famille) qui m'encourageaient à faire enfin ma sortie officielle et à donner des lectures médiumniques à temps complet et à annoncer au monde entier que c'est ce que je suis et que c'est ce que je fais.

Aussitôt après mes débuts professionnels, j'ai constaté que de plus en plus de gens acceptaient mon métier. La médiumnité n'était plus entachée d'un stigmate. Ce n'était plus une activité qu'il fallait dissimuler sous des tentes aux lourds drapés et derrière des portes fermées. On n'était plus obligé de présenter un certain type physique ni de s'habiller d'une certaine façon pour utiliser son don et il n'était même plus nécessaire de se montrer timide à ce sujet.

Avec le recul, cette nouvelle conscientisation était plutôt libératrice, le fait de savoir que je n'étais pas obligée d'être ce que l'on se serait attendu à voir en franchissant mon seuil pour recevoir une lecture. J'étais plus jeune, j'étais à la page, j'étais amusante et j'avais l'air tout à fait normal. Qui plus est, j'intégrais mes facultés psychiques à mon quotidien. Ainsi, comme j'étais mère d'un jeune enfant, on me connaissait comme une personne habitée par toutes les préoccupations d'une mère. Ma vie et mon travail n'étaient pas artificiellement divisés entre la normalité et la « sorcellerie », comme c'était le cas autrefois quand les médiums étaient obligés d'avoir une « couverture ». Je jouissais d'une nouvelle forme d'intégrité, puisque dissimuler ma nature était maintenant superflu.

J'ai fait une autre découverte en donnant de plus en plus de lectures : plus j'exerçais mon don, plus il se renforçait. De la même façon que la tessiture de la voix d'une chanteuse s'étend plus la chanteuse chante, plus je donnais de lectures, plus l'information était claire et le flot abondant. Au départ, je donnais des lectures clairvoyantes, mais elles ont évolué pour devenir des lectures médiumniques. J'étais et je suis toujours très heureuse de faire les deux.

J'ai appris qu'il y a différentes énergies avec lesquelles je peux travailler, selon que la lecture est une lecture clairvoyante ou un message de l'au-delà. Je compare les deux approches à l'ascension de deux escaliers : je monte l'escalier clairvoyant pour m'ouvrir au destin et au cheminement d'une personne ; de l'autre côté, je monte l'escalier médiumnique pour m'ouvrir au royaume spirituel. Il faut toujours plus d'énergie pour gravir l'escalier médiumnique, mais l'effort en vaut la peine parce que les messages de nos chers disparus sont vraiment très utiles. Je ne dis pas que les lectures clairvoyantes ne sont pas utiles, car elles peuvent apporter beaucoup de clarté et d'espoir dans certains cas, mais l'avenue médiumnique m'apparaît personnellement plus gratifiante.

Je suis parfois obligée de passer d'un escalier à l'autre en cours de route, pour vérifier des renseignements transmis par l'une ou l'autre approche. Il m'est arrivé de commencer à gravir l'escalier médiumnique où je recevais des données de l'Esprit et d'être obligée de passer à l'autre pour en vérifier l'exactitude, une sorte de référence croisée, de procédé de secours, du royaume spirituel. C'est toujours un défi à relever, mais c'est aussi amusant, surtout quand une confirmation en sort.

C'est ce qui s'est produit quand une cliente du nom de Claire est venue me consulter. Claire voulait entrer en contact avec sa grand-mère qui était décédée tandis qu'elle était en vacances, ce qui fait que les deux femmes n'avaient pas eu la chance de se faire leurs adieux. Dès que j'ai commencé la lecture, la grand-mère de Claire s'est manifestée et a validé sa présence en donnant à ma cliente certains renseignements personnels qu'elle était la seule à connaître. C'était une belle prise de contact, très puissante.

La grand-mère a commencé à faire des commentaires sur la vie privée de Claire. Elle a dit à sa petite-fille que l'homme qu'elle fréquentait ne lui convenait pas et qu'en se réveillant un matin, elle le regarderait et lui dirait simplement : « Je ne t'aime plus. Il faut rompre. » Il y aurait certains détails à régler, mais Claire et son compagnon finiraient par se séparer et ma cliente serait alors beaucoup plus heureuse.

Après que sa grand-mère a eu conclu leur échange et alors que la lecture tirait à sa fin, Claire m'a confié que son message l'avait bouleversée, étant donné que ce n'était pas dans sa nature de rompre une relation comme sa grand-mère l'avait prédit. En entendant son commentaire, j'ai décidé de pousser plus loin la lecture de sa vie et de vérifier les faits en appliquant l'approche clairvoyante. J'ai donc demandé à mon guide spirituel de me mettre en contact avec le guide spirituel de Claire et de me fournir davantage de renseignements. L'énergie a changé, créant cette sensation de légèreté accrue qui caractérise souvent la lecture clairvoyante, puis l'information s'est mise à couler.

Mon guide m'a montré une vision de Claire en train de faire des boîtes et des valises, mais il était clair que ce n'était pas les siennes. Apparemment, je voyais la scène où le petit ami de Claire faisait ses cartons après lui avoir demandé de partir et elle lui donnait un coup de main. Je voyais aussi les étapes qui mèneraient à la concrétisation de cette scène. Cette vision clairvoyante était conforme en tous points à la façon dont les choses allaient se dérouler selon la grand-mère de Claire.

Dix-huit mois plus tard, je faisais des courses dans un magasin du quartier lorsque j'ai croisé Claire. Elle m'a raconté ce qui lui était arrivé après la lecture que je lui avais donnée. Les choses s'étaient passées exactement comme sa grand-mère et mon guide spirituel l'avaient prédit : Claire avait demandé à son petit ami de partir et elle était beaucoup plus heureuse maintenant, ce que sa grand-mère avait aussi prédit.

Mon don aujourd'hui

Cela fait maintenant des années que je travaille comme médium et que je communique presque quotidiennement avec l'au-delà. Contrairement à ce que je vivais quand j'étais enfant, je choisis aujourd'hui de m'ouvrir et d'autoriser les esprits à transmettre leurs messages à ceux qui leur sont chers et qui sont toujours sur terre. Pour ceux d'entre vous qui ont besoin que je l'énonce crûment : *je parle avec les morts !*

Ce n'est pas très différent de ce que vous avez vu les clairvoyants et les médiums faire dans les films et les émissions de télévision comme *Ghost Whisperer*, *Medium*, *Le sixième sens* et *Mon fantôme d'amour*, pour ne nommer que ceux-là. La seule différence est que je le fais réellement. Je communique avec ceux qui sont passés dans l'au-delà et je transmets leurs messages d'amour, de réconfort, d'espoir et de guérison à leurs êtres chers ici-bas.

Mon chemin n'a pas été facile. Encore aujourd'hui, il m'arrive de le remettre en question, mais c'est un chemin que j'adore. J'ai dû apprendre plusieurs leçons de vie en cours de route et je suis toujours en apprentissage, un processus que vous comprendrez mieux après avoir lu ce livre. Dans ce processus de croissance, l'Esprit ne cesse de m'étonner et de rendre l'expérience amusante en semant sur ma route des éléments inattendus. Je ne sais jamais ce qui va surgir de moi. Voilà pourquoi avant chacune de mes lectures, je demande toujours à mon client : « Voulez-vous tout savoir ? »

À mes yeux, être clairvoyante et médium est le plus beau métier du monde. J'aime avoir la chance d'aider les gens à résoudre leur deuil après la perte d'un être cher, j'aime leur fournir l'occasion de faire leurs adieux, contribuer à résoudre un mystère ou un meurtre, ou tout simplement aider deux âmes à entrer en communication et à échanger. On me demande souvent si je vois mon don comme un cadeau ou une calamité et chaque fois, je ne peux que rire. À mes yeux, c'est toujours un cadeau, un don sans lequel je ne peux imaginer de vivre.

Chapitre 2

Sceptiques
et cyniques

Vous avez peut-être déjà consulté un médium ou un clairvoyant pour une lecture, mais d'un autre côté, peut-être que vous n'avez jamais vécu cette expérience. Qu'importe, vous êtes probablement comme bien des gens dans le sens que vous mettez en doute la réalité du contact avec le royaume spirituel et l'intérêt de lire ce livre. À cela, je réponds : « Ne laissez pas vos croyances ou vos opinions vous empêcher d'explorer les occasions pour grandir et guérir. L'ouverture d'esprit peut vous valoir des récompenses incroyables. »

Différentes réactions

Tout le monde a ses raisons d'entrer en contact avec l'au-delà et la réaction de chacun diffère selon le message reçu. La plupart prennent ce qu'ils veulent du message, en absorbant seulement ce qui les aide sur le moment. Ils pourront par la suite comprendre l'ensemble du message ou s'en rappeler précisément, ce qui leur permettra de s'en servir pour guérir et grandir. D'autres accueillent l'information en la recevant et acceptent le fait qu'elle leur est transmise pour servir un dessein supérieur.

D'autres encore viennent me consulter pour une lecture et ne savent pas tout à fait ce qu'ils doivent penser du message reçu. Sceptiques ou cyniques, ils ont probablement des croyances qui font qu'il leur est difficile d'accepter ce que je fais. Dans ce chapitre, je parlerai donc de leurs

réactions, étant donné qu'il est selon moi important d'aborder sincèrement la réalité de la réaction des gens et de faire connaître aux lecteurs
mon opinion à ce sujet.

Les sceptiques et les cyniques se distinguent parce qu'ils posent
une version ou une autre de la question suivante : « Comment le savez-
vous ? » Il m'arrive de donner une lecture à quelqu'un dont l'unique
objectif est de vérifier par lui-même l'authenticité de ma démarche.

Je me souviens en particulier d'un homme qui a eu l'air perplexe
lorsque j'ai dit : « Votre grand-père Arthur est ici. » Il a riposté d'un
ton manifestement défiant : « Comment savez-vous que le prénom de
mon grand-père était Arthur ? » Au lieu d'accepter la présence de son
grand-père prêt à lui transmettre un message, cet homme a remis ma
source en question et m'a soupçonnée d'avoir obtenu le renseignement
d'un tiers. Il souhaitait plus me soumettre la question que tirer quelque
chose de sa lecture.

Les sceptiques expriment des doutes, mais n'ont pas encore statué
sur la question et restent ouverts, contrairement aux cyniques dont les
doutes sont plus solidement enracinés. Même si je choisissais de prouver
aux cyniques la réalité de mon travail, je ne parviendrais pas à les faire
changer d'opinion. Ceux que j'ai rencontrés veulent une validation en
béton, les noms, les adresses et les numéros de téléphone, comme si le
fait de fournir ces renseignements rendait les messages que j'ai à leur
transmettre en quelque sorte plus « réels ». Ensuite, une fois que je leur
ai donné ce qu'ils étaient venus chercher, ils essaient de prouver que j'ai
vérifié l'information sur Internet avant leur arrivée !

Heureusement, la plupart de ceux qui viennent me consulter pour
une lecture ont l'esprit ouvert, même ceux qui professent d'autres
convictions religieuses (un sujet que j'aborderai en détail dans le
prochain chapitre). Et même s'ils sont un brin incrédules au départ,
je ne m'en fais pas, et ce, tant que l'information reçue contribue à
leur cheminement. C'est la fonction principale de mes lectures : aider
les individus à grandir et à évoluer. En réalité, je communique avec
l'au-delà et je partage les connaissances que je reçois des âmes qui

entrent en contact avec moi, plutôt que mes opinions ou mes ordres du jour personnels.

Selon moi, il est important d'aborder la question du doute et de la croyance d'entrée de jeu, avant que vous ne poursuiviez votre lecture, étant donné le nombre de sceptiques, de cyniques et d'incroyants qui seront les premiers à critiquer ce livre ou mes facultés. Je les ai affrontés toute ma vie ; en fait, nous avons déjà cohabité.

Quoi qu'il en soit, je veux d'abord étudier comment nous formons les opinions que nous avons sur l'au-delà et tout ce qui touche la spiritualité.

Enfance et croyances

Nous sommes tous influencés par les opinions de notre entourage, et ce, dès notre plus jeune âge. Comme mère, je veux que mon fils grandisse en ayant ses opinions bien à lui, mais je sais que mes actions ainsi que mes goûts et mes dégoûts exerceront une influence immédiate sur lui. Il est impossible de faire autrement.

Quand nous étions tout petits, nous avons été façonnés par nos parents, nos gardiens et ceux qui gravitaient dans notre sphère. Ils avaient des croyances arrêtées et en parlaient en exprimant souvent beaucoup d'émotion ; c'est ainsi que nous avons appris ce qui est « bien » et ce qui est « mal ». Nous croyions que ces adultes disaient vrai puisqu'ils étaient là pour prendre soin de nous et que nous n'avions aucune raison de *ne pas* les croire.

Je me souviens d'avoir écouté mon père et mon grand-père se disputer à propos de la politique tous les dimanches après-midi et j'ai constaté que même si je n'écoutais pas vraiment leur discussion enflammée quant à savoir quel parti devrait diriger le pays, j'ai tout de même adopté leurs opinions. Ensuite, quand j'écoutais d'autres personnes parler de politique, je constatais que j'avais une opinion qui s'appuyait sur ce que j'avais entendu la semaine précédente dans une de ces discussions familiales.

En ce qui concerne l'au-delà, les adultes ont souvent des opinions très arrêtées et c'est là que les enfants peuvent se sentir déroutés. Comme les jeunes enfants ont les vibrations les plus pures qui soient et qu'ils n'ont pas encore été marqués par les valeurs d'autrui, ils sont naturellement ouverts au monde des esprits et à l'au-delà. Il leur reste à modeler leur vision du monde, à faire leur chemin dans la vie et ils sont encore purs et innocents, encore animés de cet émerveillement stupéfait que les adultes ont perdu.

Comme leur perception des choses est parfaitement pure, les enfants se souviennent souvent de leurs vies antérieures ainsi que d'événements qui se sont produits dans l'au-delà avant qu'ils se réincarnent encore une fois. Ils pourront même se souvenir de leurs conversations avec Dieu et d'autres échanges qui ont eu lieu avant leur naissance. Les tout-petits témoignent souvent d'un savoir et d'une sagesse si pénétrants qu'ils nous incitent à nous interroger sur leur origine. C'est que les enfants sont parfaitement en harmonie avec leur âme et que l'âme contient toutes les connaissances dont nous avons besoin.

Les enfants ont aussi un point de vue très tranché sur les situations. Ils ne voient pas les zones grises, car ils ne jugent pas. C'est en portant un jugement que nous attribuons nos opinions aux autres. Ainsi, mon fils Charlie a voulu connaître récemment la raison du bouleversement d'une de mes amies et je lui ai dit la vérité. Je lui ai expliqué que mon amie était mariée à quelqu'un qui la rendait très triste et qu'elle ne savait pas quoi faire.

Charlie a répondu : «C'est simple. Elle devrait le laisser et trouver quelqu'un qui la rendra de nouveau heureuse.» Je lui ai expliqué que ce n'était pas si simple parce que mon amie et son partenaire avaient des enfants, mais mon fils n'a pas vu cela comme un obstacle.

«Maman, nous vivons ensemble, alors ses enfants peuvent vivre avec elle», a-t-il rétorqué, sans porter de jugement ni se préoccuper des complications financières ou de l'éclatement de la famille. À ses yeux, la solution ne comportait pas de zones grises, mais représentait seulement un simple cas de choix clairs et nets. Certains seront peut-être d'avis que c'est un point de vue irresponsable pour un adulte, mais après ma séparation, le fait est que Charlie et moi avons suivi exactement la voie qu'il avait prescrite. Au bout du compte, aucune autre considération n'était aussi importante que le bonheur de notre vie actuelle.

Chaque enfant nous est envoyé directement de la Source, qui est dans l'au-delà, l'endroit d'où nous venons tous. Le corps de l'enfant est peut-être neuf, mais l'âme qui s'incarne dans ce corps est souvent très vieille. Les enfants ont déjà vécu sur cette planète et apportent du monde spirituel le savoir dont nous avons besoin pour contribuer à guérir bon nombre de situations, par exemple les provocations motivées par la colère, les bouleversements émotionnels et même les mauvais traitements et les bagarres.

Tout le monde s'incarne sur le plan terrestre avec un dessein précis et des leçons à apprendre (j'aborderai la question dans les prochains chapitres), mais certains enfants naissent avec le beau don de la spiritualité et de la guérison. On a dernièrement écrit à leur sujet, en les appelant les enfants « indigo », ou « de cristal », ce qui indique qu'ils ont des dons spéciaux destinés à favoriser l'évolution de l'humanité sur notre planète. Ces âmes ont conservé dans leur conscience le souvenir de ce qu'elles ont vécu dans l'au-delà et de ce qu'elles y ont appris, et elles savent quelles leçons elles sont venues apprendre. Toutefois, elles sont parfois incapables de transmettre ce savoir, étant trop jeunes pour trouver les mots pour l'exprimer.

En raison de leur proximité avec la Source, les vibrations des enfants sont plus élevées que celles des adultes. Vous aurez peut-être remarqué que les bébés ont au sommet du crâne une zone molle où les os ne sont pas encore soudés ; il semble que cette ouverture laisse le chakra de la couronne exposé. Il s'agit du chakra de l'intuition et du savoir spirituel et d'un lien direct avec le royaume spirituel. Voilà pourquoi beaucoup de bébés, de nourrissons et d'enfants en bas âge sont capables de voir et de percevoir les esprits. Parfois, ils ont aussi des amis imaginaires, mais ces derniers tendent à être des âmes qu'ils ont connues dans l'au-delà et qui reprennent contact avec eux sur le moment.

La mère verra parfois son bébé fixer un coin de la pièce, comme s'il communiquait avec quelqu'un qu'elle ne peut voir. Quand la mère va à l'endroit qui monopolise l'attention de son enfant, elle sent parfois que l'air y est plus froid, ce qui la fera momentanément frissonner. C'est le signe que bébé regardait un esprit, dont la présence est signalée par le refroidissement soudain de l'air, un peu comme lorsque l'on ouvre la porte d'un réfrigérateur.

Les enfants ont une autre façon de nous mettre au courant de leur lien avec l'au-delà en nous disant qu'ils ont un autre nom que celui que leurs parents leur ont donné. Comme dans l'au-delà nous avons tous un nom pour désigner notre âme, il n'est pas rare pour un enfant d'insister pour qu'on l'appelle par son nom originel. Ainsi, de trois à cinq ans, mon fils Charlie insistait pour qu'on l'appelle « Sam ». J'ignorais pourquoi il me demandait cela, mais je comprenais : quand j'étais enfant, je voulais m'appeler Victoria.

Un jour, alors qu'il était comme d'habitude ouvert à l'échange, j'ai demandé à mon fils pourquoi il voulait que je l'appelle « Sam ». « C'était mon nom au ciel, maman », a-t-il répondu. J'étais renversée ! « Charlie me fait tout drôle, a-t-il ajouté, et je veux m'appeler "Sam". »

Au cours de la conservation, j'ai demandé à mon petit garçon s'il se souvenait d'autre chose à propos du ciel et il m'a dit : « Oui. Dieu m'a dit qu'il fallait que je vienne et que je m'occupe de toi, maman, étant donné que papa ne t'aimait pas et que tu avais besoin de plus d'amour. » J'ai été renversée encore une fois en comprenant par ses paroles que ma situation de mère monoparentale et mes problèmes relationnels avec les hommes avaient été prédestinés, mais c'est à vrai dire le sujet d'un autre livre !

Je ne pouvais discuter du choix de son prénom avec mon fils et j'ai par conséquent accepté durant deux ans qu'il conserve son nom d'âme et signe les cartes qu'il me donnait pour mon anniversaire et la fête des Mères : « Je t'aime. Sam. » Au bout d'un moment, il a recommencé à utiliser le nom qui lui a été attribué dans cette vie, c'est-à-dire Charlie, probablement parce qu'il s'y est habitué en grandissant.

Les enfants sont parfois très déroutés en matière de spiritualité quand les adultes ne répondent pas avec pertinence à leurs questions. Les garçons et les filles vivent souvent un conflit par rapport à ce qu'ils savent et croient, surtout quand cela entre en contradiction avec ce que leurs parents, leurs gardiens et les autres figures d'autorité leur ont dit. Bien souvent, on n'écoute pas les enfants quand ils s'expriment à partir de leur savoir spirituel inné : c'est exactement ce que j'ai vécu durant mon enfance et cela me permet de comprendre le tourment intérieur qu'ils peuvent vivre.

Quelles que soient vos opinions sur le sujet, il est important de respecter les enfants qui expriment leurs croyances. N'oubliez pas qu'ils sont plus près de la Source que nous le sommes, nous, les adultes, ce qui fait que leurs pensées et leurs expériences valent vraiment la peine d'être entendues. N'oubliez pas non plus qu'ils sont susceptibles de bloquer leurs sens pour se couper de tout contact avec l'Esprit, de peur d'une réaction défavorable et pour ne pas irriter les adultes qui les entourent. Comme ils pourront mettre un moment à parler de leurs expériences, il est vital de garder les voies de communication ouvertes et d'écouter ce qu'ils ont à dire sans douter ni catégoriser.

À mesure que nous vieillissons, nos opinions changent sur plusieurs sujets en raison de l'influence de la société. D'un autre côté, certains restent ouverts à l'Esprit en dépit de cette influence et si l'on reste ouvert passé huit ans, il y a de fortes chances que l'on devienne un adulte très doué sur le plan spirituel.

Ainsi, mon frère Christian avait l'habitude d'entendre les esprits et d'échanger constamment avec eux quand il était enfant. Il était extrêmement ouvert et aurait pu développer son don davantage s'il s'était autorisé à le faire. Il est toutefois devenu l'un des plus grands sceptiques de ma connaissance.

Le matin de la mort de notre grand-père, j'ai trouvé mon frère complètement affolé à l'extérieur de la maison de mes grands-parents. Je l'ai calmé de mon mieux et je lui ai demandé ce qui n'allait pas, outre le chagrin évident d'avoir perdu un être cher. Il m'a répondu d'une voix effrayée et perplexe : « Je viens de l'entendre. Je viens juste de l'entendre, a-t-il répété. Il m'a parlé et je perds la boule. »

Je savais ce qu'il voulait dire : grand-papa était venu lui faire ses adieux, ce qui était tout à fait dans son style. C'est la réaction de mon frère qui m'a étonnée, car il était terrifié à l'idée de recevoir ce message de notre grand-père en train de trépasser. Je ne suis pas certaine que mon frère soit un jour prêt à accepter que c'est ce qui s'est vraiment passé, mais c'est ce qui s'est vraiment passé.

Les cyniques parmi nous

En dépit de la perspective que nous avons tous durant l'enfance, plusieurs sont incapables d'accepter la réalité de la communication avec l'au-delà, une fois adulte. C'est malheureux, mais ils seront tout disposés à enterrer le sujet en lui opposant des objections jusqu'à en perdre la voix. Ces hommes et ces femmes ne sont pas disposés à voir les possibilités infinies que l'Univers propose, ce sont les cyniques de la vie.

Les cyniques peuvent se montrer incrédules à tout propos. J'en ai rencontré beaucoup au fil de ma carrière de clairvoyante et de médium et j'ai même donné des lectures à plusieurs d'entre eux. Dans certains cas, je me suis même demandé par la suite pourquoi j'avais fait l'effort. Ces individus sont décidés à ne rien retirer des lectures qu'ils reçoivent et veulent seulement confirmer leur conclusion, à savoir qu'il est impossible que je sois « authentique ».

Je l'ai vécu une fois sur les ondes de la télévision nationale. En même temps que deux autres médiums, John Edward et Allison DuBois, j'avais été invitée à *The Oprah Winfrey Show* pour parler de spiritualité et déterminer si nous pouvons vraiment communiquer avec « l'autre côté ». On nous a demandé de donner une lecture à trois personnes différentes et pour ma dernière lecture, j'ai eu affaire à une femme manifestement sceptique.

Juste avant l'enregistrement de la lecture, je me suis tournée vers ma maquilleuse et ma publiciste en disant : « La prochaine personne veut entrer en contact avec une figure paternelle. » Ces deux amies intimes m'avaient déjà vue à l'œuvre et n'avaient jamais mis mes habiletés en doute, aussi ont-elles simplement répondu : « Si quelqu'un le sait, c'est bien toi ! » Elles avaient raison, j'avais vu juste. Cependant, je n'étais pas prête pour la suite.

Je suis entrée dans le studio pour l'enregistrement et je me suis retrouvée devant Laura, une scientifique et une cynique. J'ai commencé la lecture et l'information qui me parvenait était claire et, selon moi, juste.

J'ai informé Laura qu'une figure paternelle s'était manifestée pour elle, ce à quoi elle a répondu : « Eh bien, tout le monde a un père, alors j'imagine que je pourrais sentir un lien avec une figure paternelle. » Je me suis interrompue pour lui demander si son père était décédé. J'ai ajouté que *le mien* était toujours vivant, ce qui fait que tout le monde n'avait pas nécessairement une figure paternelle dans l'Esprit. Elle a confirmé que son père était décédé.

J'ai poursuivi en lui disant que son père prononçait les mots *petite fille*. Elle a eu ce commentaire méprisant : « Mon père ne m'a jamais appelée sa "petite fille", même si j'étais la cadette de quatre enfants. Bien entendu, vous pourriez supposer une telle interaction dans n'importe quelle relation père-fille. La supposition serait juste. »

Des millions de personnes regardaient cette émission et au risque de paraître trop dure, je lui ai demandé sans détour pourquoi elle voulait une lecture si elle n'était pas prête à accepter les renseignements que je lui fournissais. En m'entendant, elle s'est retournée, exaspérée, vers les producteurs de l'émission assis en coulisse et leur a demandé : « Est-ce que je me montre trop sceptique ? » Bien entendu, ils n'ont pas répondu, mais il était clair que Laura se campait sur ses positions.

J'ai poursuivi la lecture. Quand j'ai mentionné que son père me donnait le prénom « Jean », elle m'a rétorqué que ce n'était pas le prénom de son père. On l'appelait toujours par son prénom complet qui commençait par Jean, mais comprenait un second prénom, par exemple Jean-Roger ou Jean-Michel. Apparemment, elle s'accrochait aux détails.

J'ai continué en lui disant que son père me montrait une vision de lui en train de danser, apparemment avec *elle*. Elle a froncé les sourcils et m'a balayé d'un revers de la main. « Je n'ai jamais dansé avec mon père. C'était un danseur de salon, mais *je* n'ai jamais dansé avec lui. »

Il était clair qu'il n'y avait aucun moyen de faire accepter à Laura la scientifique un seul des renseignements que je lui fournissais : elle avait déjà décidé que je ne communiquais pas avec l'esprit de son père.

Cela me chagrine de dire que les personnes comme Laura passent souvent à côté de belles occasions de communiquer avec des proches décédés qu'elles ont tendrement aimés. En s'ouvrant à une autre vision que la vision scientifique, objective, elles tireraient un profit immense d'une lecture. Elles choisissent plutôt de s'attaquer au processus en s'efforçant de prouver qu'elles ont raison et que j'ai tort !

Au fil des ans, j'ai appris à reconnaître que je ne pourrai jamais faire changer de point de vue les cyniques. Pour emporter leur conviction, ils insistent sur la nécessité d'une forme de validation, par exemple des faits, froids et nets. Or, lorsque les esprits s'expriment à partir de l'au-delà, ils le font surtout en transmettant des processus de pensée et des visions, pas des faits. Ils n'ont pas de bouche pour former les mots, ce qui fait que leurs propos sont étouffés et très difficiles à comprendre. Comme je ne comprends pas toujours tous les mots d'une phrase, je peux seulement présenter l'information que je capte. C'est un combustible de choix pour un cynique qui n'attend qu'une information imprécise ou erronée.

Il arrive que l'information transmise n'ait apparemment aucun sens au début, mais si le client et moi persistons, nous finissons par en trouver la signification. Ainsi, pour réussir à transmettre effectivement l'information, certains esprits m'ont parfois donné des noms que j'étais seule à comprendre. Je me souviens d'avoir donné une lecture à une femme venue me consulter parce qu'elle avait perdu son fils et souhaitait communiquer avec lui. J'ai accueilli l'esprit du jeune homme, mais j'avais la vision du visage de mon ex-petit ami, Colin. Je ne savais pas pourquoi, de toutes les personnes que je connaissais, c'était lui qui avait surgi dans mon esprit.

Durant la lecture, j'ai clairement établi que le fils de ma cliente était décédé dans un accident de voiture et je lui ai fourni d'autres éléments d'identification que son fils seul pouvait connaître. Elle voulait cependant d'autres preuves que c'était vraiment lui.

« Je vois mon ex-petit ami en ce moment et je ne sais pas pourquoi, alors je vais vous le décrire pour voir si vous pouvez faire un lien avec votre fils », lui ai-je dit. J'ai entrepris de tout lui dire, l'apparence de Colin, la marque de voiture qu'il conduisait, les endroits qu'il aimait, mais elle n'arrivait pas à faire de lien.

Tout à coup, l'esprit de son fils a attiré mon attention et dit le mot *prénom*. J'ai marmonné : « Ah ! oui, en passant, mon ex-petit ami s'appelle "Colin". »

Le visage de ma cliente s'est illuminé comme un arbre de Noël. « *Mon fils s'appelait "Colin"* ! » s'est-elle écriée, heureuse et excitée. Son fils avait utilisé la référence de mon ex-petit ami pour me fournir le renseignement crucial dont elle avait besoin pour croire qu'il était réellement présent. Le fait est que l'Esprit ne s'exprime pas toujours de façon logique ou factuelle ; pour tirer profit d'une quelconque communication, il faut avoir la volonté d'écarter ses exigences habituelles selon lesquelles tout doit « avoir un sens ».

Le scepticisme : point de vue sain et provocateur

Alors que le cynisme peut représenter un problème de taille parce que, tout compte fait, le cynique est enlisé dans une position au-delà de laquelle il est incapable de voir, le scepticisme peut s'avérer sain et positif. En vérité, j'ai déjà été sceptique (et je le suis encore à l'occasion). Je ne mets pas en doute la réalité de la communication avec l'Esprit, parce que je sais qu'elle existe ; je ne serais pas loyale envers ce livre et envers moi dans le cas contraire. Par contre, je suis toujours sceptique au départ quand quelqu'un affirme posséder certains dons. Je sais que certains individus qui affirment communiquer avec l'au-delà ne sont que trop intéressés de s'approprier l'argent durement gagné par les autres. J'ai même consulté certains de ces prétendus médiums et en recevant ma lecture, je me suis demandé ce que je faisais là quand il était manifeste que la personne n'avait pas le don.

Quand je pense aux sceptiques, je pense immédiatement à mon père. C'est difficile pour moi d'accepter qu'il ait vécu à mes côtés durant presque vingt ans et ait été marié à une femme dont la mère était une clairvoyante bien connue même avant leur mariage, sans jamais accepter de croire à ce que nous faisons. Quand j'ai commencé à donner des lectures, papa se contentait de secouer la tête et de se détourner. Il n'a jamais assisté aux spectacles que j'ai organisés au Royaume-Uni ni participé aux rencontres de l'église spirituelle où j'étais médium invitée.

Des années après mes débuts de médium clairvoyante à plein temps offrant des lectures professionnelles, mon père continuait de me demander à quel moment je me chercherais un emploi ayant du sens. J'avais l'habitude de répondre : « Qu'est-ce qu'un emploi qui a du sens ? » et de laisser tomber la question, puisque discuter avec lui ne servait à rien.

Il a assisté pour la première fois à une de mes lectures publiques en avril 2008, surtout parce qu'il ne pouvait faire autrement. Nous étions sur un paquebot au beau milieu de l'océan, participant à une croisière commanditée par Hay House, sur le thème des liens d'âmes. À moins d'être prêt à retourner à terre à la nage, papa n'avait d'autre choix que d'assister à la représentation.

Je ne suis jamais nerveuse avant de monter sur scène, mais avec mon père dans la salle, je l'étais. J'ai commencé par demander s'il y avait des sceptiques dans la salle et bien que plusieurs aient regardé autour d'eux, pas une main ne s'est levée. J'ai attendu, puis j'ai désigné mon père du doigt en disant : « Je sais que nous en avons au moins un dans la salle : mon père ! » Tout le monde a eu l'air choqué, mais béni soit-il, papa s'est contenté d'agiter la main avec élégance.

Je ne désignais pas mon père dans l'intention de l'embarrasser, mais plutôt pour montrer aux personnes présentes qu'il n'y a rien de mal à être sceptique, à chercher des réponses et à remettre en question celles que l'on obtient. J'ai expliqué que le scepticisme de mon père avait été bon pour moi durant mes années formatrices. Il m'avait remise en question au moment où j'avais commencé à cultiver mon don, ce qui m'avait permis de comprendre que je devrais faire des efforts pour convaincre les autres sceptiques. Cela m'avait poussée en retour à rechercher de l'information *exacte*, pas juste de l'information générale que n'importe qui pouvait obtenir. J'avais travaillé dur pour comprendre les gens, pour avoir de l'empathie à leur égard et je remerciais pour tout cela les opinions inébranlables de mon père.

Aujourd'hui, j'ai de l'estime pour le sceptique qui assiste à une de mes représentations ou me consulte pour une lecture, car je sais qu'il me poussera à me dépasser. Lorsque je rencontre après mes spectacles ceux qui me disent qu'ils étaient sceptiques en arrivant et repartent convertis, je leur demande toujours à quel moment ils ont changé d'idée. En général, ils me répondent que c'était au moment d'une lecture avec laquelle ils ont senti une affinité ou que j'ai donnée à quelqu'un qu'ils ont entendu dire par la suite qu'elle était en plein dans le mille. Souvent, les gens reconnaissent plus la validité du message après la lecture et admettent combien ils sont impressionnés par les réponses obtenues.

Mon père a regardé mes émissions de télévision et assisté à plusieurs de mes spectacles en direct avant d'être convaincu de la validité de mon travail. La semaine de la croisière de Hay House, durant laquelle il a assisté à toutes mes conférences et même participé à certains exercices de groupe, n'a pas suffi à le convaincre. Il a aussi assisté à plusieurs autres ateliers sur la spiritualité, donnés par d'autres conférenciers. Il avait fait ses devoirs, mais il n'avait pas encore franchi le pas.

C'est à ce moment, en avril 2009, que ma grand-mère, sa mère, est décédée. L'après-midi suivant ses obsèques, nous sommes tous retournés à la maison de mes parents pour profiter d'un peu de calme. Mon frère Christian et sa femme Claire faisaient la sieste dans leur chambre, maman se reposait dans la salle de séjour et papa était dans leur chambre à coucher. Brusquement, il s'est levé en s'écriant : « Juste une minute, maman ! »

Ma mère a demandé à mon père ce qui se passait. Il a secoué la tête en disant qu'il avait cru entendre sa mère l'appeler alors qu'il sombrait dans le sommeil et que son appel l'avait réveillé. En prenant conscience de ce qu'il venait de dire, il a essayé de retirer ses paroles : « Oh ! c'est certainement quelque chose que j'ai entendu à la radio. » Mes parents n'ont pas de radio et le téléviseur était éteint : la maison était parfaitement silencieuse. Il semble donc que la mère de papa soit venue lui rendre visite et qu'elle soit entrée en contact avec lui alors qu'il rêvait, ce qui est très fréquent.

Pour être honnête, le scepticisme de mon père ne m'a jamais vraiment dérangée. Ce n'est qu'en septembre 2009 qu'il est finalement venu me voir après une représentation que je venais de donner à Wellington, en Nouvelle-Zélande, pour me dire: «Je te crois.» Les bras m'en sont tombés!

Papa a assisté à neuf représentations et en observant les réactions de l'auditoire, il a fait des commentaires du genre: «Cette lecture que tu as faite… La femme ne te donnait rien du tout, n'est-ce pas? Mais tu as réussi. Tu as mis sa mère en lumière et elle était tellement heureuse à la fin.» Je savais donc que je faisais des progrès. Ensuite, quand il s'est finalement fait une idée sur ce que je faisais, il a tout accueilli en bloc.

Par la suite, il m'a confié qu'en fait, mon don l'effrayait parce qu'il ne présentait aucune explication logique. «Tu es ma fille et je sais que tu ne mens pas, a-t-il dit, mais je n'arrive pas à comprendre. Je sais juste que tu donnes de l'espoir et du réconfort aux gens et c'est un don sans prix. Tu as fait ton travail.»

S'accommoder des sceptiques, y compris moi!

Mon enfance avec un sceptique a été difficile, surtout parce que j'avais des dons et des capacités que j'étais incapable de comprendre. Cela dit, je crois qu'il est sain pour chacun de mettre en doute ce qui est réel et ce qui ne l'est pas et je crois également que nous devons nous forger notre propre opinion sur ce que nous choisissons de croire et de ne pas croire. Cela s'applique aussi à moi; même si je suis médium professionnelle, je conserve un certain scepticisme quand je reçois une lecture d'un autre professionnel du métier.

Au début de ma carrière, j'ai consulté une femme qui m'a dit ce qu'elle croyait que je voulais entendre à propos de l'avenir, plutôt que de me révéler des renseignements utiles. Je me suis sentie escroquée, comme si j'avais gaspillé mon argent, et l'expérience m'a rendue méfiante. J'ai fini par m'en remettre et consulter une autre médium, qui s'est montrée plus utile. Elle m'a parlé de ma vie actuelle et de ce qui m'était arrivé dans le passé, et ces renseignements tous exacts m'ont permis d'accorder foi à ce qu'elle disait. Par la suite, quand elle a abordé mon avenir, j'ai reçu son message avec un esprit ouvert.

On a parfois une prémonition des événements, étant donné qu'ils sont déjà organisés et qu'il est possible de voir son itinéraire. J'ai eu une de ces visions d'avenir à l'époque où j'ai consulté la deuxième médium et j'ai été étonnée quand elle a capté ce que je savais déjà.

Dans ma vision, je m'étais vue sur scène échangeant avec un large auditoire. J'adorais la musique et je travaillais comme chanteuse professionnelle, mais ce n'était pas l'orientation que j'avais donnée à ma carrière. Dans ma vision, je ne chantais pas, mais j'étais sur scène, je m'adressais à des auditoires que je faisais rire et même pleurer. Quoi qu'il en soit, je n'étais toujours pas convaincue de devenir médium professionnelle.

Au cours de la même période, j'ai eu une autre vision d'avenir dans laquelle j'ai vu mon nom au dos d'un livre posé sur une étagère. C'était très bizarre : je n'avais jamais démontré d'intérêt pour l'écriture à l'école, même si je m'étais efforcée d'étudier l'anglais jusqu'à un niveau avancé, dans l'idée que cela me serait en quelque sorte utile dans la vie.

Quand j'ai rencontré la deuxième médium, elle m'a dit que je serais sur scène, mais que ce ne serait pas comme je l'avais prévu. Même si à l'époque tout le monde s'attendait à ce que je chante, elle m'a dit que je serais sur scène pour faire quelque chose de tout à fait différent et que par l'entremise de mon travail, j'écrirais aussi des livres. Incroyable, à vrai dire, puisque c'est exactement ce que je fais aujourd'hui !

Cette médium m'a transmis d'autres renseignements qui se sont avérés exacts au fil du temps et m'ont complètement redonné confiance dans les clairvoyantes. Je suis devenue moins sceptique à la suite de cette expérience. Et quand j'ai donné ma première lecture, une histoire que je raconte dans mon premier livre *Life Among the Dead*, ma conviction n'a fait que croître.

J'ai donné ma première lecture complète de façon spontanée, alors que j'étais au téléphone avec une amie à bavarder à bâtons rompus. Elle m'a demandé ce que je pensais de son petit ami et je lui ai dit la vérité : il la trompait. Je lui ai fourni plusieurs renseignements, y compris le nom de la femme qu'il voyait et l'endroit où elle travaillait. Durant les semaines qui ont suivi, j'ai été complètement soufflée en constatant que les événements se déroulaient comme je l'avais prédit. Mon scepticisme a diminué encore davantage par la suite et ma foi a continué de se renforcer progressivement jusqu'à ce que je ne puisse plus remettre en question ce don qui était le mien. Au bout du compte, mon scepticisme a disparu et j'ai retrouvé la croyance que j'avais quand j'étais enfant.

Les sceptiques doivent trouver leur propre voie et leurs propres croyances. J'avais déjà pensé que ma mission consistait à les faire changer d'idée, mais après avoir poursuivi ce combat durant des années, j'en avais conclu qu'il n'en valait pas la peine. Il était plus important pour moi de me concentrer sur les personnes qui avaient besoin d'aide pour résoudre leur deuil et guérir, et qui étaient prêtes à le faire. Dès que j'ai pris cette décision, il semble qu'un nombre croissant de sceptiques soient sortis de l'ombre, en disant qu'ils étaient plus enclins à me croire maintenant que je n'essayais plus de leur imposer mon opinion. Je sais aujourd'hui que je ne suis pas ici pour essayer de faire en sorte que les gens changent d'idée. Convertir un sceptique procure un sentiment exaltant, mais au bout du compte, si mes lectures les aident ou aident leur entourage, j'ai accompli le travail pour lequel je me suis incarnée sur terre.

Je rencontre des individus sceptiques lors des représentations que je donne un peu partout à travers le monde. Quand je leur donne une lecture, ils m'avouent sans détour être sceptiques, tout en se montrant honnêtes et ouverts. Ma réponse est toujours la même: «Tant que vous avez l'esprit ouvert et que vous êtes prêt à accepter les renseignements que je suis sur le point de vous donner, c'est tout ce qui compte à mes yeux.»

Pour démontrer à quel point l'expérience de passer du scepticisme à la foi est puissante, j'aimerais partager une lecture présentée dans mon émission de télévision, *Lisa Williams, dialogue avec les morts*. Un homme assistait à l'une de mes conférences avec sa mère, qui m'a informée que son fils était un grand sceptique. Après la lecture, l'opinion de ce dernier a radicalement changé toutefois. Les renseignements qu'il a reçus étaient exacts et comme ils l'étaient, ils ont aidé sa famille à guérir en profondeur d'une terrible tragédie.

Voici la transcription de la lecture :

Lisa : J'ai ici une figure fraternelle en Esprit. Il dit : Je suis le frère. Je suis le frère. Vous partagiez beaucoup, votre frère et vous.

Homme : Oui, c'est vrai. Nous faisions tout ensemble quand nous étions plus jeunes.

Lisa : Il aimerait saluer maman.

Homme : Maman est assise juste ici [en la désignant de l'autre côté de l'allée].

Lisa : Il vous aime énormément et il est mort très vite. Il dit : *Papa est avec moi.* Votre frère reconnaît qu'il avait été averti et je reçois l'impression qu'il s'est mis dans une situation dangereuse de son propre chef, qu'il a été stupide.

Homme : Oui, c'est le cas. C'est le cas.

Lisa : *J'aurais dû écouter. J'aurais dû écouter.* A-t-il reçu une balle dans la tête, parce que j'ai cette sensation ici [montrant sa tête du doigt] ?

Homme : Il a été assassiné lors d'une fusillade au volant d'une voiture. Eh oui, il a reçu une balle dans la tête. Il a eu la moitié de la tête arrachée.

Lisa : Oh ! je suis profondément désolée [soupire et se tait un moment]. Savez-vous qui est Jim ?

Mère : Oh ! mon Dieu [en secouant la tête] !

Homme : Jim est parti tout de suite après l'incident. Il a déménagé ailleurs.

Mère : J'aimerais vous poser une question : "Mon fils est-il avec ma fille ? Elle vient de mourir, elle aussi."

Lisa : Votre fille a les cheveux blonds, et la voici. Oh ! bonjour !

Auditoire et mère [rires] :

Lisa : Oh ! c'est une toute petite, elle vient juste d'arriver en flottant et son sourire est radieux. Je la vois au sommet de l'escalier. Elle est partie depuis deux… ? Je ne sais pas trop si c'est deux semaines ou deux mois.

Homme : Cela fait environ deux mois.

Lisa : [sautant sur place] Elle est heureuse et elle rit. Ils sont ensemble.

Mère : [heureuse, mais toujours perplexe] À propos de Jim… il y a une chose. Il était à l'hôpital avant notre arrivée et ensuite, il est parti.

Il a quitté la ville. Il a peut-être su qui était le coupable et il avait peur de parler…

HOMME : Je dois être honnête avec vous : j'étais incrédule. J'espérais seulement que quelque chose serait transmis, pour ma mère. Tout ce que vous avez dit, vous avez cent pour cent raison. C'est une expérience transformatrice : vous avez changé nos vies.

Cette famille a pu résoudre son deuil, même si le meurtre du fils, du frère, n'a pas été résolu. Ils ont pu croire grâce à l'exactitude des renseignements transmis. Ils avaient maintenant le réconfort de savoir que leurs chers disparus s'étaient rendus ensemble dans l'au-delà et qu'ils étaient heureux. C'est la meilleure conclusion possible à une lecture et ce qui fait que mon travail en vaut la peine.

Chapitre 3

Religion et spiritualité

En plus du scepticisme et du cynisme, une autre raison explique que les gens doutent du travail des clairvoyants et des médiums. En raison de leurs croyances religieuses, beaucoup d'hommes et de femmes sont incapables d'accepter la possibilité que les propos d'un clairvoyant ou d'un médium puissent être vrais. D'après mon expérience personnelle, la foi en Dieu – ou son absence – est susceptible de colorer la vision que chacun a du royaume spirituel. Par contre, j'ai été étonnée de découvrir que mon travail présente une grande congruence avec les points de vue de certaines des personnes parmi les plus religieuses que j'ai rencontrées.

Bien que mon père ait été athée, j'ai étudié à l'école de l'Église d'Angleterre. Lors de la réunion quotidienne, les étudiants écoutaient les différents professeurs parler des leçons de la Bible, puis l'assemblée se levait pour chanter des cantiques. De plus, le vicaire de la paroisse de l'église St. Peter venait nous entretenir une fois par mois; à l'occasion, nous avions aussi la visite des membres de Gideon, un groupe qui distribue la Bible à travers le monde et qui en avait remis un exemplaire à chacun des étudiants.

C'est à partir de ce moment que j'ai commencé à m'intéresser à la religion chrétienne, non parce qu'elle m'avait été imposée à l'école, mais bien parce que je lui portais un intérêt sincère. Quoi qu'il en soit, quand j'avais treize ans, s'intéresser à la religion n'était pas le truc le plus génial à faire aux yeux de ses amis, ce qui fait que j'ai gardé mon intérêt secret. Comme je l'ai déjà mentionné, je n'ai jamais été la fille la plus populaire de l'école et ma tendance occasionnelle aux prédictions avérées était bien assez bizarre sans que j'y ajoute des données sur Dieu et Jésus-Christ.

Quoi qu'il en soit, ma mission de vie devint de lire la Bible du début à la fin et je rêvais d'entrer au couvent. Le soir, je me mettais au lit avec la petite Bible rouge que les Gideon m'avaient donnée et je me perdais entièrement dans son langage archaïque. Les histoires de la Bible semblaient toujours très intéressantes quand les maîtres en parlaient à l'école, mais j'ai vite compris qu'ils avaient adapté les histoires de façon à les rendre attrayantes pour notre groupe d'âge et qu'en lui-même, le texte n'avait vraiment rien d'intéressant.

Je ne pouvais pas avouer à ma famille mon intérêt pour la Bible ou mon rêve de devenir religieuse. Mon père aurait eu beaucoup de difficulté à encaisser pareilles révélations. Quant à la famille de ma mère… Sa propre mère parlait aux morts et son père décédé avait été un sceptique, donc il y avait eu assez de drame de ce côté. Pour ajouter aux complications, j'avais lu dans la Bible que Dieu ne considérait pas les médiums d'un bon œil. Par conséquent, il était clair que le travail de médium de ma grand-mère était « mal ».

J'en étais là, avec mes visions, mes rêves et mes visites de spectres et pourtant, je voulais entrer au couvent. Tout cela n'allait pas tout à fait ensemble. Je ne cadrais pas. Bien des fois, j'ai souhaité de ne plus être vivante et de pouvoir simplement « rentrer à la maison ». Je n'ai jamais compris pourquoi j'avais le sentiment que l'au-delà était mon foyer ; je savais seulement qu'il y avait un au-delà dont je me souvenais très bien et qu'il donnait une impression de sécurité. Là-bas, je pouvais communiquer librement avec l'Esprit d'une manière qui m'était impossible avec les membres de ma famille ou mes pairs.

Trouver Dieu dans deux royaumes

Une fois adulte, j'ai fini par comprendre que la religion est un sujet très délicat, en particulier pour ceux qui ont une foi absolue dans la Bible et tout ce qu'elle représente. En raison de mon travail, j'en suis venue à remettre de plus en plus en question la vision de la Bible en ce qui a trait à la conscience psychique et à la communication avec l'au-delà.

Le seul élément commun à plusieurs religions est l'existence avérée d'un au-delà et toutes les religions semblent s'entendre pour dire que si vous vivez comme vous êtes censé le faire en suivant leurs règles, la vie éternelle vous sera octroyée. Ainsi, si la « vie éternelle » existe, est-ce que cela n'indique pas que l'on vit dans une sorte d'au-delà ? Et si les gens y vont, pourquoi serait-il impossible de croire qu'ils aimeraient communiquer avec les vivants ?

La Bible affirme cependant que la pratique des médiums et des clairvoyants ainsi que l'occultisme sont des moyens dont Satan se sert pour nous perdre. Nous devrions chercher la vérité en Dieu et en cherchant des réponses auprès d'un médium ou d'un clairvoyant, nous nous détournons de la vraie foi en Jésus et nous désobéissons aux Saintes Écritures. J'ai commencé à me rendre compte que les royaumes psychique et religieux avaient en réalité beaucoup en commun.

J'ai donné une lecture au directeur de chœur d'une église. Il m'a aidée à comprendre qu'il n'est pas nécessaire que la spiritualité et la foi chrétienne soient toujours aussi diamétralement opposées. Quand cet homme m'a téléphoné pour prendre rendez-vous, il a été très poli, et ce, tout en exprimant clairement ses croyances et en m'avouant ouvertement que pour des raisons religieuses, il n'était pas certain de prendre la bonne décision. Je le comprenais parfaitement et je respectais son honnêteté : je n'allais pas lui forcer la main. En fait, je lui ai dit qu'il pouvait prendre sa décision le jour du rendez-vous et j'ajoutai que s'il voulait annuler, je lui demanderais seulement de m'en avertir par courtoisie. Il a insisté pour me payer d'avance afin de ne pas être en reste s'il ne venait pas. Comme il ferait plus de quatre cents kilomètres en voiture pour me voir, je savais que ce n'était pas une décision qu'il prendrait à la légère.

Quand il est arrivé au rendez-vous, j'ai vu qu'il était nerveux. Je lui ai donc proposé une tasse de thé ; comme je suis Anglaise, je crois qu'une tasse de thé a le pouvoir de régler tous les problèmes du monde. Il a souri et accepté mon offre.

J'ai commencé la lecture. Elle s'est avérée fort étonnante. Le chef de chœur a laissé tomber sa réserve et s'est ouvert lorsque nous sommes entrés en communication avec sa mère. Il ressentait une profonde culpabilité à son égard, croyant qu'il l'avait laissé tomber d'une foule de manières. La lecture lui a permis d'avoir avec sa mère l'ultime échange qu'il cherchait. Ayant résolu son deuil, en plus de trouver un semblant de paix et de réconfort, il s'est enfin engagé dans son processus de guérison.

À la fin de la rencontre, il m'a demandé si je me souvenais de notre conversation initiale, et de ce qu'il m'avait dit, à savoir que sa religion défendait la communication médiumnique avec l'au-delà. Quand j'ai répondu oui, il m'a dit ensuite quelque chose qui m'a abasourdie. Il m'a dit que le matin même, il s'était levé tôt pour prier et avait demandé à Dieu de lui indiquer par un signe s'il devait ou non venir me rencontrer. Il m'a dit que Dieu lui avait bel et bien indiqué par un signe (je ne lui ai pas demandé ce que c'était) qu'il était censé vivre cette expérience, parce que recevoir une lecture de ma part était la seule façon pour lui de résoudre la situation avec sa mère, ce qu'il cherchait à faire depuis des années.

En partant, il m'a serrée très fort dans ses bras et m'a dit : « Ne tournez jamais le dos à votre don. Dieu avait une raison de vous le donner ; rendez-Le fier. »

Au cours de mes nombreuses méditations et pratiques pour préparer mon travail et l'écriture de ce livre, on m'a montré que Dieu existe vraiment, un sujet que j'aborderai en profondeur plus loin dans ces pages. Je crois que mon don me vient de Dieu et qu'il m'a été donné pour une raison, exactement comme chacun de nous possède un don unique. C'est à nous de l'employer et de nous en servir. Certains sont peut-être guérisseurs, artistes ou chanteurs, la liste est sans fin. Nous possédons ces dons pour aider les autres ; par conséquent, pourquoi nous accorderait-on cette bénédiction si ce n'était pour que nous les mettions à profit ? Ce qui importe, surtout, c'est *comment* nous nous en servons : si nous le faisons avec de bonnes intentions, nous serons guidés vers ce qu'il convient de faire.

L'union de la spiritualité et de la religion

Dans le collectif humain, nous atteignons progressivement l'auto-nomie et la découverte de nos systèmes personnels de croyances et nous nous tournons de plus en plus vers l'intérieur pour obtenir des réponses et des conseils. Voilà pourquoi nous sommes si nombreux à développer nos dons individuels. Le nombre des sceptiques diminue alors que celui des croyants augmente. Même les personnes religieuses commencent à comprendre que la spiritualité et les dons psychiques peuvent travailler de concert avec les religions plus traditionnelles.

Bien que depuis des années la spiritualité ait été associée à la religion, nous élargissons actuellement nos visions de cette relation. Nous com-mençons à associer la religion et la spiritualité au développement per-sonnel et à la découverte de soi par la méditation, la prière et la contem-plation, tout en nous éloignant des pratiques et des dogmes religieux plus structurés.

Je me souviens de ma première conversation sincère avec ma styliste, une chrétienne réincarnée. J'étais vraiment nerveuse de bavarder aussi ouvertement avec elle, étant donné qu'elle est chrétienne et que je suis médium. J'étais inquiète à l'idée d'un affrontement, mais à mon grand étonnement, il n'y en a pas eu. Par la suite, nous avons eu plusieurs lon-gues discussions sur la spiritualité et abordé entre autres la raison qui l'avait éloignée de son église (elle jugeait la structure trop imposante). Elle a exprimé son sentiment en disant que tant que l'on avait Dieu dans son cœur et qu'on Lui était fidèle, on pouvait s'occuper soi-même du reste. Elle m'a aussi dit que Dieu est un esprit ; autrement dit, elle croit à l'existence du royaume spirituel et ne met pas mon travail en doute. En fin de compte, nos croyances se ressemblent beaucoup.

Lors de notre plus récent échange, je lui ai demandé ce qu'elle pen-sait de mon travail. Elle m'a expliqué que contrairement à un médium, elle travaille sur un plan prophétique avec Dieu, ce qui signifie qu'elle s'adresse directement à Lui, plutôt que de passer par une autre per-sonne. Elle accepte le fait que j'ai un don et que mon approche est la même, même si je fais référence à mon lien en disant qu'il est avec l'*Esprit* plutôt qu'avec *Dieu*. Notre échange m'a laissé le sentiment que j'avais reçu un signe que mon don me venait bel et bien de Dieu.

La pureté de mon don a bien souvent été remise en question. C'était en particulier le cas lorsque des protestataires religieux se sont rassemblés à l'extérieur des grands théâtres où je donnais des lectures, parce qu'ils croyaient que je mettais une secte sur pied. Je dois admettre que j'ai ri intérieurement à l'idée, mais que j'ai aussi été capable de voir le point de vue de mes adversaires : leur réaction avait été assez forte pour qu'ils se manifestent et viennent bénir l'âme des personnes qui passaient devant eux en se rendant au théâtre et prier pour elles. Leur initiative me touchait et une fois sur scène, je les ai remerciés d'avoir prié pour notre âme à tous. Je voulais reconnaître l'effort qu'ils avaient fait en se levant pour défendre des croyances qui leur tenaient à cœur, sachant très bien quel courage cela exige.

J'ai souvent affronté l'opposition religieuse dans mon métier. La première fois, c'était lorsque deux témoins de Jéhovah ont sonné à ma porte pour parler de leurs croyances. L'une des femmes a été assez peu courtoise lorsque je lui ai dit poliment que nos opinions différaient ; quand elle a insisté, je lui ai expliqué que je travaillais comme médium. C'était un peu comme agiter un drapeau rouge devant un taureau.

Néanmoins, sa collègue était très douce et calme et m'a en fait donné une leçon. « Si je n'avais pas été éduquée pour croire en ma religion, je croirais peut-être à votre travail, m'a-t-elle dit. Mais, à mes yeux, tout ce qui compte, c'est que vous ayez la foi. » Elle a dit cela le sourire aux lèvres, puis m'a demandé si elle pouvait lire un passage de sa Bible. J'ai acquiescé et c'était un moment parfait.

Cette expérience m'a enseigné que nous avons tous droit à nos croyances, ce qui explique que j'ai pris la position qui est la mienne chaque fois que des protestataires religieux sont venus manifester à l'extérieur des lieux où je me produisais. J'accepte le fait que je ne peux rien faire pour changer l'opinion d'autrui. Je ne le souhaite même pas. Tant que les gens croient en quelque chose, comme la dame des témoins de Jéhovah l'a suggéré, cela les aide aussi à croire en eux et aux autres.

Le scepticisme, le cynisme, les croyances religieuses fondamentalistes, tout cela peut compliquer la communication avec l'Esprit. Cependant, la seule chose qui reste vraie est que nous devons déterminer nos croyances personnelles par nous-mêmes et ensuite agir en accord avec elles. Nous ne pouvons pas nous permettre de nous laisser régenter ou gouverner par des influences extérieures, que ce soient celles de la société, de nos parents ou des institutions qui nous ont vus naître, car dans ce cas, nous ne sommes pas fidèles à nous-mêmes et nous aurons constamment l'impression que nous n'avons pas vécu notre propre aventure ni emprunté notre propre chemin dans la vie.

Ainsi, tandis que vous poursuivez votre lecture, votre défi sera d'examiner attentivement vos opinions et vos préjugés personnels ainsi que leur source, de façon à pouvoir vous faire une idée claire de la réalité de la communication avec les esprits de l'au-delà. Vous êtes *la seule personne* capable de le faire et je vous y invite dès maintenant.

Chapitre 4

Pourquoi nous craignons la mort – alors que c'est inutile

On m'a déjà dit que la personne qui vient à vous avec une question importante sur n'importe quel sujet de la vie est prête à entendre la réponse. Cela coïncide avec ma croyance que nous connaissons déjà les réponses à nos questions importantes : nous ne faisons que demander la confirmation que notre intuition est juste et que nous sommes bien sur la voie qui convient à notre évolution.

Quand les gens viennent me consulter parce qu'ils s'inquiètent du sort de leurs chers disparus, je sais que même s'ils ont l'intuition des réponses, ils cherchent aussi à se rassurer et à tirer du réconfort des messages reçus. Ceux qui restent veulent savoir si leurs êtres chers ont eu conscience qu'ils étaient à l'agonie, s'ils ont souffert. Ou leurs questions sont de nature plus personnelle : « Savait-il que j'étais dans la chambre avec lui ? », « Sait-elle que je suis arrivé environ cinq minutes après son décès ? » Les gens remettent surtout leurs propres réactions en doute en demandant : « Est-ce que j'ai fait ce qu'il fallait ? Est-ce que je devrais me sentir coupable de ne pas avoir été aux obsèques ou à la commémoration ? »

Comme j'ai donné beaucoup de lectures au fil des ans, je peux maintenant voir plus de similitudes que de différences entre toutes ces personnes. L'inquiétude sous-jacente se cache sous la plupart des questions : *Est-ce que celui ou celle que j'aime va bien ?* Mais une fois cette question réglée, les clients semblent vouloir en savoir plus sur ce qui nous attend une fois que nous quittons cette vie. Ils s'inquiètent : *Est-ce que ma vie continue ou si c'est tout ce qu'il y a ? Est-ce que je n'existe plus ? Est-ce que rien ne survit ?* Ces questions ne font pourtant que cerner la question plus importante, celle que presque toute personne vivante se pose, c'est-à-dire : *Est-ce que je devrais avoir peur de mourir ?*

Une peur humaine naturelle

Il est normal de craindre la mort, surtout si vous avez perdu quelqu'un ou si vous faites personnellement face à la transition. Vous avez probablement entendu dire qu'il n'y a que deux choses de sûres dans la vie : la mort et les impôts. C'est la vérité et la plupart n'aiment pas penser à l'un ou l'autre de ces incontournables. Quoi qu'il en soit, tout comme nous sommes entrés dans ce moment, nous devrons tous le quitter. Les fantasmes de morsure de vampire et de vie éternelle avec son âme sœur sont tous très romantiques, mais l'immortalité n'est pas le seul moyen pour rester lié à celui ou celle que vous aimez. Vous *reverrez* vos amis et les membres de votre famille dans l'au-delà et, par conséquent, vous aurez de nouveau la chance de les aimer.

Les médiums et les clairvoyants ne sont pas non plus immunisés contre cette peur de la mort. Arrivée à la fin de sa vie, ma grand-mère Frances a été hospitalisée et a sombré dans un coma qui a duré plusieurs jours. Je suis restée assise à ses côtés et j'ai été en quelque sorte capable d'accéder à son âme. Je trouvais étrange de connaître ses pensées et d'apprendre qu'elle avait peur de mourir, parce que je n'avais pas encore fait « d'annonce officielle » concernant mes propres facultés. Je savais que ma capacité de communiquer avec Frances faisait partie de mon don, mais je n'en avais pas encore exploré les autres possibilités inhérentes et je n'en avais guère parlé. Je savais que si je transmettais l'information que j'obtenais de mamie, ma mère serait probablement bouleversée, surtout parce qu'il y avait déjà beaucoup de drame familial autour de la situation à l'hôpital.

Je me demande pourquoi le décès de quelqu'un tend à engendrer tant d'agitation. Bien entendu, mon expérience personnelle (venant des lectures et de ma vie) m'a aidée à dégager certaines raisons qui expliquent que les gens se laissent parfois entraîner dans un conflit à ce moment. Le stress est la première. Il est déjà très difficile de voir souffrir quelqu'un que l'on aime et d'affronter son départ pour l'au-delà, mais les membres de la famille et les amis proches doivent aussi affronter le fait qu'ils perdent quelqu'un de très signifiant pour eux. Malheureusement, la situation devient tendue, les caractères s'échauffent et des disputes éclatent, ce qui est tout à fait normal. Tout le monde pense naturellement à l'avenir, à ce que sera la vie ensuite, et chacun gère la situation à sa manière.

Les membres de la famille ont aussi des opinions différentes quant à la gestion des questions juridiques, médicales et financières, et ont souvent le sentiment qu'ils agissent dans l'intérêt d'autrui sans toutefois comprendre qu'ils *imposent* leur opinion. Bien entendu, cela entraîne parfois bien des disputes qui finissent par impliquer un cercle grandissant de parents. C'est un scénario très répandu et lorsque vous examinez les mêmes éléments d'un point de vue extérieur, vous les voyez très différemment.

Dans certaines situations, les individus n'essaient pas de prendre des décisions pour le bien d'autrui, mais agissent uniquement en fonction de leurs propres intérêts. Certains individus sans scrupule ne pensent qu'aux biens de la famille, aux bijoux et aux autres parties de l'héritage qu'ils convoitent. C'est hélas assez fréquent et cela précipite des comportements et des gestes qui donnent naissance à des conflits interpersonnels.

Pour éviter tout cela, vous devriez rester branché sur l'amour. Quand vous agissez par amour pour la personne qui part, tout le monde en bénéficie, que vos gestes soient accueillis correctement ou pas.

Pendant la période où mamie Frances était dans le coma et que j'étais en communication avec son âme, je me sentais très seule et coupée des autres, ce qui ressemblait beaucoup au sentiment d'isolement que je ressentais quand j'étais enfant. Là encore, je savais que je ne pouvais rien révéler de peur de bouleverser mon entourage. J'ignorais qu'il me faudrait autant de temps pour comprendre ce que ma grand-mère a vécu avant de finalement quitter le plan terrestre.

Six ans après son décès, j'ai donné une lecture à une femme appelée « Jill », qui s'est accrochée nerveusement à son téléphone cellulaire durant toute la séance. Elle m'a dit qu'elle attendait un coup de fil urgent et que s'il venait durant la lecture, elle serait obligée de partir sur-le-champ. Je comprenais parfaitement; en fait, ce n'était pas la première fois qu'un client arrivait chez moi accroché à son cellulaire. Je l'ai donc rassurée en lui disant qu'elle pouvait partir quand il le faudrait.

En me concentrant pour recevoir un message pour Jill, j'ai senti une énergie entrer progressivement en moi du côté gauche. Comme je capte généralement les messages de la droite, la situation était inhabituelle. J'ai commencé par dire à Jill que j'avais son beau-père à mes côtés et qu'il voulait qu'elle sache que tout allait bien, qu'il avait quitté son corps temporairement et observait son entourage de loin. Il a ajouté qu'elle devrait dire à tout le monde qu'il allait bien et que son départ n'était plus « qu'une question de temps ».

Pendant ce temps, Jill pleurait et vérifiait souvent sa messagerie, mais lorsque je lui ai transmis cette information, elle s'est arrêtée, a jeté un regard autour et demandé: « Es-tu vraiment ici ? » Son beau-père a répondu: *Oui, mais je n'aime pas ce pyjama.* Jill a eu un long frisson et un soupir, puis elle m'a dit que le coup de fil qu'elle attendait serait pour lui faire savoir que son beau-père dans le coma était décédé. Elle savait qu'il détestait le pyjama qu'il portait en ce moment à l'hôpital, mais c'était le seul que sa femme avait trouvé en quittant précipitamment leur résidence. Jill n'a pas reçu l'appel attendu durant notre rencontre, mais quelques jours plus tard, elle m'a téléphoné pour me dire que son beau-père était mort.

J'ai appris de cette lecture que lorsqu'une personne est dans le coma, son âme est libérée de son corps et peut aller où elle veut. Le but de la libération de l'âme est double : d'abord, permettre au corps de guérir et de se remettre (auquel cas l'âme retourne dans le corps une fois celui-ci guéri) ou affranchir l'âme sur le point d'entamer son voyage dans l'au-delà. Le cordon d'argent qui relie l'âme au corps peut s'être rompu à ce stade, mais l'âme ne quitte pas complètement le corps avant que celui-ci ait rendu son dernier souffle et que le cœur ait cessé de battre.

Quand ma grand-mère était à l'agonie et dans le coma, je ne savais pas que son âme avait entamé son voyage et qu'elle avait entrepris d'affronter sa peur de ce qui se produirait durant le processus de transition. D'après ce qu'elle m'avait dit quelques années plus tôt au cours d'une lecture – « Si je vois ma mort, j'arrête » –, je savais qu'elle craignait l'inévitable. À l'époque, je n'y ai pas pensé une minute. Par la suite, au chevet de son lit de mort, j'ai compris qu'elle suppliait de ne pas mourir, reprenant ainsi sa vieille peur du passage dans l'au-delà.

Sa réaction au moment de mourir me semblait étrange, étant donné qu'elle venait de la femme qui avait établi un contact quotidien avec les âmes de l'au-delà à travers les nombreuses lectures qu'elle avait données au fil des ans. Cette femme s'était tenue devant de grands auditoires, avait animé la tribune de plusieurs églises spiritualistes et fourni des preuves et des faits de la poursuite de la vie après la mort. Et elle en était là, à craindre la mort !

J'étais incapable d'accepter cela à l'époque ; avec le recul, je comprends que mon immaturité était en cause. En vieillissant et après avoir vécu une expérience de mort imminente, j'ai fini par comprendre que même si les médiums savent à n'en pas douter que la vie continue, la transition en tant que telle constitue parfois une source d'inquiétude. Ce n'est qu'humain et naturel d'avoir peur de l'inconnu.

Nous devons tous faire face à la réalité qu'à un certain point de notre existence, nous devons affronter la mort, que ce soit parce qu'une personne de notre entourage meurt ou parce que nous affrontons notre transition. Quelle que soit la situation, cela fait partie des raisons qui m'ont décidée à écrire *L'âme est éternelle*. Mon objectif est de dissiper la peur de l'inconnu que tout le monde ou presque porte en lui. Je veux vous faire comprendre que non seulement l'au-delà existe *réellement*, mais qu'il n'y a rien à craindre de la mort. Sachez que le moment de votre mort dépend de votre âme et des leçons que vous avez décidé d'apprendre dès le départ ainsi que des leçons que ceux qui vous entourent ont besoin de tirer de votre décès.

Mamie Frances a continué de s'accrocher en restant un bon moment dans le coma ; hélas, elle était désespérément effrayée, en dépit de ses années d'échanges quotidiens avec les âmes qui avaient fait la transition. Mes visites à l'hôpital m'ont donné à penser à la mort et à la possibilité d'un au-delà, surtout durant les longs trajets de retour à la maison. Je me posais les questions normales que tout le monde se pose : *Est-ce que je verrai ma famille dans l'au-delà ? Est-ce qu'il y a une Lumière blanche ? Est-ce que je souffrirai ? Qu'est-ce que l'on fait toute la journée dans l'au-delà ? Est-ce qu'il y a vraiment une vie après la mort, ou est-ce que c'est tout après ?*

J'ai fini par obtenir les réponses à ces questions, et je partage ce que j'ai appris avec vous dans les pages qui suivent.

Mamie Frances abandonne la partie

Mamie Frances m'a montré que ce n'est pas tant mourir qui effraie les gens comme le saut dans l'inconnu qui marque notre transition entre la vie terrestre et l'au-delà. Mamie m'a aidée depuis à adopter une vision plus large de ce que j'avais vécu avec elle au moment de sa transition. C'est une vision fascinante, au contenu très brut, et elle m'est venue quand j'ai rencontré ma grand-mère durant mon expérience de mort imminente (que je décris dans un chapitre subséquent) et au cours de lectures où elle s'est adressée directement à moi.

Pour comprendre la peur qui l'agitait, vous devez en savoir un peu plus sur ma grand-mère. Mamie Frances avait une personnalité incroyablement pétillante et extravertie, caractérisée par une joie de vivre comme j'en ai rarement vu chez d'autres. À la fin de sa vie, elle a fait le tour de la planète et même une crise cardiaque au cours d'une croisière au Mexique ne l'avait pas arrêtée ! Sa joie et son rire étaient contagieux et elle rayonnait l'amour, la chaleur, la force et la passion. Elle a conservé ces qualités jusqu'à la fin.

Elle a aussi continué à boire. Pas énormément, mais je trouvais souvent dans son sac à main des bouteilles d'alcool miniatures. Elle sortait aussi jouer au bingo avec ma mère et se servait un gin tonic puisé à même sa réserve personnelle. Elle adorait sortir danser le samedi soir et s'amuser… jusqu'à ce jour fatidique où elle a été conduite à l'hôpital et j'ai reçu un coup de fil m'apprenant qu'elle était tombée dans le coma.

Même si mamie Frances était assurément une femme incroyable, je n'étais pas très proche d'elle en grandissant. C'était uniquement parce que ma mère ne conduisait pas et qu'une distance considérable séparait nos maisons. Quoi qu'il en soit, une fois que j'ai été autonome et que j'ai possédé mon propre moyen de transport, je lui ai souvent rendu visite. J'ai découvert que ma grand-mère était une femme élégante avec une vie mondaine enviable, quelqu'un qui recevait de fréquentes invitations à des événements intéressants de la part d'une liste apparemment sans fin d'amis. Disons simplement qu'elle aimait la vie et que la vie le lui rendait bien.

Comme elle travaillait comme médium depuis des années, les clients venaient de partout au Royaume-Uni pour la consulter et elle se déplaçait en avion à travers le monde pour les rencontrer. Elle croyait tant à son travail que par bien des côtés, il a pris toute la place dans sa vie. Elle était tellement connue dans la région qu'à ce jour, les gens parlent encore d'elle et de ses lectures.

Ma grand-mère Frances avait non seulement le don de médiumnité, elle avait aussi une sensibilité clairvoyante extrêmement fine et faisait souvent des prédictions. Elle recevait régulièrement la visite d'esprits guérisseurs qui l'aidaient à soigner les nombreux maux qu'elle avait pris de ses clients, par suite de ne pas s'être ancrée et protégée adéquatement en travaillant avec eux.

Une nuit, mamie Frances a reçu la visite de son équipe de guérisseurs qui lui ont dit qu'elle n'avait plus que dix-huit mois à vivre environ et qu'ils ne pouvaient absolument rien faire pour elle. Bon. Se faire dire par un médecin que l'on est sur le point de mourir est une chose, mais l'entendre de guides spirituels qui connaissent votre chemin de vie en est une autre ! Les médecins peuvent faire des erreurs de diagnostic, pas les guides spirituels.

Ce renseignement quant au moment de son décès a terrifié ma grand-mère qui n'était pas prête à affronter la mort. Je suis certaine qu'avec le temps, cette pensée ne l'a jamais quittée et qu'elle a fini par peser lourd sur son cœur. Voilà pourquoi elle m'a dit qu'elle s'arrêterait si elle voyait sa mort en me donnant une lecture. Elle savait qu'il ne lui restait qu'un certain temps à vivre et elle ne voulait tout simplement pas connaître les détails.

Mamie Frances est passée du tac au tac de jouir de la vie et de partager son exubérance avec une foule de gens à affronter l'inconnu. C'est un gros changement. Elle ne voulait pas quitter sa vie, car elle l'aimait beaucoup trop. Même lorsque son corps a commencé à la trahir vers la fin, elle aimait encore entendre rire dans les couloirs et voir sa famille s'activer autour d'elle. Sa joie de vivre ne l'a jamais quittée.

Quand je lui ai rendu visite la dernière fois, elle était inconsciente. J'ai demandé à l'infirmière quelles étaient les chances qu'elle s'en sorte et elle m'a répondu qu'elles étaient minces. J'ai dû affronter le fait que j'allais perdre ma mamie bien-aimée.

Dans notre communication d'âme à âme, je lui ai demandé pourquoi elle s'accrochait et elle a répondu : *J'ai peur.* J'ai posé ma main sur la sienne et je l'ai caressée. Comme j'ignorais si elle pouvait entendre mes pensées, je les ai exprimées à voix haute sans me soucier de bouleverser mon entourage. À ce stade, il y avait eu assez de drame familial et je me disais que parler à mamie alors qu'elle était dans le coma ne ferait pas tellement la différence.

Tout en lui caressant la main, je lui ai dit de ne pas avoir peur, qu'elle pouvait lâcher prise et rejoindre ses amis et sa parenté dans l'autre monde, où ils prendraient soin d'elle et lui apprendraient les ficelles. J'ignorais si ce que je disais convenait, mais je me souviens d'avoir vu l'esquisse fugitive d'un sourire sur son visage et d'avoir senti une légère pression de sa main, ce qui indique qu'elle m'avait probablement entendue. Sur les entrefaites, ma mère est entrée pour se joindre à la veille et j'ai senti que je devais partir. L'énergie était extrêmement lourde et j'avais besoin de me retrouver seule. C'est la dernière fois que j'ai vu ma grand-mère vivante. Elle est décédée deux jours plus tard.

Grâce à sa longue expérience de médium, mamie Frances savait qu'il y a un autre monde et que tout irait bien pour elle, mais l'appréhension de la phase de transition avait été la cause de sa plus grande source d'anxiété.

Comme je l'ai déjà mentionné, sa réaction était très humaine, c'est celle de la majorité. Imaginez sauter d'un très haut plongeoir pour la première fois, sans savoir si l'eau est froide ou si vous allez la frapper de plein fouet en y pénétrant. Plonger dans un élément totalement étranger suffit à susciter une grande appréhension chez n'importe qui.

Il est peut-être dans notre nature de craindre l'inconnu, mais faire front à ces aspects de la vie sur lesquels nous en connaissons très peu tend à nous donner un grand sentiment d'accomplissement. En général, nous regardons en arrière en disant : « Eh bien, ce n'était pas aussi terrible que je m'y attendais. » La même chose s'applique à notre passage dans l'au-delà : nous passerons à autre chose et nous aimerons l'expérience. Depuis que j'ai vécu ce passage lors de mon expérience de mort imminente, croyez-moi quand je vous dis que la transition dans l'au-delà est une aventure incroyable, joyeuse même, une expérience d'une grande beauté, d'une grande sécurité et d'amour pur.

Connaître l'heure de sa mort

Quand notre âme accomplit la transition et passe de l'intérieur à l'extérieur du corps, nous savons souvent à l'avance que le passage est imminent. En fait, nous savons tous à quel moment nous allons quitter cette vie. Voyez-vous, avant de venir sur le plan terrestre, nous avons accepté de faire l'expérience de certaines situations et de certaines circonstances, y compris la manière et le moment de notre mort. Cependant, une fois ici-bas, plusieurs choisissent de ne pas explorer leur subconscient pour découvrir quand ils quitteront cette incarnation. Il faut être fort pour accepter ce renseignement et faire face au moment et à la manière de sa mort.

Une mise en garde : si vous décidez d'accéder à cette information comme je l'ai fait, vous courez le risque d'être critiqué en partageant ce renseignement avec d'autres. Depuis que le livre *Le Secret* a popularisé la croyance que tout ce que nous visualisons et projetons dans l'Univers est destiné à se produire, les gens hésitent à exprimer (ou même à écouter !) des énoncés radicaux qui pourraient finalement s'avérer. Le vieux dicton qui conseille de prendre garde à ce que l'on souhaite parce que l'on pourrait bien l'obtenir résume la croyance selon laquelle si vous dites aux autres quand et comment vous quitterez ce monde, ils croiront que vous le projetez et que vous le ferez advenir. Cette inquiétude n'est pas pertinente toutefois, puisque vous connaissez déjà sur un plan plus profond tous les détails de votre transition.

D'ailleurs, Ben, mon maître guide spirituel, a dit ceci : *Si nous le souhaitons, nous pouvons recueillir n'importe quelle somme d'information en puisant au savoir de notre âme.* Et voici les paroles qu'il a employées pour transmettre la vérité à propos de ce que nous savons tous, de même que la manière dont nous pouvons accéder à ce savoir :

> *À notre manière bien personnelle, nous connaissons toutes les réponses aux questions qui nous interpellent. C'est relativement simple. Nous possédons la connaissance avant de nous incarner sur terre. Nous sommes dotés de l'itinéraire et des réponses dont nous avons besoin ; nous n'avons qu'à regarder profondément en nous et à savoir qu'elles sont là. Un peu comme on s'y prend pour lire des messages secrets cryptés, nous avons simplement à découvrir le sens du code pour ouvrir la porte à une vaste somme de connaissances et de renseignements.*

Ben poursuit en décrivant comment nous pouvons découvrir la signification du code :

> *La méditation est la clé qui ouvre la porte à toute la connaissance et à toute la compréhension de la vie, et certainement de nos vies actuelles et aussi de nos nombreuses vies antérieures.*

Ben fait ici allusion au fait que votre âme a conclu dans l'au-delà une entente appelée « contrat d'incarnation » avant que vous retourniez à votre existence terrestre actuelle. Par conséquent, vous possédez toutes les réponses sur tout ce que vous entreprenez de réaliser et d'expérimenter dans votre vie. La méditation est la clé.

Avoir pleinement conscience du moment de son départ représente une bénédiction ou une calamité. On sait qu'il m'est arrivé de voir des gens, face à face ou en photo récente, et de connaître le moment de leur mort. Même quand la personne est aussi consciente de cette information, le message n'est pas plus facile à transmettre qu'à recevoir.

Certains de mes étudiants qui s'efforcent de développer leurs capacités psychiques ou médiumniques se plaignent souvent de ne recevoir que des messages négatifs, par exemple à propos de la maladie ou de l'heure de la mort de quelqu'un. En dépit de ce désir qui les habite de recevoir des messages plus positifs, nous avons tous des dons différents : certains sont simplement plus doués pour communiquer des renseignements défavorables, ce qui fait que c'est uniquement ce qu'ils obtiennent. Cela ne veut pas dire que la personne ne peut pas pousser son développement davantage, mais plutôt que chaque homme et chaque femme ne reçoit que des renseignements nécessaires et utiles.

On me demande souvent si nous sommes avertis au préalable de l'approche de notre mort. Pour répondre à cette question, il faut examiner plus attentivement la période qui précède la phase de transition. Certains pourront apprendre de leur médecin qu'il leur reste tant de temps à vivre et auront cette sentence de mort suspendue au-dessus de leur tête comme une bombe à retardement dont le compte à rebours a débuté. D'autres n'auront pas ce genre d'avertissement et mourront de toute évidence subitement. Demandez-vous si vous voulez connaître la date de votre mort et avoir la possibilité de faire vos adieux ou si vous aimez mieux partir et ne pas avoir à affronter le moment et les circonstances ?

Même si nous savons tous que nous allons mourir, la plupart choisissent finalement de ne pas prendre conscience de cette information. Cela dit, il y a des moments où vous pouvez être conscient de l'imminence d'un événement, généralement signalé par un changement d'état d'âme ou un sentiment diffus de « savoir ». Les exemples de ce phénomène sont nombreux et incluent l'incident suivant, qui s'est produit au cours d'une lecture que j'ai donnée aux parents d'un garçon mort dans un accident nautique anormal.

Jordan n'avait pas voulu embarquer sur le bateau familial ce jour-là, mais ses parents avaient insisté. Manifestement effrayé, il sentait que *quelque chose* allait se produire. Quand j'ai parlé à ses parents, ils ont dit qu'ils se sentaient très coupables d'avoir obligé leur fils à se joindre à eux. Mais, dans le grand ordre des choses, la vie de Jordan était censée se terminer à ce moment et à cet endroit, comme cela avait été prévu avant sa naissance dans son contrat d'incarnation. S'il n'était pas décédé dans cet accident de bateau, sa mort aurait eu lieu autrement.

La transcription de la lecture vous aidera à voir que Jordan savait qu'il allait mourir dans cet accident :

> **LISA** : Il dit que c'était un accident anormal et veut dire à son père : *Ne te sens pas coupable, s'il te plaît, parce que je savais que c'était sur le point d'arriver.* Il me montre qu'il vous préparait tous les deux à cet événement depuis des semaines.
>
> **MÈRE** : Après son décès, nous avons trouvé quelque chose qu'il avait écrit sur MySpace et je me suis interrogée à ce sujet.
>
> **LISA** : Il savait qu'il allait mourir.
>
> **MÈRE** : Le savait-il ? Le sentait-il confusément ?
>
> **LISA** : Il le savait.
>
> **PÈRE** : Sur le babillard électronique de MySpace, il a écrit le nom de son héros. C'était censé être le mien [s'esclaffe, puis sourit], mais il a écrit *Jésus* à la place.
>
> **MÈRE** : Et ensuite, il a écrit : *Je te vois bientôt.* Pas : *Je te verrai un jour,* ce à quoi l'on aurait pu s'attendre s'il avait l'intention de vivre toute une vie. Et il a conclu en écrivant : *D'ici là, beaucoup d'amour.* Nous avons trouvé cela étrange.

Pendant un moment, Jordan avait effectivement eu le sentiment que son décès était imminent. Il ne le savait pas *consciemment*, mais il avait puisé dans son subconscient et le renseignement qui était remonté à la surface l'avait poussé à écrire ce message cryptique sur MySpace.

Vous pouvez faire appel à d'autres moyens pour connaître le moment inévitable de votre mort, par exemple votre intuition. Vos guides spirituels et vos chers disparus peuvent aussi vous le dire directement, souvent par l'entremise de vos rêves. Ces rêves seront exceptionnellement pénétrants et vous laisseront l'impression d'avoir vraiment reçu la visite de vos chers disparus. (Ce genre de visites imitant la réalité n'annonce pas nécessairement votre mort prochaine, aussi ne vous affolez pas si vous en avez.) Vous pourrez aussi vous réveiller et voir l'esprit de quelqu'un de très proche, mais qui aura l'aspect d'une personne en chair et en os. Encore une fois, nous sommes plusieurs à voir les esprits de cette manière ; par conséquent, ne croyez pas que vous êtes sur le point de mourir parce que vous voyez un esprit. La lecture que j'ai donnée à Amanda illustrera la différence.

Au moment de notre rencontre, Amanda avait perdu sa grand-mère depuis seulement un an. La vieille dame était morte subitement durant un séjour à l'hôpital et Amanda avait besoin de résoudre son deuil. Même si elle voulait sincèrement entrer en communication avec sa grand-mère et d'autres membres de sa famille, elle était nerveuse avant la lecture parce qu'elle ne savait pas à quoi s'attendre.

Ma nouvelle cliente m'a expliqué qu'avant son décès, sa grand-mère était assise dans son lit d'hôpital et avait l'air en forme. Amanda était venue la chercher, mais elles devaient attendre que les médecins signent l'autorisation de sortie. Les deux femmes bavardaient lorsque la grand-mère s'est exclamée à l'improviste : « Oh ! regarde ! Ton grand-père est là. Il y a cette Lumière blanche derrière lui dont on parle quand quelqu'un meurt. »

Son grand-père étant mort quinze ans plus tôt, Amanda a demandé à sa grand-mère ce qu'elle voyait. La vieille dame a répondu : « Oh ! tu ne le vois pas, ma chérie ? Eh bien, moi, je le vois très bien. Je me demande ce qu'il veut. »

La grand-mère d'Amanda avait le regard fixé sur un coin de la chambre où elle voyait son mari décédé. La jeune femme avait bien senti que l'air s'était refroidi dans la pièce, mais n'y a pas prêté attention sur le moment. Comme elle ne voyait rien dans ce coin de la pièce, elle a pensé que c'était simplement un vœu pieux de la part de sa grand-mère, qui souhaitait revoir son conjoint disparu.

Brusquement, la grand-mère d'Amanda a dit : « Oh ! il veut que j'aille avec lui ! Je crois que je vais te quitter bientôt. »

Amanda n'était pas contente d'entendre cela ; après tout, elle était là pour ramener la vieille dame à la maison à la suite d'une chirurgie mineure réussie. « Tu ne t'en iras pas tout de suite, a-t-elle rétorqué. Les médecins ne te laisseraient pas sortir si tu étais sur le point de mourir ! »

Une heure s'est écoulée environ durant laquelle les deux femmes ont ri et parlé des derniers scandales de leurs feuilletons favoris, puis Amanda a été appelée au poste de garde pour signer les formulaires de sortie. Elle a laissé la vieille dame, maintenant habillée et assise sur un siège avec son tricot, cinq minutes, mais en revenant dans la chambre, elle l'a trouvée encore assise, les yeux fermés et le sourire aux lèvres, les aiguilles de son tricot tombées sur le sol. Elle était décédée au cours de la brève absence de sa petite-fille !

J'ai confirmé à Amanda dans sa lecture que sa grand-mère avait été encouragée à partir avec son mari et qu'elle avait été heureuse de le faire. Elle s'est manifestée en disant : *Il me faisait signe de venir vers lui et il me tendait les bras. Il semblait si accueillant. Il avait l'air en forme, pas comme la dernière fois que je l'ai vu. Il avait l'air d'avoir à peu près trente-cinq ans ; il était beau et fringant.* Elle me dit qu'elle avait fermé les yeux, alors qu'elle était assise dans sa chambre d'hôpital, dans l'espoir d'attirer son mari un peu plus près, puis qu'elle avait souri parce qu'elle s'était retrouvée dans ses bras. Bien que son certificat de décès ait indiqué qu'elle était morte de causes naturelles, c'était en vérité simplement le moment de partir et elle l'a fait de façon éclairée et délibérée, heureuse de retrouver son mari.

Le décès de mon grand-père

Dans un épisode très semblable à celui de la grand-mère d'Amanda, mon grand-père paternel est décédé en étant conscient de ce qui venait ensuite. Dans son cas aussi, j'ai eu l'intuition qu'il s'en allait et avec le recul, je vois que certains comportements et certaines interactions qui m'avaient déroutée à l'époque sont maintenant parfaitement clairs.

Depuis des semaines, je harcelais mon grand-père pour qu'il fasse le ménage du coin de la salle à manger où il conservait tous ses vieux journaux dans des piles apparemment aléatoires. C'était peu de temps avant son décès. Grand-papa adorait les courses de chevaux. Ce n'était pas un gros joueur ; il faisait une ou deux mises et ne dépensait généralement guère plus de cinquante pence (environ soixante-quinze cents) en tout sur un cheval. Par contre, il étudiait le formulaire des courses durant des heures en plus de collectionner et de conserver tous les journaux de façon à pouvoir faire ses recherches.

Finalement, il m'a téléphoné un jour pour me dire : « Hé, Lis, devine ce que j'ai fait ? J'ai vidé la salle à manger de sorte que ta grand-mère et toi pourrez arrêter de m'asticoter », avant de partir à rire. Je leur ai rendu visite durant la fin de semaine et j'ai constaté qu'il avait bel et bien nettoyé son fouillis. C'était tellement bien rangé ! Ma grand-mère était au septième ciel devant ce changement soudain de comportement et excitée de retrouver de l'espace dans la salle à manger.

Une semaine plus tard, grand-papa est entré à l'hôpital avec une infection thoracique mineure, un problème qu'il avait déjà eu et qui ne s'était jamais révélé très sérieux. J'ai reçu le coup de fil sur mon cellulaire le vendredi après-midi. Sans regarder le numéro, j'ai dit à un collègue : « Oh ! c'est ma grand-mère qui m'appelle pour me dire que mon grand-père est encore à l'hôpital avec son problème thoracique. » C'était exactement cela. Quand j'ai répondu, ma grand-mère m'a dit de ne pas m'inquiéter, qu'il se remettrait. Grand-papa avait simplement besoin d'antibiotiques par intraveineuse et serait sorti le lundi.

Je lui ai rendu visite le samedi après-midi. En marchant de ma voiture à l'entrée de l'hôpital, j'ai ressenti une énergie étrangement lourde autour de moi et compris que quelque chose était sur le point de se produire. Je suis entrée dans la chambre où j'ai trouvé mon grand-père assis dans son lit, entouré de la famille et des amis, en train de les divertir avec ses blagues incessantes et flirtant même avec les infirmières à coup de clins d'œil. Tout cela me prouvait qu'il avait retrouvé son état normal.

Tout de même, j'avais le sentiment que quelque chose n'allait pas et ce sentiment croissait chaque fois qu'il me regardait. Il avait le regard pénétrant, comme s'il regardait à travers mon corps jusque dans mon âme. C'était une sensation incroyable. Je me souviens encore du moment où je me suis approchée pour lui dire au revoir et le regarder dans les yeux une dernière fois. On aurait dit que sa conscience humaine s'était effacée et que son âme, la véritable essence de son être, avait pris le relais l'espace d'une fraction de seconde, mais c'était suffisant pour que je comprenne ce qui se passait.

À cet instant, je suis entrée en contact avec son âme. Ses yeux étaient bleu clair et d'une clarté cristalline. Comme le dit le dicton, «les yeux sont le miroir de l'âme», ce qui n'est que trop vrai. Nous avons échangé un long regard avec un sentiment de connexion totale. Il savait que c'était la dernière fois qu'il me voyait et il a soutenu mon regard plus longtemps que d'habitude, jouissant de ce qu'il voyait. Je n'ai pas détourné les yeux non plus, car j'avais le sentiment que je communiquais avec lui sur un plan plus profond où les paroles étaient inutiles.

À un moment donné, j'ai senti le désir de lui dire que je l'aimais, mais comme notre famille n'était pas très à l'aise avec les émotions, prononcer ses paroles aurait alarmé mon entourage. Et comme à l'époque ils savaient tous que j'étais clairvoyante, ils se seraient interrogés sur ce qui se passait. J'ai donc *pensé* les mots et constaté par sa réception silencieuse qu'il avait compris mon message.

Je n'avais jamais vécu une connexion aussi puissante avec une âme auparavant et cela ne m'est plus jamais arrivé, tout comme je doute de ne jamais le revivre. C'était absolument indescriptible. L'énergie entourant mon grand-père était très claire, chatoyante et radieuse. C'est là que j'ai compris ce qui se passait sur un plan plus profond : c'était la dernière fois que je le voyais vivant.

En sortant avec moi du service, ma grand-mère m'a dit que grand-papa aurait l'autorisation de sortir le lendemain et qu'il avait l'air beaucoup mieux. Je ne sais pas d'où sont venus les mots, mais j'ai laissé échapper : «Non, il y aura autre chose.»

Ma grand-mère a eu l'air perplexe en m'entendant. «Non, il a l'air tellement mieux», a-t-elle insisté. J'ai appris par la suite qu'au moment où on l'embarquait dans l'ambulance, mon grand-père avait essayé de dire à ma grand-mère où se trouvaient les documents concernant leur maison et leurs affaires financières. Elle n'avait rien voulu entendre, répétant : « Oh ! Jack, ne sois pas ridicule ! Tu seras sorti dans quelques jours ! »

Le lendemain de ma visite, grand-papa a été emporté par une embolie à l'estomac à la suite d'un changement dans la médication qu'on lui administrait à l'hôpital. Par la suite, en mettant de l'ordre dans les documents juridiques, j'ai remarqué qu'il avait agrafé et daté certains papiers. Ils portaient la date du jour où il m'avait téléphoné pour me dire qu'il avait vidé la salle à manger. Sur l'un des documents, il avait souligné les mots suivants : *en cas de décès, veuillez communiquer avec...* À l'évidence, il savait que son heure approchait.

Lorsqu'ils approchent du moment de leur transition, les gens commencent souvent à mettre de l'ordre dans leurs affaires. Ils revoient leurs polices d'assurance vie, mettent de l'ordre dans leurs affaires financières et s'assurent de faire établir leur testament. C'est que sur le plan subconscient, ils ont comme mon grand-père conscience de ce qui est sur le point de se produire.

Comment l'Esprit nous prépare

En quête de plus d'information sur le processus grâce auquel nous pouvons savoir que l'heure de notre mort est proche, j'ai médité et reçu le message suivant de Ben, mes doigts tapant à toute vitesse pour en capter le plus possible. Avec beaucoup de gratitude envers Ben et le reste de mon équipe, je partage ici ce que j'ai reçu :

> *Avant votre transition, nous vous préparons au voyage à venir. Durant votre sommeil, vous faites des sorties astrales et vous rendez également visite en rêve à différentes personnes pour vous habituer au processus. Vous observez les situations et les gens que vous aimez et vous visitez les endroits que vous avez toujours voulu voir. Nous vous guidons dans ce processus, ce qui explique que plusieurs personnes rapportent des rêves échevelés et pénétrants avant leur décès.*
>
> *Un mois à peu près avant le passage, nous vous préparons très doucement en vous plaçant dans des situations qui favoriseront le processus. Que vous mouriez de causes naturelles, dans un accident de voiture ou d'un meurtre, vous aurez satisfait votre raison d'être sur le plan terrestre*

et rempli votre contrat. Quoi qu'il en soit, nous devons vous préparer len-tement. Nous devons aussi préparer vos chers disparus à vous accueillir de l'autre côté. L'arrivée d'une âme parmi nous exige beaucoup de prépa-ratifs, étant donné que nous devons nous assurer que tout le monde ici sera prêt à jouer son rôle. Sachez que nous vous suivons et que nous vous guidons, car nous savons à quel moment votre transition aura lieu.

Vous pourrez choisir de ne pas partir en croisant un point de sortie ou de partir avant le temps. Si vous choisissez de partir avant le temps, nous vous renverrons sur terre, comme dans une «expérience de mort immi-nente», parce que vous n'aurez pas rempli votre dessein d'incarnation. Certaines âmes font quant à leur mort des choix qui échappent à notre emprise; par contre, c'est un sujet que nous n'aborderons pas maintenant, mais plus tard.

Normalement, deux semaines avant votre décès, nous nous rappro-chons pour vous offrir une aide plus proactive. Nous commençons aussi à aider vos amis et votre famille durant cette période. Une de nos façons d'agir consiste à vous influencer de sorte que vous écrivez ou téléphonez à ceux qui vous sont chers et que vous bouclez vos affaires en suspens, les questions matérielles qui vont de pair avec la vie, pour ne pas vous inquiéter de laisser un fouillis derrière vous.

Nous faisons tout pour vous influencer et vous aider à vous préparer, mais nous ne pouvons pas vous forcer. Certains ne veulent pas se laisser influencer et nous l'acceptons. Leur arrivée ici sera toutefois plus difficile pour eux, puisque sans préparation à la transition ou très peu, ils risquent de se retrouver en état de choc en reconnaissant les lieux où ils sont.

Si vous avez le sentiment que votre fin approche, il est fort probable que vous nous verrez autour de vous tandis que nous nous occupons des pré-paratifs. Le voile entre les mondes s'amincit quand vous êtes sur le point de le franchir et nous l'amincissons encore davantage en vous aidant à élever votre taux vibratoire et en vous montrant comment faire. En élevant votre vibration, vous avez plus de facilité à renoncer à votre enveloppe terrestre. Encore une fois, cela fait partie du processus, des préparatifs que nous faisons pour vous aider à franchir le pas.

Si vous avez appris que vous étiez aux frontières de la mort, il est plus facile pour nous de vous préparer, parce que vous êtes plus disposé à affronter l'inévitable. Le médecin vous a peut-être appris qu'il ne vous reste plus qu'un certain temps à vivre et vous avez dû affronter la dure réalité qu'il n'y a rien à faire. Par contre, si vous ne savez pas exactement quand vous mourrez, vous serez plus difficile à préparer, mais pas de beaucoup. Vous serez peut-être un peu plus entêté, auquel cas nous ferons nos préparatifs durant votre sommeil.

Nous aidons votre âme à accepter le fait que vous allez mourir. Nous vous expliquons ce qui se passe et nous vous permettons d'aller où vous avez besoin d'aller et de voir les personnes que vous avez besoin de voir. Nous vous aidons dans ce processus, ce qui explique que vous sachiez que vous partez quand vous êtes prêt à partir. Vos guides spirituels font ce travail pour vous et parce qu'ils sont en relation avec vous depuis le début de votre incarnation, ils savent ce qu'il vous faut et ce dont vous n'avez pas besoin.

Trois jours avant votre décès, l'intensité du processus commence à augmenter progressivement. Nous sommes près de vous en tout temps, nous restons près du voile et nous vous accompagnons dans votre expérience. Nous observons surtout votre état d'esprit et nous vous aidons à entrer dans la plus grande paix possible. Il est essentiel que nous parvenions à vous calmer, car si vous n'êtes pas calme et paisible, vous risquez de rester pris entre les mondes au moment de la transition. Nous faisons en sorte d'entraîner cet état en vous pour plusieurs raisons, mais pour ne pas vous embrouiller, j'aborderai cette question en détail une autre fois.

Nous devons vous aider à entrer dans le calme et la paix pour nous assurer que vous faites tout ce que vous devez faire avant la transition. C'est à ce stade que vos amis et votre famille commenceront à recevoir des coups de fil inattendus et que vous vous mettrez à partager avec eux des sentiments et des pensées que vous aurez peut-être retenus auparavant. Devant ce genre d'événement, votre entourage sentira le changement et l'approche de la transition, ne serait-ce que subconsciemment. Voilà pourquoi on pressent souvent l'imminence d'un événement sans pouvoir mettre précisément le doigt dessus.

En même temps, nous essayons de libérer votre âme d'un poids tel que vous aurez probablement le sentiment d'avoir une seconde chance de vivre et c'est assurément ce que vous ressentirez en sachant que vous êtes sur le point de franchir le pas. Vous sentirez la liberté et l'ivresse qui viennent d'avoir rompu avec vos attaches et vos obligations terrestres. Cette épuration de l'âme est simplement un autre moyen que nous utilisons pour vous assurer une transition facile. Nous essayons de dissiper tout ce qui est préjudiciable: culpabilité, haine, colère, peur. Ce n'est pas toujours facile et nous travaillons souvent la nuit quand votre ego ne fait pas obstacle et que nous pouvons accéder à votre âme. L'ego est un gros défi à surmonter pour chacun de nous; en arrivant de l'autre côté, nous perdons l'ego, mais le combat est rude sur le plan terrestre. La nuit, dans votre sommeil, votre corps se répare; nous épurons et réparons alors votre âme.

Normalement, environ vingt-quatre heures avant votre décès, vous commencerez à voir des éclairs de Lumière blanche. À ce stade du processus, tous les esprits venus vous accueillir se rassemblent. Étant dans l'Esprit, nous avons la capacité d'entrer en contact avec vous à travers le voile, en utilisant toute l'énergie que nous sommes capables de rassembler en une masse. Cette masse doit provenir de plusieurs sources. Vous nous sentirez peut-être près de vous, ou vous nous verrez et indiquerez que nous sommes présents dans la pièce. Dans certains cas, le mourant pourra se servir de notre énergie pour projeter l'image d'une personne qu'il reconnaît, peut-être l'image de quelqu'un qui a fait partie de sa vie. Nous contribuons tous à la transmission de cette image, ce qui exige beaucoup d'énergie, mais nous avons fait de longs préparatifs pour être en mesure d'offrir cette forme d'aide à ceux qui font la transition et en ont besoin.

À mesure que la fin se rapproche, les malades qui font face à la mort et savent qu'ils agonisent prennent la décision du moment exact de leur départ. C'était le cas de mamie Frances, la grand-mère de Lisa, qui a d'abord résisté férocement à son trépas. Elle m'a même combattu, moi, Ben, jusqu'à ce qu'elle me reconnaisse et se rappelle que nous avions vécu ensemble dans une vie antérieure. Même à ce moment, elle n'a pas voulu reconnaître qu'elle avait quitté son corps.

«Il fallait bien que ce soit toi», a-t-elle fini par dire lorsqu'elle m'a regardé et reconnu. Nous avons éclaté de rire avant de tomber dans les bras l'un de l'autre. C'était un moment magnifique, parce qu'elle avait finalement choisi de lâcher prise. Si l'être se débat et refuse de franchir le pas, nous devons attendre l'effondrement complet de son corps, comme avec la grand-mère de Lisa, avant de pouvoir élever l'âme hors du corps et lui faire traverser le voile.

Dans la majorité des cas, nous sommes capables d'inciter les âmes à partir et le processus est élémentaire, mais certains êtres sont plus réticents. Les plus accommodants choisissent leur heure et viennent volontiers. Ils acceptent de nous voir lorsque nous sommes proches et nous leur parlons tandis qu'ils oscillent entre la conscience et l'inconscience. Ils nous avertissent quand ils sont prêts et nous aidons alors leur âme à sortir du corps et à couper le cordon qui les relie. Lorsque vous choisissez votre heure, vous le faites souvent parce que quelqu'un, par exemple l'enfant à votre chevet, vous a donné la permission de partir ou que tous ceux que vous aimez sont venus vous rendre visite. Vous pourrez aussi choisir un moment où vos amis et les membres de votre famille sont absents, parce que votre ego est encore fort et que vous ne voulez bouleverser personne. Tous ces choix dépendent de la personnalité et du caractère de chacun.

Jusqu'à ce que vous franchissiez le voile, vous êtes encore une personne capable de faire des choix, ce qui explique que vous pourrez décider du moment de votre départ et attendre d'avoir vu tous ceux que vous vouliez voir avant de mourir. Dans certains cas, vous n'y arrivez pas parce que votre corps abandonne la partie avant. C'est malheureux, mais votre âme pourra s'attarder jusqu'à ce que vous ayez vu tous ceux que vous vouliez voir une dernière fois.

Quand un être meurt subitement dans des circonstances violentes, nous qui sommes dans l'Esprit savons que cela se produira, mais nous ne connaissons pas le moment exact, aussi devons-nous nous tenir prêts. Cela s'apparente à rester sur le qui-vive pour attraper une balle susceptible d'être lancée dans votre direction n'importe quand. Nous pouvons alors attraper l'âme lorsqu'elle jaillit du corps, avant que le traumatisme ou le choc puisse frapper celui-ci, ce qui explique que plusieurs de ce côté du voile affirment n'avoir rien senti au moment d'un accident qui s'est avéré mortel. On comprend difficilement comment il est possible qu'il n'y ait pas de souffrance, surtout quand la mort dépend d'un coup de feu ou d'un accident particulièrement violent. Quoi qu'il en soit, lorsque le corps traverse un traumatisme ou un choc quelconque au moment de la transition, l'âme se retire toujours pour s'assurer de rester complète et intacte. Ce n'est pas qu'elle puisse subir des dommages, c'est qu'elle choisit de se retirer pour se protéger de la souffrance.

Dans le cas d'un suicide, c'est un peu plus complexe. Nous faisons tout ce que nous pouvons pour réconforter et comprendre l'âme avant l'événement. Souvent, quand le suicide est planifié depuis longtemps, nous pouvons aider l'âme en la préparant adéquatement à la transition. Par contre, dans le cas d'un suicide irréfléchi, l'événement nous prend parfois par surprise et nous devons regrouper rapidement les esprits pour aider l'âme à franchir le pas. Ce n'est pas simple, mais nous le faisons et nous le faisons rapidement. Certains suicides sont prédestinés : la décision *remonte loin derrière et est souvent fonction de ce que vous avez vécu dans l'incarnation précédant celle-ci. Vous le faites parce que votre âme a besoin de vivre une expérience précise ou que vous avez besoin d'enseigner une leçon aux personnes que vous laissez derrière. Je sais que c'est difficile à croire, mais nous en parlerons en détail plus tard et tout sera plus clair à ce moment.*

Une lecture révélatrice

L'anecdote suivante illustre parfaitement l'enseignement de Ben ; elle est tirée d'une lecture que j'ai donnée à une femme dont le fils est mort tragiquement dans un accident de motocyclette.

Kay est venue me consulter peu de temps après que le décès de son fils Chris. Chris s'est présenté à moi sous l'apparence charmante et pétillante qui lui était habituelle, ce qui a fait plaisir à sa mère, comme vous pouvez l'imaginer. Il a d'abord parlé de sa vie et de ses accomplissements afin de prouver son identité à sa mère.

Comme il était mort dans un accident anormal, Kay n'avait pas été disposée à l'époque à entendre les détails de sa mort, mais elle voulait maintenant savoir. À l'époque, elle avait refusé d'écouter le rapport de la police sur ce qui s'était passé. Sans information, elle restait avec un sentiment d'inachèvement et n'arrivait pas à lâcher prise.

Durant la lecture, Chris a donné un compte rendu détaillé de ce qui s'était produit lors de l'accident, qui a été corroboré par la suite par les policiers dépêchés sur les lieux. Il semblerait qu'en roulant à motocyclette, le jeune homme ait pris un virage trop vite et dérapé sur une flaque d'huile laissée sur la route par un autre véhicule. Il perdit de ce fait la maîtrise de sa moto. Heureusement, à part lui, personne n'était impliqué dans l'accident.

Chris a décrit les sentiments qui l'habitaient tandis qu'il dérapait sur la flaque d'huile :

CHRIS [s'exprimant à travers Lisa] : *Je savais que ça y était, maman. Je le savais. J'allais perdre le contrôle. Je n'ai pas pu maîtriser la moto. J'ai essayé, mais je n'ai pas pu. Tu n'as jamais voulu que j'aie cette moto et je suis désolé. J'ai toujours été prudent, par contre.*

[Kay, qui pleure sans bruit, hoche la tête]

CHRIS : *C'était trop étrange… J'ai perdu le contrôle. Tout s'est passé très lentement, comme au ralenti. Je suis tombé et ma jambe s'est coincée sous la moto. Je me dirigeais tout droit sur le mur de pierre, dans le virage, et je me suis dit : « Oh ! ça va faire mal. » J'ai voulu me couvrir la tête, mais la première chose que j'ai sue, je me faisais tirer en dehors de mon corps. Ensuite, j'étais dans les airs et j'observais tout ce qui arrivait à mon corps en bas.*

KAY [LE SOUFFLE COUPÉ] : *C'est stupéfiant, je ne sais pas quoi dire. Je suis renversée !*

CHRIS : *Je suis sorti de mon corps avant l'impact, maman, alors je n'ai rien senti du tout. Je te le jure. C'est toujours comme ça. Les guides spirituels savent quand c'est le moment de venir te chercher et de t'aider à sortir pour que tu ne ressentes pas la douleur. J'ai été béni. Ne pleure pas, maman. Je t'aime et je veux que tu saches que je vais bien.*

Savoir que votre passage dans l'au-delà est sans douleur et pleinement facilité par l'Esprit devrait s'avérer d'un grand réconfort, tout en contribuant à dissiper votre peur de la mort. Il reste à expliquer comment se déroule la transition, qui vous accueille à votre arrivée, s'il y a un paradis ou un enfer, et quand et comment vous pouvez rendre visite à ceux que vous aimez sur terre.

Dans la deuxième partie, vous découvrirez ce qui vous attend en quittant l'existence terrestre et en entreprenant votre voyage de l'autre côté, un processus non seulement sécuritaire et sans douleur, mais qui se révèle un magnifique début à votre « vie après la vie ».

Deuxième partie

TRANSITION

Chapitre 5

La traversée du voile

La traversée du voile qui sépare ce monde du suivant est généralement un processus magnifique auquel chacun fait face et que nous ferions bien d'accepter et d'accueillir. Comme je l'ai mentionné, il n'y a rien à craindre quand on passe de ce monde au suivant ; en fait, la transition peut même s'avérer très excitante. D'ailleurs, Ariel, mon guide spirituel, dit ceci :

> La mort est comme un voyage dans l'espace ; vous ne savez jamais ce que vous allez rencontrer. Vous devez l'accueillir et l'accepter. Sachez qu'elle vient, peu importe ce que vous faites dans la vie.

Grâce à mon expérience de mort imminente, je sais ce que signifie *passer le seuil de l'au-delà*. L'expérience m'a laissée avec un témoignage personnel de ce qui se passe quand nous mourons et j'aimerais le partager avec vous dans ce chapitre.

Mon voyage aller et retour

En avril 2004, j'étais traitée pour une grave infection des trompes de Fallope lorsque j'ai quitté mon corps comme une âme en transition. Après avoir franchi le voile, j'ai été aspirée à travers la Lumière blanche dans ce qui nous attend tous de l'autre côté.

Plusieurs personnes rapportent avoir vécu une expérience de mort imminente après que leur cœur a eu cessé de battre sur la table d'opération, tandis qu'elles attendaient les secours ou d'être réanimées après un accident. Fait remarquable qui ne comporte que de rares exceptions, les personnes qui ont vécu ce type d'expérience font toutes des comptes rendus qui se ressemblent énormément.

Dans mon cas, aucune indication médicalement vérifiable ne prouve que je sois «morte», puisque je n'étais pas reliée à un moniteur cardiaque au moment de l'expérience. Je me souviens que je suis revenue dans mon corps, après avoir vécu dans tous ses détails le passage caractéristique de l'âme qui entre dans l'au-delà, et que j'ai entendu Kevin, mon partenaire de l'époque, téléphoner désespérément à un médecin.

Le jour avant que j'entre à l'hôpital, je me rappelle que j'agissais bizarrement et que je me sentais étrange; par ailleurs, je sentais que Ben, mon guide spirituel, m'entourait de façon très protectrice. L'après-midi, une amie a téléphoné pour me demander si je voulais sortir. Normalement, j'aurais attrapé mon manteau en disant: «Oui, on va où?» Cette fois, alors que j'ouvrais la bouche pour dire «oui», un autre mot en est sorti. En fait, je me souviens que j'ai formé le mot *oui* avec ma bouche, mais que le mot *non* est sorti à la place. C'était comme si j'avais perdu la maîtrise de ma bouche. J'ai réfléchi un moment à ce que je venais de dire, puis j'ai pris conscience que j'étais en fait beaucoup trop souffrante pour sortir et j'ai décidé d'aller me coucher.

Durant la nuit, j'ai fait un rêve auquel participaient tous ceux que j'aimais, y compris mon grand-père et mamie Frances. C'était incroyable de sentir leur présence. Nous étions rassemblés pour un mariage, *le mien*. Même si je dansais avec un homme que je ne reconnaissais pas, j'étais entourée de gens que je connaissais et que j'aimais tendrement: ma famille, mes guides spirituels, mes auxiliaires, tous ceux qui sont dans l'Esprit.

Au beau milieu de cette célébration, j'ai brusquement reçu un coup de couteau dans le dos. La douleur était très réelle, mais j'ignorais l'identité de mon attaquant. J'étais en état de choc: c'était mon mariage et quelqu'un me poignardait dans le dos! Je me souviens que je me suis inquiétée qu'il y aurait des taches de sang sur ma robe si je n'essayais pas de la sauver et qu'une douleur intense irradiait de ma blessure.

Je me suis réveillée avec une douleur intense et lancinante dans le bas du dos, du côté gauche. Comme la blessure dans mon rêve, la douleur irradiait à travers tout mon corps, noyant mon torse dans une sensation de brûlure. C'était insoutenable et j'étais incapable de le supporter. J'ai été emmenée à l'hôpital le plus proche, sur le campus de l'université de la Californie à Los Angeles (UCLA).

En dépit du fait que j'étais presque aveuglée par la douleur, j'étais consciente de la présence de Ben, de mamie Frances et de mon grand-père dans la voiture durant le trajet jusqu'à l'hôpital. Cette impression n'était pas seulement causée par une sensation énergétique : je les voyais clairement, assis sur le siège arrière de la voiture. Je distinguais leur silhouette, leur expression, la couleur de leurs cheveux, leurs yeux et même leur façon de bouger. Chaque fois que je regardais l'un d'eux derrière moi, j'avais l'impression de voir une personne en chair et en os, même en sachant qu'il s'agissait d'un esprit.

Il y avait aussi un bourdonnement sourd dans ma tête. Lorsque je réussissais à me concentrer pour l'écouter à travers ma souffrance, je distinguais des chuchotements. En fait, tellement de chuchotements que l'on aurait dit que des milliers de gens murmuraient, comme s'ils ne voulaient pas qu'on les entende. C'était étrange, en un sens presque réconfortant. D'une façon ou d'une autre, je savais que tout irait bien pour moi.

À mon arrivée à la salle d'urgence, j'ai vu que mes trois visiteurs spectraux m'accompagnaient en marchant à côté de mon fauteuil roulant. Je me demandais ce qui se passait et j'ai imaginé qu'ils étaient là pour prendre soin de moi. J'avais l'habitude de voir des esprits quand j'étais malade. En fait, j'avais remarqué au fil des ans que ma médiumnité et mes facultés de perception psychique étaient avivées par la maladie.

J'ignorais que mes visiteurs étaient venus avec un dessein plus précis en tête : aider mon âme à sortir de mon corps afin que je puisse supporter le traumatisme que j'étais sur le point de vivre.

Allongée sur mon lit d'hôpital, j'ai vécu la douleur la plus violente de ma vie : elle venait par vagues qui devenaient progressivement plus fortes. Elle est devenue si intense que je n'ai plus été capable de fixer mon attention sur les esprits près de moi : il fallait que je me concentre pour me donner de l'énergie de guérison afin d'être capable de gérer la douleur. Comme il m'était trop difficile de bouger et de poser mes mains sur moi pour me traiter, j'ai utilisé mon esprit pour me concentrer de mon mieux.

Tandis que j'inondais mon corps d'énergie de guérison, un sentiment de calme absolu a monté en moi. Le sentiment de panique s'est dissipé et j'ai accepté la situation. Je respirais profondément et je savais que j'allais m'en sortir. Quoi qu'il en soit, la douleur s'intensifiait progressivement, en dépit des doses plus importantes de morphine que l'on m'administrait. Le soulagement procuré par le médicament ne durait que quinze minutes au lieu des quarante-cinq prévues. Chaque vague de douleur qui me traversait était plus intense que la précédente. Je suis restée avec cette sensation brûlante qui ravageait mon bas-ventre durant presque trois heures, mon corps se convulsant avec chaque contraction qui venait, intense et rapide.

Je me souviens d'avoir pensé : *S'il vous plaît, emmenez-moi ; je n'en peux plus.* J'ai fermé les yeux et cessé de résister, j'ai lâché prise et laissé la douleur me submerger. Je me suis sentie brusquement partir à la dérive, comme si j'avais été délestée d'une ancre qui m'avait maintenue attachée à mon corps et à sa détresse. Ce n'était pas tant que je dérivais vers le haut, comme on aurait pu s'y attendre, que je *m'éloignais*. C'était un mouvement sans effort, comme si j'étais portée par un courant invisible et pourtant puissant. Mon âme n'était plus prisonnière de mon corps. *J'étais libre !*

J'observai que je ne souffrais plus. Comme âme, je me sentais bien ; en fait, je me sentais mieux que bien. Je savais qu'en regardant en arrière, je verrais mon corps sur le lit, immobile et sans vie, avec une expression de souffrance sur mon visage, et j'ai choisi de ne pas me retourner. J'avais le sentiment que cette absence de douleur ne durerait pas, même si elle semblait éternelle. Je planais comme un oiseau dans le ciel, volant au-dessus de la planète avec aisance. Mon âme était libérée.

J'ai eu la sensation de passer à travers un voile chatoyant, que j'ai reconnu comme celui qui sépare le plan terrestre de l'au-delà. J'ai senti que j'étais aspirée à travers ce voile comme par un aimant. En le traversant, j'ai vu une immense sphère de lumière d'un éclat si intense qu'il aveuglerait les yeux d'un être humain. Comme âme, je n'avais pas d'yeux et je « voyais » donc une lumière chaude et brillante, pas éblouissante du tout.

J'ai eu l'impression de parcourir une sorte de tunnel chatoyant et vivant. Il y avait au bout la Lumière blanche, qui a gorgé chacune de mes cellules d'un amour inconditionnel de la forme la plus pure. L'amour que j'ai ressenti en traversant cette lumière est impossible à quantifier en termes terrestres ; il était beaucoup plus intense que toutes les formes d'amour que vous pourrez ressentir pour celui ou celle que vous aimez et même pour votre enfant.

Flottant et planant, je suis arrivée devant mamie Frances qui avait partagé mes dons de son vivant et dont l'esprit m'accompagnait sur terre durant mon épreuve. Elle était maintenant debout devant moi, le sourire aux lèvres et les bras ouverts. En approchant, j'ai senti que j'étais enveloppée dans son amour et celui de tous ceux qui étaient à proximité. Je n'arrivais pas à distinguer les visages de ceux qui accompagnaient ma grand-mère, je ne voyais qu'elle. J'ai cherché mon cher grand-père des yeux, mais, hélas, je ne l'ai pas vu.

Mamie m'a dit : *Tu n'es pas encore prête à le voir.* J'ai été sidérée de constater qu'elle pouvait lire mes pensées, avant de comprendre que les âmes communiquent par les pensées et non par des paroles audibles.

Mamie souriait toujours et j'ai remarqué qu'elle était beaucoup plus jeune et en santé que la dernière fois que je l'avais vue. Elle était radieuse et rayonnante et le simple fait d'être en sa présence était indescriptible et merveilleux. Je voulais lui parler, mais quand j'ai essayé de formuler mes paroles en esprit, elle m'a dit : *Chut, n'essaie pas de parler. Je veux que tu écoutes.*

Nos regards se sont soudés un long moment. Ma grand-mère regardait à travers moi, comme si elle se branchait sur mon esprit et lisait mes pensées. Durant cet échange, mon esprit s'est emballé : *Où suis-je ? Suis-je morte ? Qui sont ces gens ? Pourquoi est-ce que j'entends un bourdonnement ?* Mamie a brusquement interrompu le cours des questions qui se ruaient à travers mon esprit en disant : *Ce n'est pas encore ton heure. Tu dois retourner.*

Je comprenais ce qu'elle disait, mais je ne voulais pas l'entendre. J'étais libre de la souffrance, retourner dans mon corps signifiait que je devrais de nouveau endurer cet horrible supplice. Je voulais rester où j'étais. Je savais que mon fils serait entre bonnes mains, qu'il serait sain et sauf avec mes parents et son père. En fait, *tout* dans ma vie se réglerait sans moi et continuerait. Et comme j'étais déjà dans l'au-delà, est-ce que cela ne signifiait pas que j'étais censée rester ?

La voix de ma grand-mère a de nouveau répondu à mes pensées intimes : *Tu as beaucoup de travail à faire. Tu es une pédagogue et tu aideras beaucoup de gens dans ta vie.* J'ai alors vu devant moi un grand écran sur lequel a défilé tout ce que je ferais dans ma vie selon ma grand-mère. En absorbant tout cela, j'ai compris ce qu'elle voulait dire : le moment n'était pas venu pour moi de rester dans l'au-delà, j'avais vraiment une tâche importante à accomplir.

Mamie Frances a poursuivi notre échange sur le sens de la vie et la manière dont mon don aiderait les autres, en me laissant parfois inter-agir et poser des questions. J'ai vu plusieurs événements et circons-tances qui m'influenceraient ainsi que bon nombre de décisions que je prendrais. Sur le moment, j'ai tout saisi, mais j'en ai perdu le souvenir en revenant dans mon corps. Quoi qu'il en soit, l'information étant stockée dans mon subconscient, lorsqu'un des moments que j'ai vus se produit, je le reconnais grâce à cette expérience et je ressens un intense sentiment de déjà vu, comme si je l'avais déjà vécu. Ce qui est le cas !

Converser avec ma grand-mère était étrange et merveilleux ; on aurait dit que le temps s'était arrêté. En ce qui concerne le temps ter-restre, j'avais le sentiment d'avoir passé des heures en sa compagnie, debout à la même place sans que mon « corps » se fatigue. C'était un sentiment incroyable, éternel. Cependant, j'ai senti la tristesse m'en-vahir en constatant que mamie Frances et ceux qui nous entouraient s'estompaient progressivement, indiquant ainsi que cette conversation incroyablement riche et aimante tirait à sa fin.

Mamie Frances m'a répété que je devais retourner sur le plan ter-restre, être une bonne mère pour mon fils Charlie et commencer à enseigner. Je n'étais pas certaine de ce qu'elle voulait dire par ensei-gner, puisque la vision qu'elle me montrait s'est dissipée lorsque j'ai amorcé mon retour. J'étais perplexe parce que, même si j'avais étudié en pédagogie, j'avais décidé de ne pas faire carrière dans l'enseignement après une brève expérience sur le terrain. (Par la suite, le message de ma grand-mère est devenu plus clair quand j'ai compris que j'allais enseigner la spiritualité, la conscience psychique et la médiumnité et que beaucoup de gens étudieraient avec moi.)

J'ai senti que ma grand-mère et ses auxiliaires s'éloignaient. J'ai baissé les yeux et vu le cordon argenté qui me rattachait à mon corps et que j'avais bien connu durant mon enfance. J'ai senti une secousse et c'est tout. Une force venant de mon plexus solaire m'a aspirée à toute vitesse dans mon corps, comme si je passais par le tuyau d'un aspirateur.

J'ai réintégré mon corps brusquement, mon corps qui se tordait de douleur. Mon âme se sentait de nouveau prise au piège, une prise de conscience qui m'a traversée en dépit de la torture que j'endurais. J'ai ouvert les yeux pour regarder l'horloge numérique sur la table de chevet : une minute seulement s'était écoulée, et encore. Le temps s'était vraiment arrêté !

Le pouvoir de l'âme

À ce stade, je suppose que vous êtes plus à l'aise avec cette transition qui nous attend tous : le passage de l'âme de cette vie à travers la Lumière blanche, en route vers l'au-delà. Il vous sera aussi utile de bien comprendre à quel point votre âme est puissante. Mais, laissez-moi d'abord vous la faire *vraiment* connaître.

Votre âme – pas votre conscience ou votre ego – est l'essence même de qui vous êtes, ce qui explique qu'elle gouverne tous les aspects de votre vie et de votre mort. Votre âme englobe votre personnalité, votre peur, votre amour et votre passion. Elle est aussi l'élément indestructible en vous, car rien ne peut la détruire. On pourra essayer de la briser, mais elle est trop forte pour qu'on l'endommage. La force de votre âme n'est pas un phénomène physique ; il s'agit plutôt d'une énergie pure qui palpite et rayonne dans votre organisme tout entier.

Votre âme détient la clé de tout ce que vous traverserez sur terre ainsi que de tout ce que vous avez vécu au cours de cette vie et de vos vies passées. Elle est magnifiquement puissante, aussi devez-vous toujours honorer ce pouvoir et ce qu'il représente.

Imaginez, si vous le voulez bien, que votre âme contient votre personnalité et qu'à travers elle, elle gouverne l'expression physique de votre essence. Par exemple, quand votre âme vibre de bonheur, votre expression est animée. C'est que votre âme projette cette énergie heureuse dans votre cerveau qui répond en envoyant des signaux à vos muscles de faire bouger vos mains et votre visage avec plus d'animation. Cela démontre bien que l'âme est le cœur véritable de *qui vous êtes*.

Pareillement, si vous êtes triste et que votre âme a mal, votre corps réagit de manière à exprimer vos émotions douloureuses. Comme votre âme gouverne tout ce qui vous touche, il y a beaucoup à dire en faveur de la pensée positive et de la projection de bonnes pensées et d'émotions heureuses. Si votre âme croit vos pensées, il s'ensuit que les pensées que vous projetez, quelles qu'elles soient, se manifesteront et s'accompliront. Voilà le pouvoir de votre âme.

Plusieurs facteurs entrent en jeu dans la détermination du temps que l'âme passera sur le plan terrestre et la manière dont elle le quittera.

Certains partent parce que leur « point de sortie » était prédestiné et faisait partie du plan élaboré avant leur naissance. (Je couvrirai le sujet de la prédestination dans un autre chapitre.) Tout le monde a plusieurs points de sortie dans la vie – comme un chat a neuf vies –, mais le choix n'est pas toujours simple. Certains ont plus de possibilités de sortie que d'autres et ainsi, plus d'options. En raison de cette flexibilité, nous pouvons influencer jusqu'à un certain point le moment de notre mort grâce à notre volonté de vivre. Ainsi, j'ai donné des lectures à plusieurs personnes qui combattaient une maladie mortelle et qui ont gagné la bataille parce qu'elles ont fermement affirmé qu'elles s'en remettraient. Et elles ont guéri parce que leur âme a cru leurs pensées et a dit à leur corps de recouvrer la santé.

Les choses ne se déroulent pas toujours ainsi, cependant. Si une personne aux prises avec une maladie mortelle semble déterminée à guérir, la question est la suivante : le veut-elle *vraiment* ? Dans le cas contraire, l'âme fait fi du message mensonger et le corps se met à défaillir, puisqu'il est informé par l'âme. C'est ce qui est arrivé à un de mes clients.

C'est moi qui ai appris à George qu'il était malade et qu'il devait immédiatement consulter un médecin pour ses symptômes, ce qu'il a fait. (En pareil cas, je prends très au sérieux la question « Voulez-vous tout savoir ? ») On a découvert qu'il avait un cancer de l'intestin et qu'il ne lui restait plus que quelques mois à vivre.

J'ai reçu George plusieurs fois après son diagnostic et utilisé mes habiletés de praticienne en reiki pour lui transmettre de l'énergie de guérison. Chaque fois, j'avais le sentiment que quelque chose n'allait pas chez lui : on aurait dit qu'il ne croyait pas vraiment à sa guérison.

Comme personne dans son entourage ne voulait le voir perdre son combat contre le cancer, George restait positif. Il faisait en sorte que sa famille l'entende dire ce qu'il fallait : « Je vais gagner la bataille ! Quand je serai guéri, je veux... » Mais, en continuant de lui donner des lectures et de l'énergie de guérison, j'ai perçu son sentiment de défaite et compris qu'il allait mourir. Quatre semaines après que j'ai observé pour la première fois qu'il avait abandonné la partie, George est mort paisiblement dans son sommeil.

Peu de temps après son décès, sa fille est venue me consulter. Elle m'a dit que son père avait beaucoup cru en mon travail et elle espérait que je pourrais l'aider à résoudre son deuil, car elle en avait besoin. Dans la lecture que je lui ai donnée, George s'est manifesté aussi vibrant que d'habitude et a bientôt confirmé qu'il avait perdu la foi durant sa maladie et qu'il avait choisi de partir. Il était resté positif durant sa maladie, mais uniquement pour répondre aux attentes de sa famille et de ses amis, étant donné qu'en son âme, il avait décidé de partir. Il a assuré sa fille qu'il avait choisi de mourir quand il l'avait fait et que sa transition avait été très paisible. Elle a été très soulagée de l'entendre, car elle croyait qu'il avait souffert et qu'il était mort contre son gré.

Émancipation dans l'Esprit

Le fait de savoir que votre âme est indestructible vous aidera à rester fort quand viendra le temps de franchir le pas. J'aborderai maintenant la manière dont l'âme se libère et ce que vous rencontrerez ensuite sous cette forme.

Comme je l'ai dit, l'âme est attachée au corps grâce à un lien énergétique appelé le « cordon d'argent ». Parmi les personnes qui ont vécu une expérience hors du corps, une expérience de mort imminente ou un voyage astral, plusieurs ont rapporté avoir vu ce qui ressemblait à un cordon ou à une corde irradiant une énergie argentée, arrimé à leur tête, leur poitrine, leur dos ou leur abdomen.

Le cordon d'argent est lié à chacun de vos sept principaux chakras, ces vortex tourbillonnants qui sont les centres d'énergie naturelle de votre organisme. Ce cordon est aussi la ligne de vie dont votre âme se sert pour alimenter votre organisme en énergie et en information, très semblable en cela au cordon ombilical qui alimente le fœtus dans l'utérus de la mère.

Durant votre sommeil, votre âme quitte souvent votre corps pour que votre organisme puisse se remettre d'une maladie ou d'un traumatisme, ou pour que vous puissiez voyager et faire l'expérience de leçons importantes. En tant que pédagogue, je quitte souvent mon corps pour aider d'autres personnes à comprendre les principes de la spiritualité. Il m'arrive souvent d'avoir des rêves dans lesquels je rencontre quelqu'un et d'apprendre par la suite qu'il (ou elle) a fait le même rêve que moi.

Comme le cordon d'argent est à la fois souple et durable, il peut supporter beaucoup de déplacements dans l'« astral » et s'étirer pour accommoder une assez grande distance. Il ne vous autorise toutefois qu'un éloignement relatif avant de vous ramener très vite à votre corps, de façon à vous garder solidement attaché à celui-ci dans le monde matériel. Cet état de fait change graduellement lorsque l'on vous prépare à passer dans l'au-delà.

Durant la transition, vous vous affaiblissez physiquement en raison de la pénurie en énergie qui alimente habituellement votre organisme à partir de l'âme ou des chakras auxquels celle-ci est attachée. Votre aura (expression extérieure de votre corps énergétique) se met aussi à changer et comme elle est associée aux principaux chakras, ils en sont aussi affectés, ce qui fragilise encore plus le cordon d'argent. À mesure que votre âme s'élève et s'éloigne de votre corps, le cordon affaibli finit par se rompre. Dès lors, vous n'êtes plus attaché à votre corps et la mort est irréversible. Votre voyage a vraiment débuté.

Dans les accidents tragiques se soldant par des traumatismes et menant à la mort, le cordon se rompt, souvent avant l'impact fatal. Comme mentionné, c'est pour que l'âme ne ressente pas les souffrances terribles de l'organisme en cas de mort subite. J'ai donné plusieurs lectures au cours desquelles l'esprit d'un défunt se manifestait pour démontrer qu'il avait quitté le corps avant l'impact, comme vous l'avez lu dans le chapitre précédent, où j'ai partagé la lecture de Kay, la mère du jeune homme mort dans un accident de motocyclette.

Quand vous quittez votre corps et que le cordon se rompt définitivement, vous vivez un sentiment d'euphorie lorsque votre âme se libère de ce qui la confinait depuis si longtemps. L'âme jaillit parfois très vite hors du corps, alors qu'en d'autres occasions, elle en sort plus lentement. Par contre, dans chacun des cas, lorsque le cordon se rompt définitivement, votre séjour dans cet organisme vient de se terminer. Votre âme est maintenant vraiment libre : un peu comme un chien s'ébroue pour chasser l'eau de son pelage, vous vous ébrouez de votre corps avant de le laisser derrière vous.

Choisir la Lumière blanche

Quand le cordon se rompt, la majorité des âmes se dirigent vers le voile et la Lumière blanche. C'est le choix de l'âme (et il est clair que c'est ce que j'ai décidé de faire au moment de mon expérience de mort imminente). Les âmes qui ne prennent pas cette direction restent derrière, prisonnières de ce que l'on appelle le « vortex », un endroit qui n'est ni le plan terrestre ni l'au-delà. Je couvre le sort de ces âmes de façon plus détaillée dans le prochain chapitre, mais je veux décrire ici ce que vous pouvez vous attendre à vivre en franchissant le voile et en vous dirigeant vers la Lumière blanche.

Même si le monde spirituel est dans une autre dimension et un autre temps, nous pouvons tout de même y avoir accès à partir de notre monde. En ce qui concerne l'espace et le plan, les esprits qui se manifestent dans les lectures se trouvent à environ un mètre de nous dans le monde matériel, mais dans une autre dimension à la fréquence vibratoire plus élevée. L'âme quitte le corps en sortant à un angle de vingt ou trente degrés et se dirige à environ un mètre du corps. À cet endroit, elle franchit le voile et entre dans la Lumière blanche, avec l'assistance de ses guides spirituels. Josiah l'Aîné explique d'ailleurs ceci : *La Lumière blanche magique aveuglerait vos yeux humains, mais pour nous, c'est un amour pur au-delà de tout entendement, un exemple de ce qui est à venir.*

Avant d'entrer dans la Lumière blanche, vous traversez une structure qui s'apparente à un tunnel. Ce n'est pas un tunnel comme vous pourriez l'imaginer, sombre et menaçant, mais plutôt une structure qui chatoie comme si elle était parcourue de vagues d'énergie. Imaginez que vous regardez au-dessus du capot d'une voiture dont le moteur a marché par temps chaud : vous voyez les objets éloignés à travers une sorte de brume. Le tunnel présente cette apparence tandis que vous le traversez et marque le début de votre voyage dans le monde spirituel. Vous voyez une lumière au bout de ce tunnel chatoyant, vous êtes attiré comme par un aimant et vous vous approchez de plus en plus de la Lumière blanche qui brille devant vous.

Durant toute votre transition, vous voyez ceux que vous aimez et qui vous attendent de l'autre côté. Ils auront l'air si près que vous croirez pouvoir les toucher en tendant la main, mais vous ne pourrez le faire qu'après avoir franchi le tunnel. Vous pourrez aussi voir des personnes de votre monde que vous reconnaîtrez et qui ont franchi le voile, ce qui vous réconfortera et vous donnera le sentiment d'être le bienvenu, comme si vous retourniez à un endroit que vous avez déjà visité, *ce qui est le cas !*

En entrant dans la Lumière blanche, vous êtes instantanément et complètement noyé dans un sentiment de paix et d'amour. Josiah nous fournit d'autres explications :

*La Lumière blanche est pure et radieuse et en la traversant, vous passez dans une autre dimension. La Lumière est là pour vous guérir, vous aider à vous défaire des émotions liées à votre trépas : la peur, le traumatisme, le chagrin et la souffrance, toute la souffrance. Dans la Lumière blanche, vous êtes guéri de la souffrance physique qui accompagne la mort et vous êtes préparé à passer aux stades suivants de la **vie**.*

Lorsque la mort s'accompagne d'un choc ou de souvenirs douloureux, ils sont effacés au moment de l'immersion dans la Lumière blanche. Vous êtes soumis à un processus plus profond et plus complet de guérison une fois dans l'au-delà, mais le passage dans la Lumière blanche est la première étape de la guérison et vous prépare à ce que vous êtes sur le point de vivre.

Comme vous pouvez le constater, le passage de cette vie dans l'au-delà ne comporte rien d'effrayant. Nous craignons la transition parce que nous ne nous souvenons pas de l'état qui était le nôtre avant d'entamer notre incarnation terrestre. Par contre, dès que votre âme quitte votre corps, vous savez instinctivement ce qu'il faut faire. Vous l'avez déjà vécu, et comme pour la bicyclette, vous n'oubliez jamais. Ce savoir était verrouillé dans votre subconscient et devient accessible au moment de la transition de sorte que vous êtes tout à fait conscient et que la peur vous quitte entièrement. Qui plus est, l'âme met approximativement cinq secondes en temps terrestre à franchir le voile et à entrer dans la Lumière blanche : le passage est donc rapide et facile !

Le plus important à comprendre, c'est que nous sommes *tous* venus de l'au-delà, ce qui fait que le retour nous semblera familier. Ceux qui font face à la transition et souhaitent quitter la vie diront souvent qu'ils veulent « rentrer à la maison ». Il est vrai que l'âme est dotée du libre arbitre et que chacune réagit différemment selon sa situation. Par contre, toutes les âmes, même les plus troublées, se dirigeront finalement vers la guérison et la croissance.

Même si toutes les âmes finissent par entreprendre le voyage du pardon et de la paix dans l'au-delà, certaines s'affranchissent de leurs liens terrestres, mais ne se dirigent pas immédiatement vers la Lumière blanche. Le plus souvent, c'est qu'elles ont choisi de rester derrière et de conclure des affaires inachevées tandis qu'elles sont encore étroitement reliées au royaume terrestre. Ce choix peut conduire les âmes à rester piégées entre les deux mondes et faire en sorte qu'elles aient besoin de secours.

Le sort de ces présumés fantômes et des âmes troublées ou « noires » qui ne sont pas autorisées à passer dans la Lumière blanche sera étudié dans le prochain chapitre.

Chapitre 6

Le paradis ou l'enfer : deux chemins différents

Bien que la majorité des âmes qui passent dans l'au-delà entrent dans la Lumière blanche immédiatement après le décès, quelques-unes choisissent un autre chemin. Certaines restent derrière afin de conclure des affaires inachevées, ou parce qu'elles sont prisonnières du vortex entre les mondes et qu'elles sont incapables de s'en sortir sans aide. D'autres n'entrent pas du tout dans la pure Lumière blanche, mais passent un portail différent qui les conduit dans une autre dimension de guérison. Ce sont les âmes troublées dont le chemin dans l'au-delà diffère de la majorité ; en faisant référence à leur sort, les religions traditionnelles parlent « d'enfer », apparemment l'antithèse du « paradis » de la Lumière blanche.

Dans ce chapitre, je couvrirai le passage des deux types d'âmes : celles qui choisissent de rester derrière un certain temps avant d'entrer dans la Lumière blanche et celles qui ne traversent pas la Lumière blanche, mais passent dans l'au-delà par un autre chemin.

Fantômes et hantises

Comme mentionné, même une fois que le cordon d'argent qui la retient au corps est rompu, l'âme est toujours porteuse de la personnalité et des expériences de l'être. Cet état de fait influence ses choix et ses options lorsqu'elle franchit le pas, et en dépit de plusieurs émissions télévisées sur le sujet, l'âme part toujours de son propre chef. Elle n'est jamais forcée, leurrée ou manipulée : elle doit *vouloir* partir et franchir le voile.

Au début, en quittant définitivement le corps, l'âme vit un sentiment de liberté retrouvée : elle est émancipée des contraintes d'un corps qu'elle n'aimait peut-être pas, affranchie de la douleur et de la souffrance et libre des autres problématiques que la vie a mises sur son chemin. Pour avoir une idée de son état, imaginez votre corps en entier emprisonné très longtemps dans un plâtre qui est brusquement libéré et peut bouger sans restriction. Multipliez ce sentiment de libération par cent et vous aurez une petite idée de la liberté que vous ressentirez sans corps.

Pourtant, toutes les âmes ne sont pas prêtes à quitter le plan terrestre et à entrer dans la Lumière blanche. Certaines croient qu'elles doivent rester dans l'entourage de ceux qu'elles aiment afin de les aider à vivre leur deuil ou à comprendre certaines questions entourant leur décès.

J'ai rencontré des esprits qui n'avaient pas compris qu'ils étaient décédés et qui s'efforçaient de vivre comme s'ils étaient toujours de ce monde. Beaucoup plus rarement, j'ai rencontré des âmes qui ne voulaient pas franchir le pas à cause de la peur que leur inspirait ce qui les attendait de l'autre côté ou de la réaction de leurs proches.

Pour une raison ou une autre, les âmes qui restent derrière, par choix ou parce qu'elles sont piégées dans le vortex entre le plan terrestre et l'au-delà, sont à l'origine de ce que l'on appelle les « hantises ». Vous en avez peut-être déjà fait l'expérience en visitant une vieille maison ou un château médiéval, où vous aurez senti une présence dans les chambres ou les corridors. Cette présence est parfois très réelle ; en fait, elle indique d'ordinaire qu'un ancien résident est réticent à quitter des lieux et a décidé de rester après avoir quitté son corps. On appelle ce type d'âme un « fantôme ».

N'oubliez pas que le simple fait de sentir une présence ne veut pas nécessairement dire que vous êtes en présence d'une hantise ; vous percevez peut-être les résidus énergétiques d'une activité s'étant déjà produite sur les lieux. Si vous avez fait le tour d'un centre commercial qui vient d'ouvrir par exemple, vous savez que l'on y sent la présence d'une énergie. C'est que des milliers de personnes entrent et sortent des magasins tous les jours en laissant derrière elles une traînée d'énergie. Par conséquent, ce que vous percevez est une sorte d'énergie « résiduelle » qui s'attarde dans l'air.

Autrement dit, tous les cas de chair de poule n'indiquent pas la présence d'une hantise : en fait, vous percevez parfois l'empreinte des énergies laissées par des êtres *vivants*. Josiah explique la différence en disant que les âmes qui restent derrière sont généralement troublées, c'est-à-dire réticentes :

> *Les âmes qui restent loin de la Lumière blanche sont des âmes troublées qui sont incapables de passer à autre chose. Elles sont incapables de faire face à leur mort et ce sont elles que l'on considère comme les fantômes des lieux hantés.*

Les maîtres et les guides de l'autre côté du voile peuvent aider les fantômes, ces âmes réticentes, à passer dans la Lumière blanche. Ben, mon guide spirituel, explique le travail accompli avec ces âmes restées derrière :

> *Nous les aidons à franchir le pas en leur montrant la vie qu'elles peuvent avoir, le bonheur et l'amour qu'elles peuvent atteindre, en passant dans l'au-delà. Certaines acceptent notre aide, d'autres non. Certaines viennent vite et volontiers, d'autres résistent. Nous faisons ce que nous pouvons. Il est parfois très tentant pour elles de rester derrière et de ne pas faire le passage, surtout quand il s'agit d'âmes troublées qui ne veulent pas affronter leurs ennemis ou leurs démons de l'autre côté.*

J'ai vécu personnellement de nombreuses expériences de fantômes et de hantises, et selon moi, les cas suivants peuvent faire une certaine lumière sur le phénomène :

— Lors du tournage de mon émission télévisée *Lisa Williams, dialogue avec les morts*, nous avons investigué sur la possibilité d'une hantise à la Glen Tavern Inn de Santa Paula, en Californie. Quand Monica, la directrice de l'établissement, m'a fait entrer dans la chambre 307, j'ai presque aussitôt senti l'énergie d'une femme qui refusait de partir.

Monica m'a appris que quelques années plus tôt, un meurtre avait été commis à l'auberge et n'avait jamais été résolu. Apparemment, j'avais rencontré l'âme de la femme assassinée. Elle était restée derrière pour retrouver son meurtrier et hantait l'auberge depuis. (Malheureusement, j'ai été incapable d'aider cette âme à poursuivre son chemin puisqu'elle a refusé de partir, et j'ai passé la nuit à communiquer avec plusieurs autres esprits. En fait, avant que je ne puisse faire ni une ni deux, un autre esprit a voulu se manifester : un homme tué par balle alors qu'il jouait aux cartes dans cette même chambre.)

— En Angleterre, j'ai été appelée à investiguer sur une résidence appartenant à une famille aux prises avec des phénomènes étranges dans les chambres des enfants. Des jouets électroniques s'allumaient au milieu de la nuit, même débranchés ou sans piles, et les lumières et les téléviseurs s'allumaient et s'éteignaient tout seuls.

Ma première visite a eu lieu durant la journée et je n'ai rien perçu. Par contre, je savais qu'il se passait quelque chose à en juger par l'angoisse dégagée par la maîtresse de maison. Étant moi-même mère, je ne pouvais pas écarter cette perception, car je savais qu'elle indiquait qu'il s'était bel et bien produit *quelque chose*. Je suis donc retournée le même soir vers vingt et une heures afin d'être témoin des étranges phénomènes.

Après avoir posé quelques questions, j'ai découvert que deux enfants avaient péri dans l'incendie de la résidence au début des années 1940. La mère avait survécu, mais avait quitté les lieux du tragique accident, probablement parce qu'elle était incapable de supporter d'y rester sans ses bébés. Les petites âmes étaient restées derrière par contre et cherchaient leur mère depuis cinquante ans afin de pouvoir la sauver des flammes. Ces âmes égarées aimaient bien s'amuser avec les jouets de la famille qui occupait la maison et elles étaient effectivement à l'origine des étranges perturbations. Le téléviseur « hanté » syntonisait toujours le poste des dessins animés, par exemple, pour qu'elles puissent se divertir, comme des enfants normaux.

J'ai dû cajoler ces enfants fantomatiques avant qu'ils acceptent de me parler et que je puisse les guider vers le voile. La communication était difficile, parce qu'ils me délaissaient à tout moment pour retourner à leurs jeux. Heureusement, Ben, mon guide, est venu à mon aide en m'informant qu'entre le moment de la tragédie et maintenant, la mère des enfants était passée de l'autre côté. Elle avait bien essayé d'inciter ses enfants à la rejoindre, mais ils refusaient de l'écouter. Ils s'amusaient beaucoup trop avec les jouets des habitants de la maison !

Il y a toujours un processus de négociation quand on essaie d'obtenir d'un esprit récalcitrant qu'il franchisse le pas, ce qui explique pourquoi il faut souvent de l'aide. Ben m'a fourni son assistance en montrant aux enfants le chemin du tunnel et de la Lumière blanche. Ils ont fini par voir leur mère qui les attendait de l'autre côté. Ils ne voulaient pas y croire, mais après un peu de persuasion, ils ont franchi le voile pour se jeter dans ses bras. L'atmosphère de la maison, si perturbée par les activités de ces âmes, a pu enfin revenir à la normale.

— Le développement de la technologie moderne contribue à prouver l'existence d'une vie après la mort ainsi que la réalité de l'existence de l'âme, parfois d'âmes piégées entre les mondes. Beaucoup d'émissions télévisées ont été créées sur le sujet et mettent en scène des personnages qui partent à la chasse aux fantômes avec des lecteurs de champs électromagnétiques et d'autres appareils électroniques. Grâce à des amis qui font partie de la section régionale de la côte ouest de l'Atlantic Paranormal Society (« société paranormale de l'Atlantique »), je suis familière avec l'utilisation dans un cadre réel de ces appareils qui captent des énergies désincarnées ou des esprits.

Mes amis m'ont fait écouter l'enregistrement d'un esprit qui s'adressait à quelqu'un, qu'ils ont réalisé à l'aide d'un de ces appareils, et j'ai pu entendre distinctement ce qu'il disait. On m'a dit qu'une fois vérifiée, l'information transmise par les esprits grâce à ce moyen s'avère étrangement exacte.

Lors des recherches de cette société paranormale, il s'est produit une situation impliquant un « interrogateur », c'est-à-dire une personne qui demande : « Y a-t-il quelqu'un ici ? », « Qui êtes-vous ? », etc. Durant la séance, l'interrogateur a essayé d'établir le nom de l'esprit avec qui il communiquait. Durant les quinze minutes à peu près qu'ont duré les civilités échangées, l'interrogateur n'a pas réussi à établir l'orthographe correcte du nom de l'esprit, ce qui a fait dire à ce dernier d'un ton distinct et condescendant : « Vous êtes un imbécile ! »

Normalement, une âme ayant franchi le passage dans l'au-delà ne fera jamais un commentaire aussi désobligeant, mais celle qui, prisonnière, *ne l'a pas* franchi et pense encore en fonction de sa forme terrestre, le pourra certainement. Comme ces âmes sont parfois entêtées, il arrive qu'elles donnent du fil à retordre, surtout parce qu'elles n'ont pas encore traversé la Lumière blanche et entamé leur processus de guérison.

Protection contre les attaques psychiques

À l'occasion, des esprits qui étaient négatifs de leur vivant se manifestent à moi sous leur forme la plus élevée à la suite de leur processus de guérison dans l'au-delà (que j'expliquerai plus en détail dans la troisième partie). Grâce à cette guérison, tous les échanges avec eux sont aussi purs et sincères que possible.

Il m'arrive cependant d'être en contact avec d'autres esprits qui n'ont pas perdu leur négativité parce qu'ils ne sont pas encore entrés dans la Lumière blanche. Quand je travaille avec ce genre d'esprit, je dois absolument me protéger et me faire aider par un de mes guides spirituels. J'assure ainsi ma sécurité et j'empêche l'énergie négative de s'attacher à moi ; dans le cas contraire, je pourrais subir une attaque psychique et me faire totalement drainer de mon énergie.

Vous est-il déjà arrivé d'entrer dans une pièce ou une maison encombrée ou terriblement en désordre et de ressentir un malaise ? Vous sentiez-vous fatigué, à plat ou triste, en la quittant ? Si c'est le cas, vous avez peut-être subi ce genre d'attaque, vous aussi.

Il faut nettoyer psychiquement l'énergie négative chaque fois qu'elle est présente. L'un des moyens les plus faciles consiste à brûler de la sauge blanche, une plante employée par les Amérindiens, et à laisser la fumée nettoyer la pièce ou l'aura des personnes. La «fumigation rituelle», comme on l'appelle, est un ancien rituel qui chasse les esprits négatifs d'un lieu. J'utilise souvent cette méthode en présence d'une personne à l'énergie basse ou négative ou lorsque je dois travailler dans une pièce où l'atmosphère est lourde.

Dans mon premier livre, *Life Among the Dead*, j'ai évoqué l'un des exemples les plus choquants d'énergie négative que j'ai affrontée à ce jour. Pour ceux et celles d'entre vous qui n'ont pas lu le livre, voici ce qui s'est passé.

C'était un vendredi soir. Une de mes amies était venue me rendre visite et Charlie, qui avait cinq ans à l'époque, avait voulu dormir dans le lit de maman. Comme il me le demandait rarement, je lui en avais donné la permission en disant que c'était juste pour la nuit.

Il était environ deux heures du matin et mon amie s'apprêtait à partir quand nous avons entendu Charlie hurler à tue-tête. Je me suis précipitée à l'étage et je l'ai trouvé assis tout droit dans mon lit, les yeux fixés sur le pan de mur au-dessus de la fenêtre. On y voyait l'ombre d'un homme qui semblait tenir un grand couteau et s'apprêter à attaquer mon fils.

Charlie tremblait de tous ses membres. Je l'ai serré dans mes bras tout en regardant autour de moi pour voir ce qui aurait bien pu projeter cette ombre. Lorsque je me suis retournée, l'ombre avait disparu, laissant derrière elle un mur vierge. J'ai pris mon fils et je suis descendue avec lui au rez-de-chaussée, où j'ai trouvé mon amie assise dans la salle de séjour, l'air terriblement ébranlée. Elle me dit qu'elle venait tout juste de voir un brouillard sombre descendre l'escalier, passer devant elle et se précipiter en direction de la cuisine.

J'ai décidé de partir pour la nuit et de revenir le lendemain pour affronter ce qu'il y avait là à la lumière du jour. Je savais que je pouvais m'en occuper et je n'avais pas peur, mais je ne voulais pas que Charlie soit sur les lieux. C'est un enfant sensible et il avait déjà été suffisamment traumatisé par cette énergie sombre et sinistre.

Le lendemain, je suis retournée donner quelques lectures à la maison, après avoir laissé Charlie chez mes parents, afin de pouvoir cerner et affronter personnellement l'esprit rôdeur. L'expérience me disait que cette âme n'allait pas partir à moins que je la laisse communiquer avec moi. (C'est souvent le cas avec les esprits qui restent derrière : comme ils veulent transmettre un message, ils restent sur place et provoquent des perturbations jusqu'à ce qu'ils aient été entendus.)

Comme je m'y attendais, l'esprit est revenu. J'ai senti son arrivée alors que je méditais dans la pièce où je donne mes lectures. Je suis montée à l'étage, dans la chambre où l'activité avait débuté, et j'ai entamé le dialogue avec l'esprit. Il m'a confié qu'il se prénommait Jimmy et qu'il avait abusé des trois jeunes filles de la femme qu'il avait épousée. Il m'a ensuite donné le nom des filles.

Je lui ai demandé pourquoi il avait fait cette peur terrible à mon fils. Il a répondu qu'il ne savait qu'attirer l'attention des enfants, qu'il lui fallait utiliser ce qu'il avait à sa disposition pour se rendre jusqu'à moi. En dépit de la logique de son raisonnement, je n'étais pas contente en l'entendant. J'ai pensé : *Formidable, sers-toi de mon fils !*

Jimmy a poursuivi en me disant qu'il s'était suicidé et qu'il ne voulait pas passer dans l'au-delà parce qu'il avait peur de revoir ses parents et qu'il craignait leur réaction. Apparemment, ses parents avaient abusé de *lui*, comme il l'avait fait de ses belles-filles. Il craignait d'être au piège avec eux dans le monde spirituel une fois de l'autre côté, ce qui aurait été très mauvais pour lui.

Jimmy voulait guérir de sa peur, mais il n'en était pas moins une âme profondément troublée qui avait besoin d'entrer dans la Lumière blanche pour vivre la guérison. Après des encouragements de ma part et avec l'aide de Ben et d'autres guides, il a fini par le faire : entré dans la Lumière blanche, il est passé dans les bras de son protecteur, un guide spirituel qui était intervenu de son vivant pour l'éloigner de ses agresseurs.

L'âme était venue à moi dans l'espoir que je dise à sa famille qu'il s'en voulait d'avoir abusé des filles de sa conjointe et choisi ce moyen d'en finir. Il était réconfortant de penser qu'il était maintenant en sécurité et que l'Esprit travaillait à sa guérison, mais c'était aussi une leçon pour moi, puisque l'expérience m'a fait comprendre que certaines âmes restent derrière par peur d'un affrontement de leurs actes passés.

Affaires non classées

Les âmes qui restent derrière pour conclure des affaires non classées vivent dans le vortex, cet espace entre les mondes. Imaginez deux vitres, dont l'une est le monde terrestre et l'autre, le monde spirituel. L'espace entre les deux serait le vortex, où les esprits s'agrippent en ayant la possibilité de rester. C'est ainsi que les âmes disparues partagent notre monde et sont capables d'entrer en communication avec nous.

Les âmes ne sont pas confinées au vortex sans espoir de passer dans la Lumière blanche : elles peuvent choisir de rester ou de partir. Si leur séjour est long, toutefois, elles deviennent prisonnières et sont incapables de poursuivre leur évolution jusqu'à ce que leur affaire soit réglée. Le meurtre est un exemple d'affaire non classée, quand l'âme de la victime connaît son assassin et reste pour aider les membres de la famille à recueillir des preuves.

Lorsqu'elles sont dans le vortex, les âmes ont la capacité de se manifester de façon remarquable, parfois en plaçant des indices sur les pas d'une personne incarnée et en influençant les objets afin qu'ils indiquent qu'elles ont besoin d'aide. En général, ces phénomènes ne se produisent que dans des cas extrêmes ; la majorité des âmes font connaître leurs besoins et transmettent l'information qu'elles veulent donner avec douceur et amour.

C'était le cas d'une âme qui s'est manifestée durant une représentation que j'ai donnée sur la côte est, il y a quelques années. Dave était prisonnier du vortex parce qu'il avait été assassiné et que son meurtrier n'avait pas encore été retrouvé. Il voulait communiquer avec une personne dans l'auditoire, je ne savais qui. J'ai donc simplement prononcé le prénom « Dave » et sa fille m'a répondu, étonnée. Elle ne s'était pas attendue à ce que son père communique avec elle, peut-être parce que sa mort tragique ne datait que de quelques semaines.

Les esprits qui n'ont pas encore franchi le voile peuvent se manifester de façon très marquée, surtout parce qu'ils ne sont pas encore affranchis de leurs liens terrestres. D'un autre côté, ils peuvent aussi se manifester très fortement parce qu'ils utilisent toute l'énergie qui les entoure pour communiquer. Voilà pourquoi en travaillant, je constate souvent que l'énergie est rapidement drainée des piles des appareils qui m'entourent, ce qui fait qu'ils cessent de fonctionner après quelques minutes plutôt qu'après les cinq heures convenues. C'est un des risques du métier et je dois toujours avoir des piles de réserve dans mon microphone pour remédier à la situation.

La présence de Dave était très forte. Il m'a montré qu'il était dans le vortex entre les mondes. Techniquement, il n'était pas prisonnier : il avait choisi de rester pour aider à résoudre l'enquête de son meurtre et avait l'intention de franchir le pas une fois qu'elle serait terminée. J'ai échangé avec sa fille dans l'auditoire, en lui donnant les détails qu'il me fournissait, des détails peut-être susceptibles de contribuer à résoudre le crime. Elle a écouté les noms et les dates, mais m'a répondu qu'elle ne savait pas du tout de quoi je parlais. Cette réaction n'est pas inhabituelle lorsque j'aide quelqu'un à résoudre un mystère comme un meurtre, par exemple ; voilà pourquoi je demande toujours aux gens de faire leur devoir et de chercher le sens du message.

Encore sous le choc du meurtre de son père, la fille de Dave n'était pas assez lucide pour se souvenir de tous les renseignements que je lui avais donnés. Heureusement, une femme charitable assise près d'elle avait pris des notes détaillées qu'elle lui a remises par la suite, avec des faits et des noms à vérifier pour faire avancer l'enquête.

Environ trois semaines plus tard, un détective prisé qui travaillait sur le meurtre de Dave est entré en communication avec moi. Il avait découvert des informations qu'il n'avait pas transmises à la famille parce qu'il doutait de leur véracité. Il essayait de recueillir des preuves lorsque la fille de Dave lui avait remis les notes venant de ma lecture. Il m'a révélé que les renseignements que j'avais fournis corroboraient les détails qu'il avait découverts et il a confirmé qu'il avait retrouvé le meurtrier de Dave. Les notes lui fournissaient un complément d'aide dans sa recherche de preuves. En transmettant ces renseignements à la fille de Dave, j'ignorais ce qu'ils signifiaient. Je ne traite pas l'information que je reçois et je ne cherche pas à la comprendre : je la transmets simplement comme s'il s'agissait d'une traduction directe.

À l'aide des renseignements que j'avais fournis lors de la lecture, le détective a fini par rassembler suffisamment de preuves pour assurer la condamnation de l'assassin de Dave. Je n'en ai rien su avant de recevoir un courriel m'apprenant ce qui s'était produit et me remerciant de ma participation. Je me souviens qu'en lisant le message, j'ai senti près de moi un esprit que j'ai reconnu. C'était Dave qui me montrait qu'il avait franchi le pas et était maintenant dans la Lumière blanche. Il pouvait poursuivre son voyage dans l'au-delà, sachant que sa famille et ses amis étaient à l'abri du danger.

Opération de sauvetage

Il arrive qu'une fois dans le vortex, les âmes soient incapables d'atteindre la Lumière blanche et aient besoin de secours. Je fais généralement ce travail dans mon sommeil, lors de mes voyages astraux dans d'autres dimensions où j'aide les âmes qui ont besoin d'un coup de pouce pour passer dans l'au-delà. Je fais ce travail depuis des années, mais avant de savoir que c'était le cas, je me demandais souvent pourquoi je me réveillais complètement épuisée après une longue nuit de sommeil alors que j'aurais dû me sentir revigorée.

Un jour que j'étais en méditation, Ben m'a expliqué que j'agissais comme agent de liaison entre certaines âmes égarées et le royaume terrestre. Il m'a dit que ces âmes viennent à moi parce qu'elles ont besoin d'aide pour transmettre un message aux vivants qui leur sont chers. Une fois que je les ai aidées, elles sont en mesure de poursuivre leur évolution.

À la fin de la méditation, j'ai demandé à Ben l'autorisation de me souvenir d'un de ces voyages astraux. Je suis certaine qu'il a cru que je mettais en doute ce qu'il venait de me dire à propos du sauvetage des âmes égarées et en un sens, j'imagine que c'était le cas. Par contre, j'étais réellement curieuse et je voulais me souvenir du déroulement d'une de ces «opérations de sauvetage». J'en ai heureusement eu l'occasion.

Un matin, au réveil, je me suis souvenue que j'avais quitté mon corps durant la nuit et que j'avais embrassé Charlie sur la joue en partant. J'ai rejoint Ben qui s'est esclaffé en disant que j'allais toujours voir si Charlie allait bien avant de quitter mon corps pour entreprendre une mission. La première chose que j'ai sue, c'est que j'avais franchi un plan d'eau et que j'étais debout à côté de l'âme d'un homme replié sur lui-même, la tête entre les mains, en pleurs devant sa femme et son enfant.

«Êtes-vous morte aussi? a-t-il demandé en me voyant.

– Non, ai-je répondu, mais je peux vous aider à transmettre un message à votre femme.»

Il m'a confié qu'il voulait que sa femme comprenne que sa surdose de médicaments n'était pas volontaire et qu'il ne s'était pas suicidé. Il m'a expliqué qu'il avait souffert de dépression et de graves maux de tête, ce qui avait incité son médecin à lui prescrire une foule de médicaments. Un soir, après avoir pris son médicament contre la dépression, il avait pris un analgésique avant de s'endormir parce qu'il avait mal à la tête. Au milieu de la nuit, il s'était réveillé en proie à des élancements dans le cerveau et avait absorbé d'autres médicaments, en oubliant qu'il en avait déjà pris. Résultat : il avait fait une surdose de médicaments d'ordonnance. Sa famille et ses amis croyaient qu'il avait agi de façon délibérée en raison de ses antécédents de dépression, mais ce n'était pas le cas.

L'homme voulait montrer à ceux qu'il aimait ce qui s'était véritablement passé. Avec mon aide et avec l'assistance d'autres guides et auxiliaires, il a réussi à entrer en contact avec sa femme et à voyager dans l'astral avec elle afin qu'elle puisse voir exactement ce qui s'était produit. Ils ont vécu un beau moment d'amour durant leur voyage. Après avoir quitté sa femme, il a été entraîné vers la Lumière blanche et s'est brièvement arrêté pour me serrer dans ses bras et me remercier. Je suis partie parce que sa femme était sur le point de se réveiller.

Un an plus tard, j'animais un événement quand une femme s'est approchée de moi et m'a dit : « Lisa, vous êtes venue à moi en rêve, il y a environ un an, et vous m'avez amené mon mari. » Cela n'avait rien d'inhabituel : beaucoup de gens me disent que j'apparais dans leurs rêves pour les aider ou leur enseigner la spiritualité.

Mais, elle a ajouté : « Vous avez aidé mon mari à me montrer qu'il ne s'était pas suicidé, mais qu'une surdose accidentelle était à l'origine de sa mort. Il n'avait pas l'intention de mourir et il voulait que je sache qu'il m'aimait. »

La femme s'est mise à me décrire le paysage de notre rencontre onirique et il m'est apparu étrangement familier jusqu'à ce que je comprenne que son mari était la personne avec qui je me souvenais d'avoir voyagé lors de mon opération de sauvetage. J'en ai eu la confirmation par la suite quand Ben m'est apparu, bras croisés, ricanant et hochant la tête, tandis que je m'exclamais : « Wow ! Tu ne te paies pas ma tête.

C'était vraiment cet homme! Je m'en souviens!» On aurait dit que Ben se moquait de moi parce que j'avais douté de lui, en disant: *Je te l'avais bien dit!*

Le côté obscur

Je veux maintenant aborder la raison qui explique que certaines âmes ne passent pas par la Lumière blanche pour entrer dans l'au-delà, mais plutôt par un autre portail. C'est en raison de leurs actions sur terre. Ce sont des âmes noires qui ont commis des actes terribles; ce sont les vrais sociopathes, les meurtriers en série et les massacreurs. Selon moi, il est important d'inclure ces âmes dans l'étude du processus de la mort. Comme nous avons couvert le passage de l'âme dans la Lumière blanche, il n'est que justice d'étudier l'autre côté de la médaille. *Là où règne la lumière, il faut de l'obscurité.*

J'ai eu la grande chance d'avoir une longue séance de canalisation sur le sujet avec Ben et Josiah l'Aîné. Ils m'ont aidée à comprendre à quoi ressemble le passage d'une âme noire et à quel endroit vont ces âmes troublées. Ce n'est certes pas un endroit que j'aimerais visiter, mais je sais qu'il existe. Voici comment Ben l'explique:

> *Les âmes plus noires qui n'ont pas franchi le pas ont tendance à se regrouper, de sorte qu'il existe des zones où elles se rassemblent pour produire les phénomènes de hantise les plus remarquables. Il ne faut pas s'en inquiéter et il n'y a pas grand-chose que l'on puisse faire. Nous avons des équipes d'auxiliaires de ce côté pour leur venir en aide, mais il n'est pas toujours possible d'obtenir d'elles qu'elles passent à autre chose. Nous faisons de notre mieux pour protéger les autres.*
>
> *Lors de la transition, certaines âmes choisissent de se détourner de la Lumière blanche, pour ne pas avoir à faire face aux démons de leur vie terrestre, qu'elles ne veulent ni reconnaître ni combattre. Plusieurs ont détruit la force de vie chez d'autres. Bien que ces démons ne puissent la détruire, l'âme peut en venir à se cacher en conséquence de leurs actions. Vous pouvez la voir qui se cache dans les yeux vides et creux de ces êtres, leurs yeux qui reflètent la présence de l'âme, mais d'une âme égarée qu'il faut retrouver. Des yeux souriants en disent peut-être beaucoup, mais les yeux vides disent tout.*

Ce que Ben dit, c'est que certaines âmes qui entament leur transition à travers le voile décident de ne pas passer de l'autre côté, parce qu'elles ont peur qu'une fois dans l'au-delà, elles auront à répondre de leur tentative de destruction de leur âme ou de celle d'une autre personne.

Jusqu'à un certain point, nous pouvons tous comprendre le geste de « cacher » son âme : c'est ce que nous faisons pour éviter d'être blessés par le rejet ou la déception. Nous pouvons le constater en regardant les yeux de certaines personnes, surtout sur les clichés : ils sourient à l'appareil photo, mais leur regard est sans vie. En regardant des photos plus vieilles, nous verrons peut-être l'éclat et le pétillement de leurs yeux, ce qui indiquera l'époque où ils n'avaient pas encore enterré leur âme.

Il n'est pas nécessaire d'être clairvoyant pour percevoir ce genre de chose : le phénomène est visible et très apparent aux yeux de tous. On dit que les yeux sont le miroir de l'âme et c'est la vérité : lorsque l'âme s'est assombrie, elle ne rayonne plus aux yeux des hommes.

Les paroles de Josiah expliquent plus en détail ce qui se produit lors du passage des âmes noires :

> *Tous ceux qui meurent et franchissent le voile n'entrent pas nécessairement dans la pure Lumière blanche. Ceux qui ont fait le mal traversent une lumière différente et entrent dans une autre dimension de l'au-delà. Leur lumière est blanche, mais elle n'est pas pure. Elle les guidera vers un lieu thérapeutique, mais ils ne se mêleront pas aux esprits plus élevés. Ils ne se mêleront qu'à ceux qui ont une énergie similaire, ceux qu'ils ont côtoyés au cours de leur incarnation terrestre, jusqu'à ce qu'ils aient guéri de leurs mauvaises actions, qu'ils soient revenus et aient appris leurs leçons.*

En quittant le plan terrestre, les âmes noires n'empruntent pas le même chemin que les autres âmes. Elles franchissent le voile et se dirigent vers une autre lumière et une autre dimension de guérison dans l'au-delà. Le monde spirituel comporte plusieurs degrés dont chacun est axé sur le processus de guérison de l'âme. À ce stade, les âmes noires ne peuvent pas choisir leur destination, à moins qu'elles décident de rester attachées à la terre : certaines font ce choix qui se traduit par des hantises, comme nous l'avons vu.

Sur terre, plusieurs désignent cet autre chemin sous le nom « d'enfer », mais l'enfer diffère de ce que nous avons pu imaginer d'après la Bible et les autres traditions. En fait, l'enfer tel que nous pourrions l'imaginer n'existe pas, car c'est un état d'esprit et non un lieu réel. C'est à nous de changer cette façon de voir : nous avons le libre arbitre pour grandir et accéder à un nouvel état d'esprit et nous pouvons y parvenir avec l'aide de nos guides et de nos auxiliaires dans l'au-delà. D'ailleurs, Josiah dit ceci :

> *De fait, les âmes noires reviennent sur le plan terrestre et y sont obligées. C'est la conscience de leur esprit qui les plonge dans cet endroit qu'elles nomment l'« enfer ». L'enfer n'existe pas : c'est un état d'esprit. Il faut que ces âmes traversent le même processus que les autres afin de s'autoriser à guérir, à évoluer et à grandir. Par conséquent, même dans le cas d'une réincarnation, elle n'a pas lieu immédiatement. Ces âmes doivent d'abord faire le travail de guérison de façon plus exhaustive, sinon nous verrions constamment la réincarnation d'âmes aussi noires que celle de Hitler, ce qui ne serait pas une bonne chose.*

Les âmes qui ont commis de terribles méfaits se dirigeront vers une autre lumière, accompagnées d'âmes qui leur ressemblent, afin de ne pas souiller les âmes entrées dans la Lumière blanche.

Josiah explique ce qui se produit au moment du passage d'une âme noire :

> *On leur attribue un gardien, un auxiliaire spirituel qui les suit de près. J'imagine que dans votre monde, la prison est la seule chose qui ressemble à leur chemin, mais dans l'au-delà, elles reçoivent du soutien pour réintégrer le monde après avoir « tiré leur peine ». Elles sont soigneusement guidées et savent qu'elles sont en observation constante.*
>
> *Certaines sont mortes jeunes parce qu'elles se sont retrouvées dans des situations dangereuses par suite de leur comportement téméraire. Elles sont données à des parents assez forts pour voir à leur éducation, puisqu'elles auront souvent des ennuis dès leur jeune âge. Sachez toutefois que tous les enfants qui meurent ne relèvent pas de cette catégorie. Plusieurs raisons expliquent que des âmes meurent jeunes.*

Dans mes méditations, on m'a montré comment les âmes qui ont créé de graves problèmes aux autres comme à elles-mêmes sont soumises à un processus de guérison dans une autre dimension de l'au-delà. Leur sort consiste en partie à retourner à la vie terrestre plus rapidement que les autres âmes, mais contrairement à elles, elles ne sont pas autorisées à choisir le moment de leur réincarnation ni les parents qui leur seront « assignés ». Les maîtres de l'au-delà décident de leur cheminement, en leur offrant les meilleures circonstances pour les aider à poursuivre leur évolution et leur guérison.

Dans une canalisation, Josiah fait encore plus de lumière sur ce que vivent les âmes noires parmi nous :

Il arrive parfois que ces âmes noires soient rééduquées en quelques incarnations. Les existences sont pour nous comme des jours pour vous ; par conséquent, vous avez peut-être le sentiment qu'elles durent long-temps, mais avec le recul, il n'en est rien. Il y aura maintes vies et maintes possibilités pour tout le monde.

De retour à la vie terrestre, les âmes qui reviennent sont dotées de guides spirituels qui les aideront à rencontrer les personnes avec qui elles doivent s'associer pour apprendre les leçons qui leur sont indispensables. Quelque part sur terre, elles entreront en relation avec une personne qui changera leur vie et les aidera à voir qu'elles n'ont pas fait les bons gestes jusqu'à présent. C'est parfois le cas lorsqu'elles trouvent Dieu à travers la religion. Cela les apaise, leur procure le réconfort de faire partie du peuple « choisi » et contribue à leur cheminement.

Comme vous l'avez remarqué, qui se ressemble s'assemble : l'énergie d'une personne attire une énergie semblable. Quand les âmes noires se réincarnent, elles sont souvent placées avec des semblables ou gravitent naturellement vers d'autres âmes dotées de la même énergie. Par contre, ce n'est qu'en modifiant leur cheminement grâce à l'application de leur libre arbitre qu'elles réussiront à voir la pure Lumière blanche et à passer au stade suivant de leur évolution.

Ainsi, une âme qui se sera incarnée pour aider, nourrir et aimer les autres pourra croiser le chemin de ces âmes noires. Les âmes aimantes sont des âmes choisies, dont la fonction consiste à changer la vision que les gens ont de la vie et à leur montrer la lumière du plan terrestre. Elles exercent souvent des tâches exigeant la plus haute vocation spirituelle.

Elles se distinguent souvent des autres par la force inébranlable de leur volonté, leur foi et leur amour qui ne vacillent jamais. Si une situation devient trop difficile à gérer, elles s'en sortent toutefois avant que la lumière s'éteigne dans leur âme. Autrement, elles sont placées sur un chemin spirituel plus élevé qui leur rappelle que la lumière est derrière elles.

Souvent, les âmes noires qui sont revenues continuent de s'accrocher à la colère qui les animait dans leurs multiples incarnations. C'est la grande Roue de la Vie qui finit par entraîner l'équilibre du karma et par faire progresser ces âmes jusqu'à la Lumière blanche. Grâce aux conseils et à l'amour que nous leur offrons et aux personnes que nous envoyons les aider, elles finiront par trouver la joie qu'elles méritent et dont elles ont besoin.

Une foule de gens croient que les personnes atteintes de maladies mentales sont des âmes noires et troublées. Ce n'est pas le cas : les âmes noires sont celles qui ont fait le mal *intentionnellement,* ce ne sont pas des personnes aux prises avec une maladie. Ben apporte néanmoins un bon point en disant :

Ceux qui ont souffert de maladie mentale passent directement dans la Lumière blanche et entament leur processus de guérison. Nous sommes étonnés de voir le nombre d'individus qui n'accordent aucune valeur à la vie d'autrui sur le plan terrestre, qui sont classés avec ceux qui souffrent de maladie mentale.

Ici-bas, notre système juridique statue parfois sur le sort de ceux qui ont fait beaucoup de mal en les classant comme malades mentaux, par conséquent comme n'étant pas responsables de leurs actes. (Bien entendu, c'est peut-être la vérité dans certains cas.) En mourant, les malades mentaux passent directement dans la Lumière blanche, mais ceux qui ont délibérément choisi de faire le mal sans vraiment souffrir de maladie mentale se voient refuser cet accès et doivent trouver la guérison en empruntant un autre chemin.

Le suicide et le chemin de l'âme

Devant un suicide, les personnes qui restent sont souvent aux prises avec des interrogations troublantes : *Est-ce que j'aurais fait quelque chose ? Comment aurais-je pu l'aider ? Est-ce qu'il l'a vraiment fait ou il s'est produit autre chose ? Qu'est-ce qui a poussé cette personne à se suicider ?* Plusieurs de ces questions restent sans réponse, alourdissant d'autant le chagrin de ceux qui restent. Pour ceux qui n'obtiennent jamais de réponse, reprendre le cours de leur vie peut s'avérer presque impossible.

Les suicides sont des événements tragiques, mais l'âme des suicidés ne partage pas le même sort que l'âme noire qui doit passer dans une autre dimension de guérison. Le chemin de l'âme d'un suicidé passe par la pure Lumière blanche, amorçant le processus de guérison entrepris dans l'au-delà.

Cependant, ceux qui ont commis un meurtre avant de se suicider se dirigent vers l'autre dimension et n'entrent pas dans la pure Lumière blanche, à moins qu'ils décident de refuser de franchir le pas et choisissent de rester derrière. Comme ils ont pris une vie en plus de la leur, ils devront vivre dans l'au-delà le processus que je viens d'évoquer et revenir sur le plan terrestre pour grandir en apprenant leurs leçons.

Ben l'explique très clairement :

Tous les suicidés ne se dirigent pas vers la Lumière blanche. Il ne faut pas oublier que les suicides causent beaucoup d'affliction et de colère. Ce sont des réactions normales, mais elles sont souvent entraînées par le désir de blesser qui habite celui qui se suicide. Par ailleurs en s'enlevant la vie, les suicidés manquent à l'entente qu'ils ont conclue avec leur être supérieur. Ils n'ont pas terminé leur voyage. Le cheminement qu'ils s'étaient engagés à compléter est interrompu et cette cassure doit être résolue.

Dans certains cas, un meurtre est suivi d'un suicide, tous deux intentionnels. Ces âmes devront retourner et revivre une autre incarnation terrestre, mais elles devront d'abord passer par le côté obscur, étant donné qu'elles ont enlevé la vie. Sur ce plan, nous ne pouvons pas faire grand-chose, nous devons croire que nous faisons tout ce que nous pouvons. Si elles choisissent de ne pas franchir le pas en passant par le côté obscur et de ne pas retourner pour apprendre d'autres leçons, elles resteront entre les deux mondes, hantant les lieux où elles ont vécu sans jamais régler la question.

Il y a davantage de renseignements sur les suicides et je me servirai des messages que j'ai canalisés de Josiah et de Ben pour expliquer le processus. Le premier message vient de Josiah :

Les suicidés ont besoin d'un surcroît de soutien et une aide immense leur est accordée tandis qu'ils traversent le processus. Ils sont peut-être obligés de travailler plus dur au moment du bilan de leur vie, mais ils savent que l'exercice est nécessaire pour comprendre leurs leçons. Dans certains cas, le suicide de l'âme était déjà programmé et destiné à fournir aux parents comme à toute la famille des leçons qu'ils avaient probablement besoin d'apprendre. Les gens n'aiment pas cela, mais il faut parfois vivre un suicide pour guérir. Voyez-vous, nous formons les familles pour une raison précise. Certains ont été placés ensemble pour guérir d'anciennes blessures, d'autres pour en aider un troisième à évoluer. Un décès pourra souvent aider deux membres d'une famille à se serrer les coudes et à passer par-dessus certaines problématiques. Ce n'est pas compliqué pour nous, mais c'est difficile à expliquer.

Et maintenant, le message de Ben :

Les individus se suicident parce qu'ils ont décidé de décrocher de la vie. Bien entendu, ils devront revenir, puisqu'il faut que leur âme soit guérie et ramenée à la Source afin de recevoir des conseils et du réconfort et d'accéder à la compréhension. Ce cheminement a néanmoins été pré-destiné avant leur incarnation sur le plan terrestre. Nous avons de ce côté des guides pour les aider à traverser le processus, des guérisseurs versés dans les cheminements naturels qui permettent à l'âme de résoudre ses difficultés. Ces guérisseurs très puissants fréquentent souvent des temples où leurs pratiques quotidiennes leur permettent d'aider les autres à pour-suivre leur évolution.

Nous ne pouvons pas déterminer la longueur de ce processus en temps réel. Les âmes arrivent et guérissent puis poursuivent leur route en temps opportun. Ce n'est pas facile et le travail est très exigeant. Cependant, une fois qu'elle a trouvé son chemin et est devenue plus forte, l'âme est prête à vivre une nouvelle incarnation.

Je trouve réconfortant de savoir qu'en mourant par suicide, l'âme est guidée et aidée dans son cheminement par des guérisseurs puis-sants qui l'aident à revoir sa vie et l'accompagnent ensuite dans son retour à l'existence. Nous avons tous le choix quant à la vie à laquelle nous retournons (ce dont je parlerai dans un chapitre subséquent), mais ceux qui s'enlèvent la vie ont moins d'options, puisqu'ils auront des leçons précises à apprendre. Les âmes sont conseillées par leurs guides pour déterminer quelle famille pourra le mieux les aider à apprendre ces leçons.

Lors d'une méditation canalisée, Josiah m'a fourni un renseignement personnel sidérant qui s'avère pertinent en la matière. Je le partage ici parce qu'il démontre qu'une âme ayant commis un suicide peut revenir sur terre avec une vision toute nouvelle de la vie :

Ceux qui se suicident sont parfois des âmes très courageuses qui donnent leur vie pour le bonheur d'autrui. En fait, c'est ce que vous avez fait dans une vie antérieure en vous enlevant la vie afin de permettre à votre femme de refaire sa vie (vous étiez un homme dans cette incarnation). Vous saviez que vous ne pouviez pas être son mari et qu'elle voulait et devait être avec un autre homme, mais vous faisiez partie d'un groupe religieux qui n'autoriserait ni le divorce ni l'annulation de votre mariage. Vous n'aviez pas le choix. Comme vous étiez tous les deux malheureux, vous vous êtes empoisonné avec de la nourriture, ce qui explique pourquoi vous êtes prudente à propos de ce que vous mangez dans cette vie. On soupçonna votre femme de vous avoir tué, mais vous aviez décidé de vous enlever la vie et vous aviez écrit une lettre le confirmant à vos parents.

Par ailleurs, on avait appris que votre femme avait eu une liaison avec un ami proche. C'était terriblement blessant, mais vous aviez décidé que vous l'aimiez assez pour quitter cette vie. Vous êtes restée un certain temps dans l'au-delà à étudier cette incarnation, à la suite de quoi vous avez juré de revenir avec un nouveau regard, une vision nouvelle. Vous avez décidé d'aider les autres à voir la lumière et à jouir de toutes les richesses que la vie peut offrir. Surtout, vous avez atteint votre objectif d'enseigner aux autres ce qu'est la vie de l'autre côté.

Dans cette incarnation, l'enseignement est maintenant votre objectif et votre fonction. Vous enseignerez longtemps le développement spirituel. À cette fin, vous devez rester bien ancrée. Nous ne pouvons pas vous dire comment vous réaliserez cela, étant donné que ce sont vos actions et votre karma qui détermineront votre cheminement. Vous devez grandir et vous grandirez. Vous avez acquis une maturité supérieure à votre âge, aussi restez fidèle à votre nature. Vos rêves et vos buts ont été déterminés bien avant votre incarnation et sont affranchis des contraintes du temps.

D'après mon histoire, vous pouvez voir qu'avec de l'aide et des conseils, la personne qui a quitté cette vie en se suicidant peut se réincarner avec une nouvelle vision de la vie et poursuivre son processus de croissance et même de service. Je sais en tout cas que j'ai vécu d'autres incarnations à la suite de celle-là, dont plusieurs ont contribué à mon développement spirituel et à l'acquisition de l'information et de la sagesse que je partage avec vous dans ces pages.

Une grande aventure de guérison attend ceux qui sont entrés dans la pure Lumière blanche. Toutefois, avant que les âmes soient autorisées à entamer leur processus de guérison dans l'au-delà, elles rencontrent les esprits qui les ont guidées au cours de l'existence et qui continueront de les accompagner dans leur démarche.

Chapitre 7

Les compagnons d'âmes

Après votre décès, mais avant que vous entamiez votre processus de guérison et de croissance de l'autre côté (processus que je couvrirai en détail dans la troisième partie), vous devez passer un certain temps dans une zone qui constitue le seuil de l'au-delà, à laquelle on donne le nom de «salle des Retrouvailles». C'est ici que vous serez accueilli par ceux et celles que vous avez connus durant votre dernière incarnation et qui sont décédés, comme vos parents, vos grands-parents ou d'autres membres de votre famille. À ce sujet, Josiah dit ceci :

> Une fois que vous avez franchi la Lumière blanche, votre âme est accueillie par ceux qui vous sont chers, vos guides et d'autres qui vous ont aidé durant votre incarnation. Ce sont ceux qui vous aident depuis toujours, ils sont là pour vous accompagner dans ce moment.

Josiah fait référence ici à vos «compagnons d'âmes». Il s'agit des membres de votre équipe de guides spirituels, de votre âme sœur et de votre famille d'âmes, celles qui vous accompagnaient durant votre dernière incarnation et qui vous accompagneront dans le voyage que vous entreprenez. Ce chapitre vous expliquera en détail qui sont ces âmes qui sont si importantes dans votre vie, et votre vie après la vie.

Qui sont les guides spirituels ?

Durant votre incarnation, vous êtes soutenu par les conseils de l'Esprit qui s'exprime à travers vos guides. Ce sont des âmes que vous avez connues auparavant, peut-être dans vos vies antérieures ou vos séjours précédents dans l'au-delà. Avant de vous incarner dans votre vie actuelle, vous avez conclu une entente avec ces âmes selon laquelle elles sont devenues vos guides spirituels. Pour s'acquitter de ce service, elles ont choisi de rester derrière dans l'au-delà, tandis que vous serez incarné. Il est possible que vous les ayez aidées dans une incarnation passée et qu'elles souhaitent vous renvoyer l'ascenseur dans celle-ci.

Les guides spirituels ont pour fonction de vous aider sur le plan terrestre et au moment du passage de l'autre côté, remplissant ainsi le pacte que vous avez fait avec eux avant de vous incarner. Tant que vous vivez, ils vous fournissent un soutien précieux. En dépit du fait que vous n'êtes peut-être même pas conscient de leur présence, ils sont toujours sur le qui-vive pour vous.

Certains guides spirituels se manifestent à des moments précis de votre existence pour vous offrir une aide ponctuelle. D'autres vous accompagnent en tout temps, arrivant à la naissance et restant avec vous durant toute la durée de votre incarnation. L'un d'eux est votre « maître guide spirituel » qui dirige l'équipe des guides et oriente ou invite leur participation à votre processus. Vous avez déjà rencontré Ben, mon maître guide. Même si j'étais adulte lorsque ma grand-mère me l'a présenté pour la première fois, il était avec moi depuis ma naissance et avait observé toutes les étapes de ma croissance et de mon apprentissage.

Qu'ils soient avec vous brièvement ou tout le temps, tous vos guides ont pour tâche de vous aider à apprendre le plus grand nombre possible de leçons tandis que vous êtes sur terre, ce qui exige qu'ils agissent en équipe d'auxiliaires et œuvrent sur plusieurs plans.

Dans leur fonction d'auxiliaires, vos guides spirituels vous parlent constamment. Les paroles qu'ils emploient semblent parfois sortir de votre bouche, comme si vous parliez tout seul, mais en écoutant attentivement, vous observerez un changement de ton subtil quand ils s'expriment. J'utiliserai le clavier du piano pour faire une analogie : imaginez que votre voix est dans la clé de do. Vos guides s'adressent à vous en do dièse, soit un demi-ton plus haut que le ton de votre voix. La distinction est subtile, mais une fois que vous l'avez faite, vous êtes toujours capable de dire si c'est votre voix ou celle de vos guides qui s'adresse à vous.

Vos guides spirituels communiquent également avec vous par l'entremise de vos sentiments viscéraux, votre intuition. Leurs messages passent parfois par une voix intérieure, comme lorsque vous vous dites : *Je me demande si je devrais faire cela.* Combien de fois avez-vous vécu une situation où vous avez agi alors que vous saviez fort bien que ce n'était pas une bonne idée, mais que vous l'avez fait quand même ? Vous avez peut-être supposé que la voix intérieure qui vous soufflait de vous abstenir n'était que le fait de votre imagination qui vous jouait des tours, mais ce n'était pas le cas !

Nos guides n'ont pas le pouvoir de gouverner notre vie ni de nous dicter nos actes : nous disposons toujours de notre libre arbitre et nous devons prendre nos propres décisions, puisqu'ils n'ont pas l'autorisation de le faire pour nous. Je me souviens de plusieurs occasions où j'ai passé outre ma réaction viscérale initiale pour découvrir par la suite que j'aurais dû écouter plus attentivement et ne pas écarter ce qui était au bout du compte la voix et l'influence de mon guide spirituel.

Nous faisons tous des choix que nous regrettons : cela fait partie de la vie et de notre apprentissage continu. Mais, que nous prêtions l'attention ou non à nos voix intérieures, nos guides spirituels continueront de communiquer avec nous et d'essayer d'influencer les événements de nos vies, en s'assurant que nous vivons les expériences qu'il nous faut pour remplir le contrat que nous avons établi avant notre naissance. Ils n'abandonneront pas parce que nous n'écoutons pas. En réalité, leurs tentatives sont parfois remarquables, comme vous le verrez dans cet exemple tiré de ma vie.

La première fois que je suis venue aux États-Unis pour de longues vacances, je me préparais à rentrer en Angleterre lorsqu'il a fallu m'hospitaliser parce que j'étais très malade, ce qui a entraîné cette expérience de mort imminente que j'ai racontée plus tôt. Je ne le savais pas sur le moment, mais mes guides spirituels organisaient ma rencontre avec Merv Griffin, la légende du petit écran, par la suite devenu le chef de production de mon émission *Lisa Williams, dialogue avec les morts*. Je n'aurais jamais fait sa connaissance si j'étais rentrée au Royaume-Uni comme prévu.

J'étais en bonne forme même après avoir subi une chirurgie. Étant d'avis qu'il n'était pas prudent pour moi de faire un aussi long voyage dans une cabine pressurisée, les médecins m'ont toutefois ordonné de rester à Los Angeles pour une convalescence de dix jours. Durant ces dix jours, les «circonstances» se sont mises en place pour que je rencontre Merv. Cette rencontre a changé ma vie, en m'offrant l'occasion de me développer en tant que médium et en m'orientant sur la voie qui allait me permettre de remplir ma fonction de pédagogue. (Mamie Frances m'avait annoncé que ce serait un homme plus âgé qui m'amènerait en Amérique et ferait en sorte que je sois devant des milliers de personnes : par contre, j'étais loin de me douter que les choses se dérouleraient de cette façon!)

Les guides spirituels peuvent faire advenir de merveilleux événements dans votre vie, qui vous apportent la plénitude et l'évolution spirituelle, mais il arrive aussi que les événements ne soient pas merveilleux du tout. On m'a déjà demandé : «Si nous avons tous des guides spirituels, pourquoi y a-t-il autant d'êtres malveillants qui font des choses terribles en ce monde ? » La question est très valable et sa réponse nous en dit beaucoup sur la relation entre l'humain et l'esprit.

Quand j'ai posé la question à Ben, voici la canalisation que j'ai reçue en réponse :

> *Vous devez comprendre que nous, les guides, ne pouvons que vous montrer le chemin : nous n'avons pas le pouvoir de vous obliger à l'emprunter. C'est à vous de décider de quel côté vous voulez vous diriger et comment vous voulez vivre. Nous vous aidons à guérir des cicatrices et des blessures de vos vies passées afin que vous puissiez devenir une âme très évoluée, mais ces expériences sont vos leçons. Nous pouvons faciliter votre évolution, mais nous ne pouvons pas faire vos choix à votre place. C'est la même chose dans le cas des individus qui commettent des actes terribles, mauvais : c'est leur choix, fait dans la liberté de leur âme, d'emprunter le chemin qu'ils ont choisi. Nous pouvons seulement les diriger à partir de ce choix.*

Je me suis demandé : *Est-ce que certains ont parfois un mauvais guide spirituel ?* Comme Ben peut entendre mes pensées et percevoir mes sentiments et qu'il me connaît mieux que moi-même, je n'ai pas été étonnée de l'entendre répondre :

> *Aucun guide spirituel n'est « mauvais ». Nous agissons toujours pour satisfaire la fonction de l'âme et nous assurer qu'elle tire le maximum de la vie qui lui est donnée. Par conséquent, même une mauvaise personne ne peut avoir de mauvais guide spirituel.*
>
> *Soyez assuré que votre guide spirituel ne vous abandonnera jamais, peu importe à quel point vos choix s'avèrent « mauvais ». Nous travaillerons avec vous jusqu'au jour de votre transition, de sorte que nous continuerons à vous aider à remettre de l'ordre dans le cheminement de votre choix, quel qu'il soit.*

J'espère qu'il est clair à la lumière de ces messages que le rôle de votre guide spirituel consiste à veiller sur votre sécurité et à faire en sorte que vous soyez en sûreté et protégé, jusqu'à ce que vous ayez rempli le dessein de votre incarnation. Il n'est pas toujours facile de comprendre l'allure que cela peut prendre et votre libre arbitre vous autorise à ne pas suivre l'influence de vos guides et à commettre des erreurs. Quoi qu'il en soit, vous recevrez toujours les conseils dont vous avez besoin pour remplir les clauses de votre contrat et ces conseils vous seront offerts librement avec amour, quels que soient vos choix.

Vos autres guides

Comme mentionné, certains de vos compagnons d'âmes sont des esprits qui vous rendent visite durant votre incarnation, mais de façon ponctuelle seulement : ils viennent vous aider à remplir un mandat particulier et repartent une fois leur rôle terminé.

Ainsi, un de mes guides est une énergie féminine appelée « Lucinda », qui va et vient selon mes besoins. Elle est très influente quand j'enseigne ou que je donne des lectures à des foules lors de mes représentations en direct. Elle prend parfois la place de Ben, qui agit normalement comme « portier » afin que les esprits qui veulent communiquer se mettent en rang. Contrairement à Ben qui ne laisse passer qu'un esprit à la fois, Lucinda ouvre toutefois la porte à plusieurs esprits à la fois. C'est parfois frustrant pour moi, étant donné que je ne sais pas toujours à qui je m'adresse, mais le défi est aussi amusant.

Lucinda est très présente lorsque j'enseigne : elle me fournit de l'information quand je planifie mes cours et quand j'enseigne. Je perçois sa présence parce que son énergie se mêle à la mienne et entraîne une vague perceptible dans mon aura. Il n'est pas toujours facile pour une personne sans formation de reconnaître la visite impromptue d'un guide spirituel, mais en vous exerçant à percevoir l'énergie, vous pourrez observer une vibration différente autour de vous, même si vous n'êtes pas capable de l'identifier avec précision.

Les messages et les communications venant directement de ces guides sont parfois difficiles à capter avec exactitude. Je comprends que je travaille avec un autre guide que Ben lorsque je dois travailler plus fort pour accéder au message transmis, car ce n'est pas habituel chez moi. Cela s'apparente à la façon que vous avez de vous adapter aux personnes selon les situations, en exprimant la même chose sous des formes variées pour faire comprendre votre point de vue. C'est ce que doit faire le guide qui tente de communiquer et la personne qui reçoit est parfois obligée de faire de gros efforts pour capter correctement le message.

N'oubliez pas qu'au moment de votre arrivée à la salle des Retrouvailles, *toute* votre équipe de guides spirituels sera là pour vous accueillir. Vous pourrez saluer tous ceux qui vous ont aidé à traverser les situations difficiles, les changements de carrière et de relations ainsi que les hauts et les bas ordinaires de la vie.

Parmi eux, certains ne vous auront peut-être pas aidé durant votre dernière incarnation, mais seront présents parce qu'ils s'apprêtent à devenir vos guides du processus de guérison que vous êtes sur le point d'entreprendre dans l'au-delà. Josiah nous éclaire un peu plus sur cette catégorie de compagnons d'âmes :

> *Ils ont tous été « assignés » à une tâche particulière : vous aider à guérir, surtout de toute souffrance, vous assister dans le bilan de votre vie, vous guider dans l'au-delà jusqu'à ce que vous soyez sur pied, vous aider à gérer les émotions qui accompagnent votre départ et à affronter les émotions de ceux qui vous sont chers et qui sont peut-être encore avec vous.*

Comme vous l'avez vu, plus d'un guide sera présent pour vous aider à communiquer. Ils ont tous une fonction, quelque chose qu'ils feront pour se concentrer sur l'aide à vous apporter lors de votre voyage dans l'au-delà et ils seront tous là pour vous accueillir au moment de votre arrivée.

La rencontre avec votre âme sœur

Josiah révèle qu'un autre compagnon d'âme vous attendra lorsque vous arriverez aux portes de l'au-delà :

Votre âme sœur est également là pour vous accueillir; si elle n'est pas encore arrivée, parce qu'elle est toujours incarnée sur terre, vous serez préparé à son retour. Il est toutefois possible que vous n'ayez pas connu votre âme sœur dans cette vie, à la suite d'un pacte que vous avez fait avant votre naissance, à la suite duquel vous avez décidé de vous incarner tour à tour et d'alterner les rôles en vous aidant mutuellement.

L'âme sœur, aussi appelée la « flamme jumelle », est un esprit qui vous complète parfaitement comme s'il était votre moitié. Il se peut que votre âme sœur soit aussi votre maître guide spirituel et que vous ayez fait un pacte avant la naissance selon lequel l'un de vous resterait derrière et aiderait l'autre à apprendre ses leçons d'incarnation.

Lorsque vous reverrez votre âme sœur dans la salle des Retrouvailles, vous vivrez une complétude qui ne ressemble à rien de ce que vous n'avez jamais pu imaginer. Vous avez le sentiment d'être absolument complet, de ne manquer de rien. Les émotions sont intensifiées et atteignent des sommets que vous n'avez jamais connus lorsque vous étiez incarné. Par ailleurs, vous n'avez plus les problèmes d'estime personnelle que vous aviez peut-être de votre vivant, parce que vos préoccupations personnelles se dissipent et ont même disparu lorsque vous entamez votre processus de guérison dans l'au-delà.

Comme Josiah l'a dit en canalisation, vous pourrez ou non avoir rencontré votre âme sœur en chair et en os de votre vivant : il ne s'agit peut-être pas de la personne que vous avez épousée ou avec qui vous avez été en relation, en dépit du grand amour que vous avez partagé avec votre partenaire terrestre. Votre âme sœur et vous avez peut-être décidé de ne pas vous croiser sur terre, car vous aviez tous deux le sentiment que vous aviez du travail à faire et qu'il fallait que vous soyez libres de toucher la vie des autres sans distraction. Si vous étiez ensemble, vous seriez entièrement tournés l'un vers l'autre, partageant l'amour et la guérison qui fait partie de la relation de deux âmes sœurs. Votre pacte comportait l'entente de vous retrouver tous deux dans l'au-delà.

Si vous avez la chance de rencontrer votre âme sœur dans cette incarnation, vous pourrez constater qu'elle vient à vous plus tard et non dans votre jeunesse. C'est que vous devez d'abord vivre plusieurs leçons avec d'autres. En rencontrant enfin votre âme sœur, vous constaterez que la sensation qui accompagne d'ordinaire le sentiment amoureux est plus intense, surtout si vous êtes quelqu'un qui perçoit facilement les énergies et capte les émotions.

C'est parfois bouleversant, car vous savez presque sur-le-champ que vous serez toujours avec cette personne, souvent dans les toutes premières minutes de votre rencontre. Une telle intimité pourra vous effrayer tous les deux, puisque votre éducation ne vous aura peut-être pas appris à exprimer vos émotions. Vous pourrez aussi subir un choc en découvrant que votre âme sœur est du même sexe que vous, alors que vous avez toujours eu des relations hétérosexuelles. Si vous êtes une femme par exemple, vous pourrez vous demander : *Si cette personne est mon âme sœur, comment se fait-il qu'elle ne soit pas un homme ?* N'oubliez pas que ces arrangements ont été faits par contrat avant la naissance, aussi une relation homosexuelle pourrait très bien faire partie des leçons nécessaires à votre âme, à vous et à vos familles.

L'histoire d'une cliente appelée « Ann » illustre parfaitement cette situation. Je donnais des lectures à Ann depuis plusieurs années et elle avait toujours été heureuse en ménage. Mère de deux enfants, elle adorait sa vie, ses enfants et son mari, et aimait beaucoup son emploi. Un jour, Julie a été engagée dans le même bureau qu'Ann. En faisant sa connaissance, ma cliente a senti un lien immédiat, comme si elle l'avait déjà connue. À l'instar de Julie, Ann était très intuitive, un point commun dont elles ont parlé en allant boire un verre ensemble.

Les deux femmes ne comprenaient pas pourquoi elles s'étaient senties si intimes si vite. Ann me confia que leur lien était extraordinairement puissant. Au fil du temps, la situation s'est intensifiée, passant d'une relation professionnelle à une relation plus personnelle et intime. Julie était lesbienne, mais Ann n'avait jamais eu de relation homosexuelle et ses sentiments déroutaient.

Je lui ai dit sans hésiter : « Vous venez de rencontrer votre âme sœur. » Stupéfaite, elle m'a d'abord demandé si je parlais de son mari.

Je n'ai pas trop su comment répondre au départ, mais je me suis montrée d'une scrupuleuse honnêteté, comme toujours. « Non, ai-je répondu, même si vous aimez votre mari, la personne qui est votre âme sœur ne pouvait pas vous donner les enfants que vous vouliez tant, il a donc fallu qu'elle vienne à vous plus tard. »

En m'entendant, Ann s'est mise à pleurer. Elle m'a dit que Julie était partie en voyage d'affaires, qu'elle avait le sentiment que son âme lui avait été arrachée et qu'une partie d'elle avait disparu. Ma cliente était incapable de fonctionner comme d'habitude et ne savait que faire. D'un côté, elle ne voulait pas détruire sa famille ; de l'autre, elle savait qu'elle ne pouvait vivre sans cette femme. Ann vivait aussi une pression additionnelle en s'inquiétant de la réaction de ses parents et de sa famille élargie qui avaient tous des opinions très arrêtées sur les relations homosexuelles.

Au fil du temps, ma cliente a fait en sorte de mettre de l'ordre dans ses sentiments et de réorganiser sa vie. Elle a fini par divorcer et les enfants sont venus vivre avec Julie et elle. Aujourd'hui, Ann et son ex-mari sont toujours étroitement liés et il en est venu à adorer Julie. Nous avons découvert grâce à mes lectures qu'il faisait partie ainsi que leurs enfants des membres de la « famille d'âmes » d'Ann, un groupe que je décrirai bientôt. Par contre, Ann et son mari n'étaient pas destinés à rester ensemble dans cette incarnation. (Cet homme a d'ailleurs refait sa vie avec succès.)

Pour Ann, se séparer a été facile, mais l'avouer à ses parents s'est avéré beaucoup plus difficile. Les parents d'Ann ont très mal pris la nouvelle qu'elle était en couple avec une femme et décidé de ne plus lui parler. Ils ont néanmoins fini par voir l'amour qui existait entre les deux femmes et par accepter l'idée, même si elle ne leur plaisait pas. C'était une leçon pour tous les membres de la famille, y compris pour Ann, de laisser ceux qui sont différents vivre leur vie comme ils l'entendent.

Récemment, Ann m'a dit que les membres de sa famille sont maintenant très proches ; elle est reconnaissante de la situation et des conseils que ses guides spirituels lui ont donnés en se manifestant dans les nombreuses lectures que je lui ai données. Elle dit qu'elle a appris que nous tombons amoureux de l'âme d'une personne et non de son sexe. Je crois qu'elle dit vrai : nos âmes sœurs peuvent venir à nous de bien des manières et sous bien des formes, mais il se peut qu'aucune ne ressemble à ce nous attendions.

La rencontre avec votre âme sœur peut vous faire vivre un sentiment qui s'avère parfois intolérable. Vous sentez que vous êtes constamment avec l'autre, vous voulez toujours être lui, vous avez même de la difficulté à vous concentrer sur les tâches que vous êtes habituellement en mesure de faire. C'est plus qu'un amour obsessionnel, c'est une émotion qui inonde votre cœur. Quand vous êtes ensemble, vous avez un sentiment de complétude. Quand vous êtes loin l'un de l'autre, vous avez l'impression qu'une partie de vous manque. Et lorsque vous échangez sur vos rêves, votre âme sœur et vous pourrez constater que vous avez eu exactement le même rêve, puisque vous avez voyagé ensemble dans l'astral.

Vous ne pourrez peut-être pas exprimer facilement l'amour que vous avez l'un pour l'autre, jugeant les mots *je t'aime* inadéquats pour communiquer l'intensité de ce que vous ressentez. Toute l'histoire s'avère très émotionnelle pour vous deux et au départ, vous pourrez ne pas comprendre ce qui se passe. Vous pourrez vous demander pourquoi vous ressentez des émotions que vous n'avez jamais vécues, même avec d'autres partenaires.

Par contre, les choses ne seront pas toujours faciles dans la relation avec votre âme sœur. Bien souvent, elle se révélera votre antithèse sur le plan de la personnalité, du tempérament, même des objectifs et des orientations de vie. Sachez qu'il est naturel pour chacun d'avoir des goûts et des opinions différents : vous venez peut-être de milieux très différents et vous avez été conditionnés à penser d'une certaine façon, néanmoins vous apprécierez beaucoup vos vies réciproques. Par ailleurs, votre âme sœur est destinée à vous amener à l'équilibre en vous apportant ce qui vous manque. La voie pourra se révéler satisfaisante, mais houleuse, exigeant que vous surmontiez beaucoup d'obstacles qui sont à l'origine de conflits et de perturbations.

D'après mon expérience, je sais que plusieurs parmi nous, guérisseurs et travailleurs de la lumière, ont de la difficulté à nouer de bonnes relations amoureuses sur terre, car nous avons consacré notre vie à notre prochain. Bien entendu, nos difficultés viennent des leçons qu'il nous faut apprendre.

Toute âme hautement évoluée qui est sur la planète pour enseigner la spiritualité et aider les autres spirituellement a besoin d'un partenaire qui lui apportera l'équilibre. Ce partenaire peut être une âme spirituelle très évoluée, mais dans ce cas, il faudra que la relation du couple comporte des éléments d'ancrage, sinon ils auront de la difficulté à être présents dans leur vie. Par exemple, l'un des deux pourra se consacrer à la spiritualité en utilisant ces dons pour guérir les autres, tandis que l'autre s'engagera dans une carrière plus terre-à-terre, devenant avocat ou travaillant dans le monde des affaires en réservant la spiritualité à sa vie personnelle. Le métier d'avocat, par exemple, fournira beaucoup d'occasions d'apprentissage grâce à des interactions avec des gens de tout acabit, tout en aidant la personne qui l'exerce à garder les pieds sur terre.

Votre famille d'âmes

Outre vos guides spirituels et votre âme sœur, vous avez des liens avec des esprits apparentés : votre famille d'âmes. Ce sont les âmes avec qui vous êtes destiné à vous retrouver sur terre parce qu'ensemble, vous pouvez toucher la vie des gens et les aider. Cette famille n'est peut-être pas celle avec laquelle vous avez vécu ou avec qui vous étiez associé sur terre. L'identité de ses membres dépend de la nature de vos leçons et des clauses du contrat que vous avez établi avant de retourner vous incarner sur terre.

Quand vous rencontrez les membres de votre famille d'âmes de l'autre côté, vous avez immédiatement le sentiment de les connaître, mais aussi de les avoir connus toute votre vie. Si vous passez en revue vos amis, votre parenté, vos collègues et vos connaissances, vous saurez immédiatement reconnaître ceux qui font partie de votre famille d'âmes et qui ont marqué votre vie. Certains sont peut-être entrés et sortis de votre vie en coup de vent, mais un lien existera toujours entre vous.

À l'instar de votre relation avec votre âme sœur, votre lien terrestre avec les membres de votre famille d'âmes peut s'avérer fort intense. Vous êtes capable de percevoir leurs sentiments et de sentir à quel moment ils vous téléphoneront ou vous enverront un courriel, même à des kilomètres de distance. Vous pouvez affirmer sans ambages que vous les aimez vraiment et qu'ils vous aiment et vous comprennent pareillement. Ainsi, je suis en relation avec plusieurs personnes qui font partie de ma famille d'âmes parmi lesquelles ma meilleure amie. Même si, en ce moment, nous vivons chacune de notre côté de la planète, nous avons toujours le sentiment que nous sommes des voisines immédiates.

Sachez qu'une fois dans l'au-delà, vous reverrez les âmes qui vous aiment et qui n'ont que vos intérêts à cœur. Vous retournerez vers votre famille d'âmes qui vous aime inconditionnellement, vous aide à grandir spirituellement et vous accompagne durant votre séjour dans l'au-delà.

Comme vous pouvez le constater, votre famille d'âmes, votre âme sœur et vos guides spirituels forment un groupe remarquable qui vous est tout dévoué et qui a votre évolution et votre développement d'âme à cœur, non seulement dans la vie, mais aussi dans le voyage que vous faites dans l'au-delà.

Le prochain chapitre m'a été inspiré par un échange que j'ai eu avec Josiah l'Aîné sur le processus de renaissance que nous traversons lors de notre voyage dans l'au-delà. La vie et la mort, la mort et la vie : quand il s'agit de l'évolution globale de l'âme, les deux se complètent. Comprendre comment ce processus en est un de renaissance à une existence supérieure, en commençant par l'accueil de ceux qui attendent notre retour aux portes de l'au-delà, tel est le prochain sujet que j'aborderai.

Chapitre 8

La vie rendue possible grâce à la mort : *renaître* !

De l'autre côté du voile, les esprits considèrent la mort d'un œil très différent du nôtre. Ce qui nous apparaît la fin de la vie est à leurs yeux une occasion pour l'âme de passer aux stades suivants de l'existence dans l'au-delà : la renaissance.

Je comprends que pour parler de la mort, l'emploi du terme *renaissance* puisse sembler contradictoire, ayant eu la même réaction au départ. Voyez-vous, en écrivant ce livre, j'ai canalisé un texte de Josiah dans lequel il dit que la vie était *rendue possible grâce à la mort*. Je l'ai interrogé au sujet de cette étrange formulation, parce que je ne comprenais pas pourquoi il faisait référence à l'expérience de l'au-delà en ces termes. Voici un extrait de cette conversation, en commençant par le sujet qu'il a abordé dans la canalisation.

> **Josiah :** *Dans la Lumière blanche, on est guéri de la souffrance physique qui accompagne la mort et préparé à franchir les étapes subséquentes de la* **vie***.*
>
> **Lisa :** *La vie ?*
>
> **Josiah :** *Oui, ma chère, la* **vie***, puisque la vie est rendue possible grâce à la mort.*

Un message révélateur

Il m'a fallu un certain temps après avoir reçu cette phrase cryptique pour comprendre ce que Josiah voulait dire. Je donnais à ce moment une lecture à ma cliente Cathy dont le fils venait de mourir et ce que j'ai reçu a révélé que la mort peut s'avérer une renaissance.

Avant de passer à la transcription de la lecture de Cathy, j'aimerais toutefois expliquer comment les messages de l'Esprit sont transmis directement à travers moi, en général sans aucune interprétation de ma part.

Quand j'agis comme médium qui reçoit des messages de l'Esprit, le processus n'est souvent pas aussi simple que l'on pourrait l'imaginer. Comme je l'ai mentionné, les esprits n'ont pas comme nous de bouche pour s'exprimer, ce qui fait que leurs voix me parviennent étouffées. Imaginez quelqu'un qui parle la bouche couverte d'un foulard attaché serré : cela ressemble beaucoup à ce que j'entends.

En raison de ce « handicap », les esprits doivent trouver d'autres moyens de me faire comprendre leurs messages et font donc le plus souvent appel aux symboles. Ils pourront transmettre des messages en utilisant la projection de pensées ou en mettant à l'occasion des mots dans mon esprit. Les mots ne forment pas toujours une phrase complète, mais à partir de ce que je reçois, je suis capable de percevoir un sentiment ou une émotion, peut-être l'émotion de l'amour, qui se manifeste normalement dans la région de mon estomac.

L'esprit peut aussi me montrer quelque chose de plus concret, par exemple les initiales d'une personne. Si je demande plus d'indices, je pourrai obtenir un symbole visuel, quelque chose comme un cœur ou un autre symbole familier. Mon travail consiste à transmettre ces indices au destinataire de la lecture de façon à ce qu'il puisse faire des liens avec mes propos. Ensuite, je l'aide à synthétiser le tout en un message significatif.

Un jour, en donnant une lecture à une femme dont le mari était décédé, j'ai reçu les données suivantes : les mots *randonnée*, *arbre* et *froide*, des initiales et le symbole d'un cœur. Vous pourrez voir dans la transcription ci-dessous comment nous avons travaillé avec ce que j'avais reçu pour arriver à un message signifiant pour ma cliente:

> **LISA:** Votre mari me montre un *cœur*. C'est comme si vous êtes partis en *randonnée* par une journée *froide* et que vous aviez décidé de graver vos initiales sur un *arbre* et de les entourer d'un cœur. De cette manière, elles resteraient là à jamais et vous resteriez toujours ensemble.
>
> **CLIENTE:** Oh! mon Dieu, comment le savez-vous? C'est exactement ce que nous avons fait! C'était l'idée de Peter. Sur le moment, j'ai trouvé cela ridicule, mais il a insisté. C'était quatre jours seulement avant sa mort et je n'en ai parlé à personne depuis.
>
> **LISA:** Il me montre que vous resterez dans son cœur, maintenant et à jamais.
>
> **CLIENTE:** [frissonne et s'écrie à travers ses larmes] Je viens juste de faire graver cette épitaphe sur sa pierre tombale: *Il restera toujours dans mon cœur, maintenant et à jamais.*

Cette anecdote illustre la manière dont nous pourrons présenter un message reçu par médiumnité. Parfois, nous ne captons pas bien le message ou nous le transmettons d'une manière qui ne permet pas à nos clients de faire le lien. Par contre, si nous transmettons ce que nous avons vu et entendu et que nous laissons ensuite le client dégager le sens de tout cela, le contenu du message s'avère souvent très puissant. Les problèmes surgissent quand les médiums reçoivent des symboles et essaient d'imposer leurs émotions au contenu (ce que nous ne devrions jamais faire), en donnant un message qui ne soulève aucune résonance et ne fait que dérouter son destinataire.

Je reçois souvent le symbole d'une rose rouge, qui représente l'amour aux yeux de beaucoup de gens. Je dirai donc que je reçois une rose rouge et je laisserai la personne réagir. Selon le cas, elle dira: «Oh! ma grand-mère s'appelait Rose» ou «Mon amoureux me donnait toujours des roses rouges à notre anniversaire». Quoi qu'il en soit, la rose rouge symbolise à mes yeux un anniversaire. Le client pourra remettre en question l'information reçue si je lui propose mon interprétation personnelle de la rose: je dois donc aller plus loin pour l'aider à faire un lien plus pertinent.

C'est ce qui s'est produit lors de la lecture de ma cliente Cathy, venue me consulter après le décès de son fils. Vous pourrez voir que le fait de proposer ma compréhension personnelle d'un symbole s'avère parfois utile et que le symbole de l'anniversaire peut se rapporter à l'expérience de l'âme dans l'au-delà.

> **Lisa** : Votre fils me montre un anniversaire au cours de cette période.
>
> **Cliente** : [l'air perplexe] Non, son anniversaire est dans six mois.
>
> **Lisa** : Mmm, d'accord. Eh bien, il me montre une rose rouge. C'est pour moi le symbole d'un anniversaire. Il s'agit peut-être d'un anniversaire, mais cela ressemble plus à un événement qui le concerne, lui et personne d'autre.
>
> **Cliente** : Eh bien, demain est l'anniversaire de sa mort.
>
> **Lisa** : C'est cela ! *Vous* voyez le moment de son décès comme l'anniversaire de sa mort, mais pour lui, c'est un anniversaire de naissance. Cela ne peut signifier qu'une chose : il essaie de vous dire qu'il est né de nouveau dans le monde spirituel.

Le fils de Cathy avait choisi le symbole de la rose rouge pour communiquer ce qu'il pensait de l'anniversaire de son décès : il le voyait comme une renaissance. Il voulait communiquer qu'il était retourné dans son véritable foyer pour entamer une nouvelle « vie ». Il était né de nouveau dans l'au-delà ! Voilà pourquoi Josiah dit que la vie est rendue possible par la mort. Josiah et les autres esprits considèrent la mort comme le moment où la vie et les leçons humaines ne font que commencer.

Vous comprendrez tout cela davantage à mesure que nous étudierons dans les prochains chapitres le processus de guérison dans l'au-delà. Pour l'instant, voici un message de Josiah à propos de la renaissance qui nous attend tous à la mort :

> *La Lumière blanche de l'amour et de la pureté conduit à l'au-delà ou au paradis, selon le nom que vous voudrez donner à cet endroit. C'est une terre de paix, de calme et d'engagement. Oui, d'engagement, car lorsque vous mourez et passez dans la Lumière, vous vous engagez à apprendre, à grandir et à vous développer afin de devenir une âme meilleure.*

Je trouve très intéressant que Josiah mentionne cet engagement à apprendre et à grandir dans l'au-delà, étant donné que parmi nous, plusieurs ont tendance à s'effaroucher à l'idée d'apprendre et de grandir ici-bas. Quoi qu'il en soit, même quand nous préférons avancer lentement pour voyager plus à l'aise, la vie ne cesse jamais de nous offrir des possibilités d'apprentissage et de croissance.

La vie *et* l'au-delà : tous deux portent sur la croissance et l'apprentissage. L'idée que *la vie est rendue possible grâce à la mort* peut s'avérer difficile à saisir, parce que nous pensons que l'au-delà est un endroit où nous sommes enfin autorisés à relaxer, à nous reposer et à nous amuser. Bien que cela en fasse partie, l'au-delà englobe beaucoup plus que cela et c'est ce que vous découvrirez à mesure que nous poursuivrons sur notre lancée.

Le comité d'accueil

J'ai mentionné plus tôt qu'arrivant dans l'au-delà, vous séjournez un certain temps dans la salle des Retrouvailles, sorte de portail où vous faites escale avant de poursuivre votre route. C'est là que vous retrouvez tous vos compagnons d'âmes. C'est un moment de très grande joie, exactement comme si vous assistiez à une réunion de parents et d'amis que vous n'avez pas vus depuis longtemps.

Ben explique que les esprits qui vous ont aidé et guidé sur le plan terrestre endossent un nouveau rôle après vous avoir accueilli :

> *À partir de là, leur tâche consiste à vous montrer que ce voyage de la vie après la mort n'en est pas un qu'il faut craindre, mais plutôt embrasser. Ces esprits seront accompagnés de votre maître guide, que vous connaîtrez très bien, que vous l'ayez connu ou non dans votre incarnation terrestre. Ensemble, les membres de votre équipe vous conduiront à destination.*
>
> *Dans votre équipe, plusieurs esprits ont été chargés de vous aider à compléter votre transition. Par la suite, on vous assignera aussi une tâche lorsque viendra le temps pour vous d'accueillir un être cher qui rentre à la maison. Ces tâches sont simples : aimer, soutenir et guider l'âme à travers les étapes de sa renaissance dans l'au-delà.*
>
> *Certains de ces esprits assisteront votre maître guide pour vous aider à faire face aux gens et aux circonstances qui restent sur le plan terrestre après votre décès. Comme certaines âmes ont plus de succès que d'autres*

dans cette tâche, votre maître guide travaille avec elles pour s'assurer qu'elles occupent les postes où elles pourront fournir le plus d'aide possible.

Ben décrit ainsi le mélange des émotions que vous vivrez en mourant. Vos sens seront plus aiguisés, bien entendu, et tout sera plus intense que d'habitude. Vous aurez probablement des sentiments très forts envers ceux que vous avez laissés derrière sur terre, puisque vous avez encore à ce stade vos liens terrestres et les émotions qui leur sont associées. Vous aurez à examiner attentivement ces liens terrestres et ces émotions et à les gérer durant un certain temps. Sur le moment, par contre, vous n'avez qu'à vous occuper d'apprendre à vous orienter et à vous laisser guider avec douceur à l'intérieur de votre nouveau foyer.

Vous vous demanderez peut-être comment vous ferez pour prendre vos êtres chers dans vos bras une fois dans l'au-delà si vous êtes dépourvu de corps. C'est une excellente question et j'essaierai d'y répondre de façon satisfaisante. De notre vivant, nous avons tous une aura qui entoure notre corps et s'étend plus loin que la plupart ne s'en rendent compte. Quand nous nous approchons physiquement de quelqu'un, nos auras respectives fusionnent naturellement. Les personnes sensibles à l'énergie capteront les sentiments et les désirs d'autrui. Ce phénomène est constant dans la vie terrestre, mais n'est pas toujours reconnu pour ce qu'il est.

Comme on est dépourvu de corps dans l'au-delà, l'accolade de deux âmes donne lieu à un transfert d'énergie encore plus important. Essayez d'imaginer que vous êtes la source de toute l'énergie que vous percevez, sans corps dense pour filtrer vos sensations (ce qui représente l'état d'être dans l'au-delà) : vos sens seront très aiguisés. En tant qu'énergie pure, vous pouvez fusionner avec les sources d'énergie qui vous entourent et ne plus faire qu'un en vous unissant. C'est une expérience très puissante et c'est ainsi que vous enlacerez et saluerez l'une après l'autre toutes les âmes avec qui vous renouerez.

Par ailleurs, comme vous communiquez par la pensée, vous n'avez qu'à penser pour que l'on vous « entende ». Cela répond à une autre question que beaucoup de gens me posent : « Est-ce que je dois parler à voix haute pour que mes chers disparus m'entendent ou si je peux leur transmettre mes pensées "télépathiquement" ? » Vous pouvez en effet penser que vos êtres chers les capteront instantanément. Je le répète, il n'y a pas de corps physique dense pour faire obstacle à la transmission d'énergie.

Le passage dans la salle des Retrouvailles est une expérience merveilleuse et extraordinaire. Vous êtes en paix et vous jouissez d'une béatitude que vous ne pouviez qu'imaginer sur terre. Quand je l'ai expérimenté lors mon expérience de mort imminente, cet endroit s'est avéré révélateur, captivant, serein, calme, tranquille et toutes ces autres merveilleuses sensations imaginables. Vous ressentirez tout cela et plus encore en étant vous-même sur les lieux.

Vous resterez dans la salle des Retrouvailles un moment, mais comme je l'ai expliqué, le temps dans l'au-delà est un concept extrêmement différent de celui auquel nous sommes habitués. Ce qui semble des heures dans l'au-delà n'est qu'une minute sur terre, ce qui n'est pas facile à comprendre, j'en conviens. Pour faciliter la compréhension, j'essaierai d'expliquer le processus en faisant référence aux deux échelles de temps au fil du texte.

L'aventure de votre renaissance dans l'au-delà est maintenant sur le point de débuter. Mais, d'abord, en préparation du processus de guérison complet que votre âme vivra, vous avez la possibilité de retourner sur le plan terrestre rendre visite à ceux que vous avez laissés derrière.

Veuillez noter que le but de votre visite n'est pas de renouer afin de renforcer vos liens. Vos guides vous ramènent plutôt sur terre pour que vous puissiez entamer la tâche essentielle et parfois pénible qui consiste à *vous détacher* de vos liens terrestres. C'est seulement à partir de ce moment que commencera votre renaissance complète dans l'au-delà.

Chapitre 9

La dissolution des liens terrestres

Une fois que nous avons été accueillis avec douceur dans notre nouveau foyer, que nous avons été salués et embrassés par tous ceux qui nous ont guidés et aimés (et qui seront nos guides pour la suite), nous entamons le processus de séparation des personnes et des situations auxquelles nous étions étroitement liés durant notre incarnation terrestre. Il nous suffit de penser aux personnes que nous voulons voir et notre équipe d'âmes nous aide à rendre visite à toutes celles que nous avons besoin de retrouver. C'est une étape importante, car elle fait partie de la dissolution générale de nos liens terrestres, qui doit se produire avant que notre processus de guérison puisse officiellement commencer dans l'au-delà.

La dissolution des liens terrestres est un processus essentiel que chaque âme doit traverser : nous devons *tous* le faire. Au moment de notre mort, nous pensons encore en fonction de notre forme incarnée, nous nous identifions à notre sexe, au nom que nous portions de notre vivant et nous nous accrochons aux sentiments que nous inspiraient ceux que nous connaissions. Tout cela et plus encore forment ces attachements qui maintiennent nos liens avec l'existence terrestre, et agissent comme une ancre entravant notre progression dans l'au-delà, notre aventure de renaissance.

Ariel donne des détails sur la première étape du processus de détachement abordé dans ce chapitre :

Il est naturel pour chaque âme qui franchit le pas de commencer sa renaissance dans l'au-delà par un retour sur le plan terrestre. C'est un voyage que toutes les âmes doivent faire, parfois plusieurs fois, pour clarifier ce qui s'est passé et s'assurer que les êtres chers qui ont été laissés derrière vont bien. Cela permet aux âmes de se détacher de leurs liens terrestres, ce que nous les aidons à faire en les guidant dans ce processus. Nous leur fournissons tout ce dont elles ont besoin pour rendre visite à ceux qu'elles ont laissés derrière, mais nous veillons à ce qu'elles ne s'enlisent pas.

Le premier retour

Vous voudrez probablement retourner sur le plan terrestre presque aussitôt après votre décès, étant donné que vous serez pleinement conscient de ce qui s'y passe et que vous vous sentirez encore très près de ceux que vous viendrez tout juste de quitter. Vous serez distrait par le chagrin qui étreint vos êtres chers ainsi que par les activités qui entourent votre décès, mais vous serez aussi dans l'anticipation de l'étape qui vous attend dans l'au-delà. Tout se déroule à un rythme accéléré comparé à ce que vous connaissez, ce qui pourra s'avérer très déroutant.

J'ai entendu bien des fois la description de cette première expérience dans l'au-delà que plusieurs esprits sont venus nous communiquer. Voici comment Ben la décrit :

Nous vous emmenons en voyage, un voyage de retour à la maison. Nous vous faisons d'abord faire le tour de l'au-delà, mais vous n'êtes pas autorisé à vous arrêter nulle part ni à prendre part à quoi que ce soit. Vous voyez tout de loin, comme si vous survoliez le périmètre et regardiez les lieux à vol d'oiseau. Vous voyez l'amour qui y règne et la façon dont nous nous soutenons et nous guidons mutuellement. Vous observez le réseau complexe qui nous lie et la liberté dont nous jouissons. Vous comprenez alors que vous voulez rester.

Lors de ce voyage, nous vous emmenons aussi sur le plan terrestre pour que vous rendiez visite aux membres de votre famille et à vos amis dans l'affliction. D'autres membres de votre équipe de soutien vous accompagnent et vous fournissent l'énergie dont vous avez besoin pour faire signe à ceux que vous aimez en leur faisant comprendre que vous êtes toujours des leurs. Vous les réconfortez aussi en les informant que vous avez été accueilli dans l'au-delà et que vous êtes sauf.

Vous leur manquez, mais de votre côté, vous ne ressentez pas la même chose. Vous les aimez et vous voulez qu'ils soient bien, mais ils ne vous manqueront jamais comme vous leur manquez. En effet, vous pouvez retourner dans leur monde au besoin ou ils peuvent faire appel à votre aide.

Pour votre processus de croissance, il est impératif que vous soyez témoin de ce qu'ils traversent et que vous compreniez ce qu'ils ressentent. Ce n'est qu'en étant entièrement présent de façon sincère et ouverte que vous serez capable de conclure vos relations terrestres avant de lâcher prise pour poursuivre votre évolution. C'est ainsi que vous commencez à vous détacher de vos liens et ce n'est que le début de votre voyage de l'autre côté.

Votre premier voyage de retour dans la dimension terrestre est le plus facile de tous parce que sur le moment, vous avez encore beaucoup d'énergie. La Lumière blanche que vous avez traversée au moment de votre passage agit comme source d'énergie et vous permet de communiquer avec vos proches pour leur faire comprendre que vous êtes toujours là. Vous reviendrez pour observer les derniers préparatifs de vos funérailles ou de la commémoration en votre honneur et vous serez témoin de toutes les émotions. Cela pourra s'avérer frustrant, car vous serez dans une autre dimension et vous aurez peut-être envie de sauter sur place devant les gens en criant : *Hé! vous ne me voyez pas? Je vais bien!*

Vous songez peut-être que vous n'aurez pas envie de revenir sur la scène de votre mort, mais toutes les âmes ont l'obligation d'assister et de participer au processus pour guérir sur le plan émotionnel. De plus, comme vous êtes encore attaché au plan terrestre, vous voudrez probablement faire cette visite, surtout si vous n'avez pas eu le temps de faire vos adieux parce que votre décès a été rapide ou tragique.

Vous pourrez aussi voir votre corps, maintenant détaché de votre esprit, bien entendu. Vous serez aussi témoin de différentes situations, par exemple l'irruption précipitée dans la chambre de personnes qui n'ont pas pu arriver à temps pour vous assister au moment de votre mort et qui se sentent maintenant coupables. Vous pourrez entendre leurs échanges, sentir leurs émotions et entendre leurs pensées tandis qu'elles se recueillent autour de votre dépouille.

En rendant visite à ceux que vous aimez, vous pourrez vous tenir près d'eux et tenter de soulager le chagrin que leur cause votre décès. Celui-ci pourra s'avérer accablant, mais c'est une chose à laquelle vous finirez par vous habituer. Vous voudrez peut-être même prendre part à ce qu'ils vivent puisque cela vous aidera à accepter l'événement.

Il arrive souvent que ceux qui restent derrière souhaitent que vous leur apparaissiez dans votre forme incarnée. Or, l'apparition « en chair et en os » est épuisante, car elle exige une quantité phénoménale d'énergie. Par ailleurs, le moment est mal choisi : en effet, même si vos proches vous voient, le choc sera tel qu'ils pourront se détourner. Le temps qu'ils regardent plus attentivement, vous ne serez plus là, ayant disparu sous leurs yeux. Comme elles pourraient susciter un sentiment de regret, intensifié par le chagrin, ces apparitions sont très rares.

Ariel donne plus de détails :

> *Nous qui sommes décédés devons utiliser une somme phénoménale d'énergie pour vous apparaître physiquement. Il est plus facile d'influencer les êtres incarnés pour qu'ils écoutent certaines chansons, par exemple, en les incitant à ouvrir la radio alors qu'ils ne le feraient pas en temps normal. Nous pouvons également leur transmettre une pensée par l'entremise de leur guide pour faire en sorte qu'ils écoutent un enregistrement ou un spectacle à une certaine heure. Ce que les gens veulent le plus, toutefois, c'est que nous nous « révélions » à eux ; or, ce n'est pas aussi facile que vous pourriez le penser. Notre vibration énergétique est beaucoup plus élevée que la leur, étant donné que l'au-delà existe à une fréquence supérieure. De notre dimension, nous devons faire de grands efforts pour abaisser notre taux vibratoire afin qu'il s'accorde à celui des vivants. Il faut du temps pour maîtriser cette technique et certains n'y arrivent jamais, parce qu'ils ne souhaitent plus faire partie de la vie terrestre.*

Votre équipe d'auxiliaires vous montrera comment communiquer lors de votre premier voyage de retour sur terre, en vous enseignant plusieurs façons de transmettre vos messages. Vous pouvez influencer ceux que vous aimez et leur faire remarquer une pièce musicale, leur faire baisser le regard dans la rue pour découvrir une pièce de monnaie portant une date évocatrice, ou écouter les paroles d'un inconnu qui font référence à un sujet qui les touche. Tout cela s'accomplit grâce à un transfert d'énergie et aux processus de pensée qui influent sur le monde matériel à partir du royaume spirituel.

Pour communiquer avec ceux qui vivent sur le plan terrestre, le moyen le plus facile est d'entrer en contact avec eux durant leur sommeil. Vous pourrez aisément entrer dans leur rêve et passer un moment avec leur âme ; au réveil, ils auront le sentiment d'avoir été en votre compagnie, ce qui aura été le cas. Vos âmes auront forgé un lien : comme les individus quittent leur corps grâce au processus naturel du sommeil et du voyage astral, vous pourrez les revoir, échanger avec eux et même vous amuser ensemble.

Tous vos échanges constituent une partie importante de la guérison que vous entreprenez à cette étape de votre séjour dans l'au-delà et il est très naturel de vous y adonner. Pensez simplement aux occasions où vous partez en voyage et vous êtes loin de ceux que vous aimez. Une fois à destination, vous voulez leur donner des nouvelles, par téléphone, message texte ou courriel, simplement pour leur dire : « Hé, je suis arrivé. Il fait un temps splendide et la chambre est fabuleuse. Je vous vois dans deux semaines. Amusez-vous bien ! » Nous le faisons tous puisque se soucier les uns des autres et vouloir rassurer ses proches fait partie de la nature humaine.

Une fois désincarné, il est normal que vous cherchiez à rester près de la dimension terrestre pendant un moment afin de vous occuper de couper les liens. Il est important que vous soyez présent aux célébrations qui ponctuent la fin de votre vie, que vous assistiez à vos funérailles, que vous constatiez les changements dans la dynamique familiale, que vous observiez ceux qui s'occupent de votre succession et de vos biens. Tout cela fait partie du processus d'acceptation de votre mort. Vous serez témoin des querelles et du chagrin que votre mort a suscités. Vous verrez aussi vos êtres chers s'esclaffer en regardant de vieilles photos et en se souvenant des choses amusantes que vous faisiez.

Tout cela fait partie de votre processus de croissance, de votre renaissance. En général, l'âme reste près de la dimension terrestre jusqu'à trois mois, en ce qui concerne le temps humain, ce qui équivaut à une demi-journée dans l'au-delà. La durée du séjour varie selon les âmes, étant donné que chacune a des besoins différents.

Une fois en visite sur terre, vous serez peut-être très tenté de rester plus longtemps, mais rappelez-vous qu'il est extrêmement difficile de progresser dans l'au-delà si vous vous accrochez à la culpabilité et que vous sentez que vos proches vous appellent constamment et désirent que vous restiez. Il viendra un moment où vous devrez accepter de renoncer à ces émotions terrestres. Vous finirez par comprendre que vous aurez d'autres occasions de résoudre vos problématiques plus lourdes à l'étape suivante de votre processus de guérison dans l'au-delà.

Même si vous pouvez quitter l'au-delà et y revenir après votre première visite sur le plan terrestre, cela ne signifie pas que vous n'y retournerez plus. Vous pouvez retourner sur terre pour être avec ceux que vous aimez en tout temps. D'ailleurs, Ariel dit ceci :

> *Au cours des premières étapes de la renaissance, les âmes retourneront souvent parce qu'elles pensent encore en fonction de leur forme terrestre. Il est donc important pour elles d'avoir ce lien. Les êtres chers qui ont été laissés derrière veulent encore, et dans bien des cas ont encore **besoin**, que ces âmes soient là pour eux. Nous essayons de favoriser ce processus, mais les nouvelles âmes oublient qu'elles ne peuvent pas toujours faire les choses à leur guise. Nous, leurs guides, devons leur dire qu'elles gaspillent leur énergie en restant liées à la vie terrestre et en ne l'investissant pas dans leur propre guérison. Nous reconnaissons cependant que les visites sont un élément important d'acceptation de ce côté de la vie. Les âmes ont la possibilité de retourner aussi souvent qu'elles le souhaitent pour favoriser et influencer le processus de deuil de leurs proches.*

Vos guides spirituels seront toujours disposés à vous aider à retourner auprès des personnes avec qui vous étiez lié de votre vivant ; vous pourrez ainsi savoir ce qu'elles pensaient de vous et connaître l'influence que vous avez eue sur leur vie. Tout cela vous prépare à l'étape suivante de votre processus de guérison dans l'au-delà. À ce stade, toutefois, il est important de suivre les instructions de vos auxiliaires en suivant leurs directives pour ce qui est de rester ou de partir, parce qu'en fin de compte, ils savent ce qui est le mieux pour vous. Vous conservez votre libre arbitre, comme toujours, et vous pouvez rester plus longtemps au besoin, mais ne gaspillez pas une énergie qu'il est préférable d'investir dans votre guérison personnelle.

Voici ce qu'en dit Ariel :

> *Certaines âmes retournent plus souvent que d'autres. Certaines ne retournent jamais, parce qu'elles ont fait la paix et qu'elles sont prêtes à accepter leur sort et à poursuivre leur évolution. Par contre, les visites trop fréquentes ou les séjours trop longs s'avèrent désavantageux, car ils retardent l'âme dans la poursuite de son apprentissage dans l'au-delà. En ce qui concerne le temps terrestre, un pas en avant pour vous représente deux pas en arrière dans le développement de l'âme.*

Lors de votre premier voyage de retour sur terre, vous serez entièrement guidé par votre équipe d'auxiliaires qui ont vos meilleurs intérêts à cœur. Ils veulent vous aider à rompre progressivement avec les émotions et les liens de votre vie d'avant, mais ceux qui vous aiment et vous survivent auront peut-être de la difficulté à accepter cette nécessité. Quoi qu'il en soit, conclure vos relations et couper définitivement vos liens terrestres sont une étape nécessaire pour pouvoir passer à la prochaine étape de votre voyage dans l'au-delà.

Lâcher prise et passer à autre chose

Comme vous êtes une âme récemment décédée, il est vital que vous coupiez tous les liens qui vous ont gardé en vie dans votre être incarné avec un ego axé sur les biens matériels qui vous entourent, qu'ils soient petits ou grands. Vous devez vivre pleinement dans l'âme et renoncer à tout ce qui avait de l'importance à vos yeux quand vous étiez incarné – voitures, maisons, émissions de télé – et à tout ce que vous aimiez et vouliez dans votre vie d'être humain. (Voilà pourquoi l'esprit qui s'exprime à travers un médium refusera de parler d'argent, mais se gaussera plutôt de vous en vous faisant remarquer que *vous avez fait quelques dépenses*, puisqu'il vous observait.)

La dissolution des liens fait partie du processus de croissance de toutes les âmes dans l'au-delà. Sachez néanmoins que sous cette forme, vous ne perdrez pas les sentiments que vous ressentez pour les êtres du plan terrestre. Vous ne perdrez pas non plus vos souvenirs de moments mémorables : ces souvenirs sont importants pour votre croissance, puisque vous y puiserez pour établir les leçons de votre prochaine incarnation.

Quoi qu'il en soit, parmi les choses qui ont déjà eu de l'importance à vos yeux, certaines n'auront plus aucun sens après votre décès. Ainsi, les objets et les biens matériels n'ont plus aucune valeur. Les étiquettes en tout genre disparaissent également, y compris les surnoms et même les prénoms. Une fois dans l'au-delà, vous reprenez votre nom d'âme originel, c'est-à-dire votre nom véritable. Comme je l'ai mentionné dans un chapitre précédent, mon fils Charlie a insisté pour que je l'appelle « Sam » durant des années, puisque c'était son nom au « paradis ».

Ariel explique plus en détail à quoi les âmes s'accrochent :

> Les personnes restées sur terre aimeraient que vous vous souveniez de certaines choses lorsque vous revenez échanger avec elles, par exemple leur pièce musicale préférée ou leur couleur favorite. Or, ce n'est pas cela qui est significatif.

> En tant qu'âme, vous ne perdez pas votre personnalité, car elle vous accompagne. Vous gardez le souvenir de ce qui est significatif, comme les moments d'apprentissage et les souvenirs de famille. Vous chérirez surtout les moments qui ont changé votre vie et vous ne les oublierez pas. Le reste n'est pas pertinent. Cela semble sévère, mais c'est ainsi que sont les choses. Vous ne conservez que ce qui est vraiment important.

Je dois souligner ici que même si les âmes restent généralement en contact avec leurs proches sur terre, certaines refusent de revenir et ne donnent aucun signe de leur présence à leur famille. Si vous êtes la personne qui est laissée derrière, vous êtes probablement très malheureuse et bouleversée de ne pas recevoir de visite. Il est difficile d'accepter qu'un être cher soit tout simplement « parti ». Vous devez cependant comprendre qu'en ayant affaire à une âme, vous avez affaire à une personnalité. Si la personne était entêtée de son vivant, elle le sera dans l'au-delà, surtout si elle vient juste d'effectuer la transition, en raison de ses liens encore solides avec la terre.

Plusieurs raisons expliquent que certaines âmes refusent de rendre visite ou de faire sentir leur présence à leur famille et à leurs amis en deuil : certaines éprouvent des difficultés avec leur transition en dépit de leur préparation, d'autres ne veulent pas revenir parce qu'elles souffrent trop devant le chagrin de ceux qu'elles ont laissés derrière, d'autres encore ont fait leurs adieux et sont impatientes de s'élever dans les royaumes de l'au-delà. Vous devez songer à la personnalité de votre cher disparu de son vivant, cela vous aidera à expliquer sa présence (ou son absence) durant la période qui suit immédiatement son décès.

L'histoire de Natasha

De mon côté, j'ai reçu plusieurs visites d'âmes qui venaient de passer dans l'au-delà et même si je suis censée en avoir l'habitude, pareils événements ne cessent de m'étonner. L'histoire suivante illustre comment une âme peut revenir sur terre en apparence très peu de temps après sa transition. Cette histoire m'a enseigné qu'une visite pareille peut s'avérer profondément marquante, puisque l'âme qui revient a la capacité d'influencer favorablement un être cher et de l'aider à reprendre le cours de sa vie. Il s'agit selon moi d'un très beau compte rendu et de la conclusion idéale à ce chapitre.

Ma chère amie Frankie Leigh avait une nièce par alliance, Natasha Shneider, qui était une auteure et une chanteuse célèbre en Russie et aux États-Unis. Natasha luttait contre le cancer depuis un moment et, suivant la recommandation de Frankie, avait commencé à venir me consulter pour des traitements de guérison, bien que ce soit moi qui lui aie rendu visite à la maison vers la fin de sa maladie. Même si elle était inconsciente à ce stade, j'ai pu communiquer avec elle comme je l'avais fait par la pensée avec ma grand-mère Frances au moment de son agonie. Fait intéressant, Natasha m'a montré qu'elle voulait aider son mari, Alain Johannes, à poursuivre sa passion dans l'industrie de la musique et je lui ai transmis ce renseignement.

Natasha a combattu la maladie longtemps et avec énergie, mais à un certain moment, j'ai dû annoncer à Frankie que sa nièce n'allait pas s'en tirer. Mes traitements de guérison n'aidaient pas son corps, mais plutôt son âme à se préparer à la transition dans l'autre monde. Alain, Frankie et le reste de la famille se voyaient forcés d'accepter la perte imminente de leur bien-aimée Natasha.

Je partais pour l'Angleterre et je me suis arrêtée pour voir Natasha en me rendant à l'aéroport. Je savais que c'était la dernière fois que je la voyais et je me sentais coupable de ne pas pouvoir être là pour aider son âme à faire la transition. Une fois en Angleterre, je suis passée à mon église spiritualiste locale, le groupe spirituel Studley, et je me suis assise dans l'assistance tandis que sur la tribune, le médium transmettait des messages aux membres. Brusquement, j'ai senti une présence et l'envie de vérifier mes messages téléphoniques. Il y avait le texte que j'appréhendais.

Natasha chantait dans un groupe appelé « Eleven ». Elle était décédée paisiblement dans son sommeil à 23 h 11. J'ai dû quitter la salle un moment pour me reprendre et lorsque je suis revenue, le médium m'a ciblée et m'a transmis un bref message de Natasha. Sur le chemin du retour, je me suis arrêtée au magasin. En retournant à ma voiture, j'ai vu Natasha sur le siège du passager, l'air rayonnant, souriant de son beau sourire. J'ai fermé les yeux et reçu un message qu'elle destinait à Alain, son mari dévoué, dans lequel elle lui disait que même morte, elle serait toujours là et l'aiderait dans ses rêves.

Il n'est pas rare que je reçoive la visite d'un esprit qui vient de faire la transition. C'est pourquoi Natasha a surgi brièvement : elle savait que je transmettrais le message directement à Alain. C'était sa façon à elle de me dire : *Regarde, je suis ici et je vais bien !* Voici le texte du message que Natasha m'a transmis et que j'ai envoyé à Alain : *Paisible, aucune souffrance et c'était tellement bon de partir. Je vous aime tous et merci. C'était plus facile que je pensais. Sois fort, bébé.*

Aujourd'hui musicien chevronné, Alain fait partie de Them Crooked Vultures, un groupe qui voyage à travers le monde. Natasha et Alain ont écrit ensemble *Time for Miracles*, la chanson qui a récemment été enregistrée par Adam Lambert, participant à l'émission *American Idol* et vedette montante de la chanson populaire. Chaque fois qu'il se produit quelque chose d'étonnant dans la carrière d'Alain, toute la famille s'exclame à l'unisson : « C'est Natasha ! »

J'espère que les chapitres précédents vous ont donné une idée de ce qui vous attend en quittant la dimension terrestre. La troisième partie vous entraîne à travers les étapes de votre vie de l'autre côté, période où vous vous concentrerez sur l'acceptation de tout ce qui s'est produit durant votre incarnation terrestre en l'accueillant et en atteignant la complétude avec les êtres et les événements. Grâce à ce processus et au soutien de votre équipe spirituelle, vous vivrez votre renaissance dans l'au-delà.

Troisième partie

PROCESSUS DE GUÉRISON

Chapitre 10

Entrée en matière : la salle d'Attente

En rentrant de votre première visite sur terre, vous commencez votre processus de guérison dans l'au-delà. Vous y avez été préparé en franchissant le voile et en entrant dans la Lumière blanche, en rencontrant vos compagnons d'âmes et en coupant vos liens terrestres. Chacun de ces événements a été soigneusement planifié et structuré pour vous aider à progresser dans votre évolution d'âme.

Ariel explique à quel point le processus de guérison est crucial :

> La guérison est un processus important que toutes les âmes doivent vivre durant leur séjour dans l'au-delà à cause des blessures, du chagrin, de la souffrance ou de la maladie vécue durant l'incarnation terrestre. Ce n'est pas facile. Par contre, c'est une étape nécessaire de la renaissance que l'âme doit entreprendre avant d'obtenir l'autorisation de passer dans les royaumes supérieurs pour acquérir un savoir plus pénétrant dans une dimension plus spirituelle.

> Bien des âmes passent de ce côté en croyant avoir vécu une existence spirituelle et s'imaginent posséder l'entendement spirituel, alors que ce n'est généralement pas le cas. Une fois qu'elles entament le processus de guérison, leurs yeux se dessillent, pour parler par métaphore, et elles voient la lumière. Notre tâche consiste à faire en sorte que les âmes comprennent ce qu'elles sont venues accomplir ici. C'est quelque chose que nous ne pouvons pas faire pour elles, car cela fait partie de leur processus de guérison.

Parmi les âmes qui arrivent dans l'au-delà, certaines ont besoin de guérir des douleurs et de la souffrance qu'elles ont endurées dans le corps physique; par ailleurs, leur corps énergétique, leur aura, a souvent besoin d'être réparé lui aussi. L'état d'affaiblissement des âmes à leur arrivée peut expliquer la brièveté de leur première visite sur le plan terrestre. Elles doivent refaire leurs forces afin de pouvoir faire face au processus de guérison et d'être prêtes à apprendre et à comprendre leurs leçons de vie.

Chaque étape de votre processus est vitale pour votre évolution. Bien entendu, votre équipe d'auxiliaires vous guidera et il est important que vous suiviez leurs conseils. Même si vous avez déjà vécu le processus en passant de l'autre côté à la fin de vos incarnations précédentes, vous pouvez facilement oublier à quoi il ressemble. Le fait de passer à côté d'une des étapes pourra avoir un impact sur votre prochaine incarnation sur le plan terrestre, en affectant votre façon de mener et d'embrasser votre vie.

Votre âme change, grandit et apprend constamment, de sorte que vous devez suivre le processus planifié pour vous. Ce n'est pas toujours ce qu'il y a de plus facile : l'étape de guérison est un passage obligé que plusieurs âmes n'aiment pas particulièrement traverser. En lisant tout de suite sur le sujet, *avant* que votre heure soit venue, vous pourrez changer de point de vue sur votre style de vie et votre mode relationnel. Cela pourra faire partie de votre processus de guérison, puisqu'il est vrai que la guérison est aussi fondamentale dans cette vie que dans l'autre.

Guérir sur les deux plans

Le processus de guérison du plan terrestre est très semblable à celui qui vous attend dans l'au-delà. Dans la vie, vous devez vous remettre de vos relations malsaines ou décevantes, des catastrophes financières, de certains attachements maladifs, de toutes ces situations négatives qui vont de pair avec l'existence humaine. Vous prenez naturellement le temps de faire votre deuil puis, à un moment donné, vous êtes prêt à passer à autre chose.

Il n'y a pas une bonne ou une mauvaise façon de gérer une situation négative, mais il est préférable de ne pas la balayer sous le tapis ou de la laisser suppurer de l'intérieur. Il vaut mieux se montrer proactif et faire disparaître les blocages qui nuisent à votre évolution afin de pouvoir poursuivre votre développement personnel. Combien de fois avez-vous pris la décision de sortir d'une relation malsaine, par exemple, pour voir votre vie changer subitement et quelque chose de plus positif se produire ? Comme le dit le dicton, « quand une porte ferme, une autre s'ouvre ».

Vous pouvez préparer de votre vivant votre processus de guérison dans l'au-delà en enrichissant le plus possible votre vie sur le plan spirituel. Votre ego est un facteur de cette équation parce qu'il peut nuire à votre compréhension et à votre application pratique d'une vérité spirituelle fondamentale, c'est-à-dire que votre vie est exactement comme le destin l'a tracée. Il est difficile pour l'ego d'accepter que *tout soit exactement comme il se doit.*

Votre croissance spirituelle est entravée lorsque votre ego influence vos décisions et vos choix. Vous pouvez le circonvenir en accueillant et en estimant tout ce que la vie vous envoie, même les épreuves, puisque tout cela vous est donné pour une raison particulière et avec un but précis. Sachez que vous avez vous-même planifié cette incarnation exactement comme elle se déroule et que vous avez tout organisé avant de venir sur cette planète : cela fait partie du plan d'évolution de votre âme. La reconnaissance de cette réalité rendra votre vie sur terre et dans l'au-delà plus harmonieuse et beaucoup plus agréable.

En tant qu'êtres humains incarnés sur terre, nous cherchons constamment à améliorer notre existence et à combler nos manques apparents. L'herbe semble peut-être plus verte chez le voisin, mais bien souvent ce n'est pas le cas. La vérité est que ce que vous avez en ce moment – vos biens, vos relations et votre situation, peu importe ses difficultés – correspond exactement à ce que vous étiez censé avoir. Pour ma part, à ce stade de ma vie, je peux dire que j'ai tout ce dont j'ai besoin. Tandis que j'écris, j'ai de la musique à écouter, j'ai mon portable pour travailler, ma vision, ma capacité de taper un texte, ma connaissance de l'au-delà, mon équipe d'adjoints et dans mon cœur, l'amour qui me soutient à tous les instants de l'écriture de ce livre. À mes yeux, rien ne manque !

Lorsque *vous* serez capable d'accepter cette réalité que vous avez tout ce qu'il vous faut en tout temps, vous découvrirez comment être heureux avec ce que vous avez. Cela n'a aucun rapport avec le grand luxe, le plus gros diamant, les vêtements à la dernière mode ou la maison la plus chic. C'est plutôt le fait d'avoir de l'amour dans le cœur et d'accepter que vous avez le sort que vous méritez, indépendamment de la forme qu'il prend. C'est ce que vous devrez finir par accepter en entreprenant votre processus de guérison dans l'au-delà. La vie est une question d'amour, non de biens matériels.

Certaines personnes, hommes et femmes, ont le sentiment que leur existence est trop difficile, qu'elles sont les victimes de la vie. Il est vrai que certains ont plus de défis que d'autres à relever. Vous découvrirez néanmoins à la lecture de ces pages qu'en fait, vous recevez seulement ce que vous choisissez. Vous avez choisi votre vie pour une raison particulière et il est important que vous le compreniez. Il ne faut pas que vous regardiez les autres et que vous soyez jaloux de leurs biens matériels; en réalité, vous êtes peut-être beaucoup plus heureux et votre vie est peut-être beaucoup plus remplie d'amour.

Une fois que vous aurez saisi cela, votre parcours des étapes de guérison dans l'au-delà sera beaucoup plus facile, tout comme le reste de votre séjour. Il en est dans l'au-delà comme dans la vie terrestre: vous devez vous abandonner à ce que vous avez et accepter que vous soyez toujours au bon endroit au bon moment. Vous avez tous les renseignements que vous avez besoin de connaître pour l'instant, rien n'est dissimulé ou tu, et vous recevrez toujours précisément ce qu'il vous faut au moment où vous en avez besoin.

Ben parle ici de regarder en nous de notre vivant pour trouver les réponses et aborde la manière dont cette quête intérieure est reliée à la poursuite de notre guérison de l'autre côté :

Nous recevons tous de l'aide en cours de route, mais certains choisissent de ne pas l'accepter et ont par conséquent une vie difficile. Bien entendu, vous avez le libre arbitre et vous pouvez choisir ce que vous voulez, mais vous finirez par comprendre que votre vie est difficile parce que vous n'avez pas cherché en vous l'aide et les réponses qui s'y trouvent.

Vous direz peut-être que c'est ce que vous avez fait, mais est-ce vraiment le cas ? Vous avez peut-être lu un livre et essayé de calmer votre esprit et de faire taire le bavardage incessant de vos pensées et de vos émotions. Cependant, avez-vous fait le choix d'ouvrir les yeux, d'examiner votre vie et d'en remettre chaque aspect en question en appliquant les conseils que nous vous donnons ?

Regarder en vous signifie que vous avez le courage d'examiner vos motivations, vos désirs, vos plus grandes peurs, tout l'assortiment, sans rien cacher, sans rien nier. Ce n'est pas tout le monde qui est disposé à regarder aussi loin. C'est l'une des choses parmi les plus difficiles et aussi la moins agréable qui soient. Voilà pourquoi tant de gens se débattent en disant que la vie est dure, pénible. Ils ne sont pas allés loin en eux-mêmes, ils ne se sont pas vraiment trouvés. Leur vie est presque entièrement tournée vers l'extérieur et ils s'arrangent pour plaire aux autres plutôt qu'à eux-mêmes. Ainsi, ils ne sont jamais obligés de faire de l'introspection. Et ils n'aimeraient pas les réponses reçues, même s'ils s'y essayaient, parce qu'elles pourraient les obliger à changer et à dépasser leur zone de confort.

Le fait est qu'à un moment donné, vous devrez regarder en vous et faire face de façon responsable à tout ce que vous avez écarté jusque-là. Si vous remettez ce processus au jour J, vous ne faites que retarder l'inévitable et l'exercice n'en sera que plus pénible.

Ce n'est jamais facile, mais vous devez faire ce travail intérieur de votre vivant pour évoluer, ou le faire dans l'au-delà où votre processus de guérison l'exigera. Lorsque vous examinerez votre vie à ce moment, vos sens seront aiguisés et vos émotions, bien vivantes, ce qui fait que vous ressentirez vraiment ce que vous avez manqué de votre vivant. Pourquoi ne pas le ressentir tout de suite sur terre ? Pourquoi rechigner à la tâche ?

La vie est parfois difficile, mais les situations les plus pénibles sont toujours celles qui nous aident lorsque nous sommes prêts à examiner nos vies avec honnêteté. C'est le chemin du bonheur ultime, ici comme dans l'au-delà. Je me suis retrouvée bien souvent dans des situations qui, je le croyais, me rendraient heureuse, alors que ce n'était pas le cas. Aujourd'hui, je comprends qu'il fallait que je traverse ces expériences difficiles, parce qu'elles m'ont aidée à définir ce que je voulais vraiment, ce dont j'avais réellement besoin. Grâce à cette nouvelle prise de conscience, j'ai compris ! *Des portes se ferment et d'autres s'ouvrent* est une vérité fondamentale qu'il faut comprendre pour être heureux.

Quel lien tout cela a-t-il avec la survie de l'âme ? En mots simples, il n'est qu'humain de vivre des situations difficiles et douloureuses puisque c'est ainsi que nous apprenons et grandissons. C'est exactement pareil de l'autre côté. Autrement dit, tout ce que vous traversez dans votre incarnation vous aidera dans l'au-delà.

Qui plus est, la guérison que vous vivez dans l'au-delà libérera toute la négativité que vous aurez expérimentée sur le plan terrestre. Par contre, vous devrez pour cela revoir votre vie et l'analyser de près, un processus qui commence par un coup d'œil à votre contrat d'incarnation originel, que je décris plus loin dans ce chapitre. Une fois que vous avez évolué dans votre processus de guérison, vous êtes libre de passer aux royaumes supérieurs avec une âme pure, riche d'amour et lavée de la négativité qui vous a affecté dans votre incarnation.

Vue d'ensemble du processus

J'aimerais maintenant vous donner une vue d'ensemble du processus de guérison en me servant d'une analogie amusante que j'emploie souvent.

Imaginez un *magasin à rayons*, comme Macy's ou Sears. Comme dans l'au-delà, ce type de magasin comporte plusieurs services qui facilitent la circulation des marchandises reçues, de leur arrivée à leur placement en tablette. C'est pareil dans l'au-delà, en ce sens que les âmes évoluent dans un continuum de guérison et de croissance.

Certains de mes lecteurs seront peut-être offensés par cet exemple qu'ils jugeront irrespectueux. Or, je m'en sers depuis des années pour aider les êtres du plan terrestre à comprendre le passage dans l'au-delà et le processus de guérison. En de nombreuses occasions, j'ai entendu mes guides me suggérer cette analogie lors d'une lecture et c'est ce que je fais. Elle aide les gens à se faire une idée claire de l'au-delà et c'est aussi une image facile pour comprendre la configuration des lieux. Par conséquent, passez outre votre vexation si vous le pouvez afin d'accéder à la clarté et la compréhension.

Un autre point important avant que je poursuive mon analogie : dans un *magasin à rayons*, la circulation des marchandises du manufacturier à l'étalage suit une progression linéaire, de A à B à C, tandis que l'expérience de l'âme dans l'au-delà est tout sauf linéaire. Le véritable progrès de l'âme est plutôt *cyclique*, ce qui signifie que ses mouvements incluent plusieurs allers-retours. L'âme pourra passer du point A au point B et revenir au point A avant de passer au point C. Quelle que soit sa forme, la guérison emprunte toujours cette progression cyclique, sur le plan terrestre comme dans l'au-delà. Puisque je dois employer une progression linéaire pour me faire comprendre, gardez cette vérité plus globale à l'esprit en lisant cette partie ainsi que les chapitres subséquents sur le processus de guérison.

Donc, pour revenir à mon analogie, tous les magasins à rayons ont un service de réception des nouvelles marchandises, en général un quai de chargement. Comme vous l'avez lu, les âmes qui viennent d'arriver sont accueillies de la même manière dans la salle des Retrouvailles de l'au-delà par leur équipe d'auxiliaires, après leur traversée de la Lumière blanche.

Au magasin, les marchandises sont reçues et vérifiées au quai de chargement, processus que l'on appelle le « contrôle des stocks ». Ensuite, on fait l'inventaire des marchandises reçues afin d'établir le contenu de la livraison. Dans le cas des âmes, la salle d'Attente de l'au-delà représente leur entrée dans le processus de guérison, leur initiation. C'est dans cette salle que les âmes entreprennent l'inventaire de ce qu'elles ont accompli ou non durant leur incarnation et que tout cela est comparé aux ententes conclues avant la naissance, c'est-à-dire au contrat d'incarnation.

Au magasin, une fois qu'elles ont été vérifiées et inventoriées, les marchandises sont placées dans un entrepôt en attente de classement, avant leur répartition sur la surface de vente. Une fois que vous serez une âme dans l'au-delà, vous passerez un certain temps dans une aire d'attente, dite « salle de Projection », où vous ferez le tri de tous les aspects de l'incarnation qui vient de se terminer. C'est dans cette salle que vous reverrez votre vie et que vous aurez la chance de rectifier les torts que vous avez causés sur le plan terrestre.

Dans le *magasin à rayons*, les marchandises classées sont prêtes pour la répartition sur la surface de vente et l'acheminement dans les rayons appropriés. Dans l'au-delà, les âmes qui ont terminé le bilan de leur vie sont prêtes à se diriger vers les différentes salles de guérison où elles poursuivront un travail plus poussé qui leur permettra de continuer à apprendre et à grandir.

Vers la fin du processus de guérison, les âmes arrivent à la salle de Tutelle, qui ressemble au bureau du gérant d'un *magasin à rayons*. Dans l'au-delà, il s'agit du niveau des Aînés et d'autres entités très évoluées, dont la tâche consiste à aider les âmes à évaluer leurs progrès et à planifier par la suite leur orientation dans l'au-delà. Ceux qui retournent sur le plan terrestre sont dirigés vers la salle de Présélection, que l'on pourrait comparer à l'endroit où les marchandises retournées sont entreposées dans la perspective de leur remplacement éventuel. Les âmes qui passent par cette salle sont préparées à la réincarnation et autorisées à regarder et à choisir leurs parents ainsi que des situations possibles pour leur prochain séjour sur terre.

Au-delà de la salle de Tutelle et de la salle de Présélection s'étend le vaste territoire de l'au-delà qui comprend le domaine des anges et de Dieu, un lieu que je désigne sous le nom de « Source ». Dans ce cas, il n'y a pas d'analogie possible avec la terre, aussi je n'essaierai pas d'en faire une!

Début de l'initiation

Votre processus de guérison commence officiellement dans la salle d'Attente. Vous restez dans cette salle jusqu'à ce que ce soit à votre tour d'être appelé à vérifier votre contrat d'incarnation originel. Il s'agit des ententes que vous avez conclues avec l'Esprit avant de vous incarner dans l'existence que vous venez de quitter.

Dans cette salle, on procédera aussi à votre inscription et l'on vous fournira, ainsi qu'à votre groupe d'âmes apparentées, votre itinéraire de cheminements et de séjours thérapeutiques. Pour reprendre mon analogie du *magasin à rayons*, une fois inscrites, les marchandises sont regroupées et réparties dans différentes sections du magasin. Les chapeaux pour femmes sont envoyés dans une section, tandis que les chaussures pour hommes sont dirigées vers une autre. C'est la même chose dans le cas des âmes : vous êtes envoyé à l'endroit approprié, avec votre groupe. L'appréhension n'a pas sa place dans ce processus, étant donné que l'amour que vous avez ressenti au moment de la transition est encore avec vous, c'est un état permanent.

En attendant de faire votre inscription, vous avez l'occasion de vous habituer à l'expérience de l'au-delà. J'ai mentionné que le temps passe plus vite et que l'activité est accélérée de l'autre côté, à tel point que si vous regardiez la vie dans l'au-delà avec vos yeux humains, vous ne verriez qu'une masse confuse de formes filer devant vous à toute vitesse.

Vous aurez peut-être même observé le phénomène alors que vous êtes toujours incarné, en captant de minuscules étincelles du coin de l'œil. C'est le signe que les esprits essaient de communiquer avec vous en se manifestant dans votre vision périphérique. Contrairement à l'âme, le corps doit d'abord réagir à ce que voient les yeux et l'enregistrer dans le cerveau pour que ce dernier envoie un message aux muscles. Lorsque les muscles réagissent, l'humain agit ou exprime une émotion. Le mécanisme de la forme humaine ralentit ce qui est un processus rapide pour les âmes libérées de leur enveloppe charnelle.

Il faut s'habituer à d'autres phénomènes dans l'au-delà, comme l'absence de jour et de nuit. Les âmes n'ont pas besoin de sommeil, mais peuvent se reposer si elles le désirent. Même en restant attachées à notre monde, elles sont dans une dimension totalement différente et n'ont donc pas besoin de nuit et de jour. Les âmes n'ont pas de sexe non plus, de sorte qu'il n'y a pas d'âme féminine ou masculine. Elles conservent cependant certains aspects de leur personnalité terrestre.

L'au-delà présente un aspect merveilleux à savoir l'absence d'hostilité et de danger : tout y est calme et paisible. Vous constaterez que l'atmosphère est accueillante en tout temps et vous avez la certitude qu'il n'y a rien à craindre. Vous êtes toutefois tributaire de votre état d'esprit. Vous créerez donc votre expérience à partir de l'état d'esprit que vous déciderez d'adopter, exactement comme vous le faisiez sur terre. Par conséquent, vous pourrez projeter un état d'esprit négatif et recevoir de la négativité en retour. De la même manière, en projetant de l'énergie positive, vous recevrez de l'énergie positive en retour. *Qui se ressemble s'assemble* reste une règle dans l'au-delà comme sur terre.

Ben partage les informations suivantes pour expliquer plus en détail le déroulement de votre passage dans la salle d'Attente:

Vos guides vous amèneront vous inscrire au processus de guérison de l'au-delà. Bien qu'il puisse durer un certain temps, vous devez vous rappeler que le temps tel que vous le connaissez dans la dimension terrestre n'est pas le même ici. L'essence du temps n'existe pas, il n'a ni début ni fin.

Vous recevrez une liste de vérification de certaines clauses du contrat que vous avez conclu avant de retourner sur terre dans votre plus récente incarnation. Cette liste comprend tout ce que vous avez accepté d'accomplir, les leçons que vous avez accepté d'apprendre, les individus que vous avez accepté d'aider et ceux dont vous avez accepté l'assistance. Elle inclut également les personnes influentes de votre existence (et leur mode d'intervention), vos bonnes et vos mauvaises actions, vos problèmes de santé et votre guérison, vos pertes et vos gains financiers, les amours qui entreraient et sortiraient de votre vie. Bref, tout ce que vous étiez censé accomplir sera inscrit sur cette liste de vérification établie d'après votre contrat d'incarnation. Ajoutez à cela tout ce que vous aurez accompli d'autre durant votre séjour sur le plan terrestre et qui ne faisait pas partie de votre contrat originel.

Tout cela est inscrit sur votre liste de vérification et vous devrez tout affronter dans la phase suivante de votre guérison, le bilan de vie, afin de pouvoir poursuivre votre processus de guérison.

Remplir votre contrat et accomplir votre destin

En arrivant dans la salle d'Attente, vous êtes accueilli par un Aîné, c'est-à-dire un esprit directeur en possession de votre contrat d'incarnation. Quand j'ai fait la connaissance de Josiah, il m'a confié que le terme *Aîné* n'était qu'une étiquette et qu'il ne considérait pas que son statut était plus élevé que celui d'une autre âme. Il a clairement fait savoir qu'il poursuit toujours son évolution et son apprentissage, comme nous le faisons tous dans l'au-delà. Néanmoins, cette âme très évoluée a choisi d'accueillir les nouvelles âmes au moment de leur initiation à l'au-delà, en plus de ses autres tâches que je décrirai dans un chapitre à venir.

Comme Ben l'a expliqué en canalisation dans la partie précédente, votre contrat d'incarnation contient les leçons que vous vous êtes engagé à apprendre durant votre séjour sur le plan terrestre. Nous avons tous un contrat semblable, une entente que nous avons établie avec l'aide de notre Aîné et de nos guides spirituels pour noter et confirmer les leçons à apprendre.

Votre incarnation est prédestinée avant votre naissance puisque votre contrat est établi à vie. Par contre, comme vous détenez toujours votre libre arbitre, vous pouvez faire des choix et prendre des décisions qui n'en font pas partie. Pour comprendre cette apparente contradiction, la prédestination et le libre arbitre, suivez-moi dans ce scénario imaginaire.

Imaginez que vous faites des courses et que vous laissez une ordonnance à la pharmacie en passant. Pendant que l'on s'occupe de la remplir, vous décidez de faire quelques achats. En sortant d'un magasin, alors que vous vous apprêtiez à retourner à la pharmacie, vous croisez un vieil ami que vous n'avez pas vu depuis longtemps. Vous décidez d'aller boire un café ensemble pour échanger de vos nouvelles. En fin de compte, le plan prédestiné consistait à aller chercher le médicament prescrit par votre médecin, mais en vertu de votre libre arbitre, vous l'avez modifié en choisissant d'aller boire un café avec votre vieil ami.

Certains se demanderont peut-être si cette rencontre était vraiment une question de libre arbitre ou si elle n'était pas destinée à se produire, autrement dit prédestinée. Comme vous avez toujours le choix de faire autre chose, la participation de votre ami au plan est accessoire. Considérez les choses sous cet angle : aller chercher ce médicament est la partie prédestinée, mais c'est à vous que revient le choix du *moment* et de la *manière*. Cela ressemble au contrat conclu dans l'au-delà, qui exige de nombreux accomplissements ; il y aura toujours des mises à l'épreuve en cours de route et vous devrez toujours faire des choix en faisant appel à votre libre arbitre.

Votre contrat d'incarnation est sacré, c'est une entente que vous devez honorer. Lors de votre rencontre d'inscription avec votre Aîné, vous étudierez la liste des clauses que vous n'avez pas encore remplies et qu'il vous reste à respecter. Dans ce cadre, vous rencontrerez aussi des personnes importantes, qui sont vos maîtres sur le plan terrestre et dans l'au-delà. Il s'agira le plus souvent de personnes qui font partie de votre famille d'âmes depuis plusieurs incarnations, surtout celles qui ont été envoyées pour marquer votre vie. Ainsi, vous aurez peut-être signé une entente mettant en jeu une personne avec qui vous vivrez une relation amoureuse. Votre couple ne durera peut-être pas, mais vous devrez quand même remplir les termes de votre contrat avec cette personne, en complétant les leçons que vous avez accepté d'apprendre avec elle.

Laissez-moi vous expliquer cela plus en détail à l'aide d'un exemple très personnel. Dans l'une de mes vies antérieures, j'ai été enceinte d'un homme qui est aujourd'hui Simon, le père de mon fils. Dans cette vie antérieure, il ne voulait pas de cet enfant, pas plus que sa mère d'ailleurs (qui n'est pas ma mère dans la présente incarnation). Cédant à leurs pressions, j'ai accepté à mon corps défendant de me rendre chez une faiseuse d'anges et comme nous étions à l'époque où ces opérations se pratiquaient sans anesthésie, l'expérience a été extrêmement doulou-reuse. Des complications causées par l'intervention ont entraîné une infection de ma région pelvienne, laquelle s'est répandue dans tout mon organisme, mettant finalement fin à mes jours.

Tout cela est très intéressant parce que, dans cette incarnation, j'ai eu de graves problèmes de santé dans la région pelvienne. Alors que l'on m'avait répété durant des années que je serais incapable de concevoir à cause de mes problèmes gynécologiques et d'autres problèmes de santé, le miracle s'est produit lorsque Simon et moi avons eu une relation : je suis tombée enceinte.

Un autre point intéressant est que ma mère dans cette vie voulait que j'y pense à deux fois avant d'avoir ce bébé, étant donné que je venais tout juste de sortir d'une relation. À l'évidence, elle était inquiète à l'idée que j'en commence une autre. Ayant néanmoins conclu que ce serait ma seule chance d'avoir un enfant, j'ai décidé de vivre ma grossesse et d'avoir Charlie. (J'avais raison de croire que c'était ma seule chance : j'ai subi une hystérectomie peu après sa naissance.)

Même si Simon et moi ne sommes plus en couple, nous avons toujours une bonne relation, après avoir surmonté les nombreuses difficultés qui ont ponctué nos chemins respectifs. Comme nous avions déjà partagé plusieurs vies, notre contrat d'incarnation exigeait que nous nous rencontrions de nouveau pour avoir un enfant ensemble. Je crois que nous étions destinés, Simon et moi, à devenir parents, tant dans cette vie que dans celle qui l'a précédée, pour nous aider à assumer nos responsabilités. Je crois aussi que Charlie nous a choisis pour parents parce que nous serions en mesure de lui fournir les leçons dont il avait besoin pour exercer son influence sur un grand nombre d'autres personnes grâce à ses dons spirituels. Et je vous le dis en toute sincérité, la main sur le cœur : ce garçon m'a sauvé la vie plus d'une fois.

J'étais censée devenir mère et grandir grâce à cette expérience, apprendre à mieux comprendre les gens, à aimer et à être responsable. Tout cela était inscrit dans mon contrat et j'ai choisi ma vie, comme vous avez choisi la vôtre, avant de venir sur terre, en me basant sur ce que je devais accomplir dans cette incarnation et ce qu'il me restait à compléter des précédentes.

Votre contrat d'incarnation est une entente dont vous ne pouvez vous retirer : elle vous lie pour plusieurs vies. Vous êtes guidé dans toutes ces incarnations par vos guides qui, à votre insu, vous placent dans des situations auxquelles vous aurez le goût de participer ou pas selon le cas, mais qui s'imposent pour entraîner les grands événements grâce auxquels vous pourrez remplir votre contrat. Vous serez placé « par hasard » avec des personnes qui changeront votre vie, mais aucune de ces rencontres ne sera vraiment une coïncidence. Vous êtes guidé et dirigé en fonction du plan qui vous aidera à remplir votre contrat au meilleur de vos possibilités. Si vous vous abandonnez à l'Univers et que vous n'essayez pas d'enfoncer le clou, vous le remplirez de telle sorte que ce sera ainsi que les choses devaient se faire.

La rencontre des personnes avec qui vous avez conclu une entente avec un but précis n'est pas toujours évidente ou facile. J'ai fait la connaissance récemment d'une personne qui, je le sais, fait partie de mon contrat d'incarnation, comme je fais partie du sien. Nous n'avons pourtant pas encore découvert la nature de notre collaboration dans son ensemble. Nous savons toutes deux qu'en nous associant, nous aiderons beaucoup de gens, ce qui n'empêche pas que nous avons dû rire de la situation, parce que nous avons fait connaissance alors que je vivais des changements, ce qui a entraîné beaucoup de perturbations des deux côtés et fait en sorte que le moment opportun semble trop lointain pour que nous puissions œuvrer de façon significative ensemble. Nous aurions beaucoup aimé que notre relation soit plus harmonieuse, mais le fait est que nous avons été mises à l'épreuve pour voir si nous allions pouvoir surmonter les obstacles et travailler ensemble cette fois, complétant ainsi nos contrats grâce aux leçons que nous avons tirées des deux autres fois où nos chemins se sont croisés.

En très peu de temps, il est possible d'apprendre suffisamment de leçons pour influencer le reste de votre vie. Avoir la foi ou l'esprit ouvert à la spiritualité s'avérera particulièrement utile pour vous aider à remplir votre contrat. Notez que la foi n'est pas tant une question de religion que de croyance en vous, de confiance que vous pouvez accomplir ce que vous désirez, tant que cela sert votre dessein supérieur et que vous n'utilisez pas les autres comme marchepieds pour y arriver.

Regarder en vous pour trouver vos réponses est la clé de la guidance qui sera toute votre vie à votre portée. La méditation est aussi une pratique essentielle : en effet, si vous parvenez à vivre dans le présent et à ralentir votre esprit pour vous tourner vers des questions moins matérielles, vous recevrez tous les outils nécessaires à votre croissance et à l'accomplissement de ce que vous entreprendrez.

Pour conclure, Ben nous rappelle l'importance de regarder en nous pour comprendre la vie :

La méditation est la clé qui vous donne accès au savoir et à la compréhension de la vie, certainement de la vie que vous vivez en ce moment et aussi des nombreuses autres que vous avez vécues auparavant.

Il y a tout un univers qui attend que vous l'exploriez, mais vous n'en comprendrez jamais tout le sens, seulement ce qui vous importe et touche votre dessein d'incarnation. L'Univers est immense et personne ne pourra jamais en connaître tout le contenu. Des choses importantes sont dissimulées à votre regard, mais il existe des mondes que nous pouvons aussi explorer d'une manière qui n'a jamais été « tentée » auparavant.

Beaucoup d'êtres humains croient pouvoir tout apprendre grâce à leur esprit logique. Or, rien de tout cela n'a de sens quand on l'analyse. Ceux qui approchent la vie de façon logique n'obtiendront jamais de réponses. Vous devez plutôt laisser les réponses jaillir et les moments d'épiphanie venir à vous.

Parmi les personnes qui ont vécu une expérience de mort imminente, plusieurs rapportent à leur retour qu'elles ont vu leur vie défiler devant leurs yeux avant de franchir le voile. C'est en effet ce qui se produit, alors que sont soulignés les événements significatifs qui ont contribué à ce que nous soyons rendus où nous sommes. Que nous parlions de la rencontre de personnes, de l'apprentissage de leçons difficiles ou du fait d'emprunter le chemin moins fréquenté, tous ces événements de l'existence nous aident à préparer notre renaissance dans l'au-delà.

Dans la prochaine étape de votre processus de guérison, vous passerez de la salle d'Attente à la salle de Projection en emportant avec vous votre contrat d'incarnation pour compléter le bilan de votre vie, l'un des processus parmi les plus difficiles, mais les plus gratifiants de votre processus de guérison.

Chapitre 11

Bilan de vie : la salle de Projection

Dans une méditation, Josiah l'Aîné m'a expliqué comment commence l'étape suivante du processus de guérison :

> *Après vous être inscrit et avoir reçu votre contrat d'incarnation, vous êtes escorté à la prochaine étape de votre processus de guérison qui a lieu dans la salle de Projection. C'est dans cette salle que vous ferez le bilan de votre vie, en étant témoin des événements importants de votre plus récente incarnation.*
>
> *À votre arrivée, vous vous assoirez au milieu des membres de votre équipe disposés en cercle. Ils se tiendront les mains et projetteront leur énergie vers vous. C'est une vision merveilleuse. Imaginez que vous êtes au centre d'un tel rassemblement, avec toutes les âmes et tous les auxiliaires de toutes vos incarnations, qui concentrent leur énergie spirituelle sur votre guérison.*

J'ai eu la vision claire et détaillée de la scène de l'accueil de l'âme dans la salle de Projection tandis que Josiah me la décrivait. Chaque fois que je reçois une vision aussi somptueuse de l'au-delà, j'aimerais pouvoir projeter cette image mentale aux yeux de tous sur grand écran. Il n'y a pas de mots pour décrire la beauté et l'intensité de ce que j'ai vu et ressenti, mais je ferai de mon mieux.

Dans la salle de Projection, les auxiliaires spirituels sont disposés en cercle. Ils ressemblent à des ampoules tridimensionnelles étincelantes rayonnant d'une énergie qui déborde de leur forme imprécise pour fusionner avec les autres en un cercle de lumière. L'âme qui vient d'arriver s'assied au milieu du cercle, entourée d'une équipe qui n'a qu'une seule fonction : mettre sa puissante énergie au service de sa guérison.

L'âme peut se sentir dépassée par tant d'énergie et de soutien. Comme je l'ai expliqué, toutes les sensations et les émotions étant intensifiées dans l'au-delà, l'énergie entourant l'âme est donc d'une intensité redoutable, inimaginable sur terre. Essayez d'imaginer une centrale électrique dont le courant circule à travers toutes les âmes présentes dans la pièce, les inondant d'une lumière si brillante qu'elle en est presque aveuglante. Et, pour avoir une idée de la réalité, imaginez que vous pressez un bouton qui multiplie par cent cette énergie électrique.

Si l'âme se sentait sans énergie pour une raison quelconque, à cause du temps passé dans la salle d'Attente ou des voyages de l'étape précédente dans la dimension terrestre, elle reçoit ici la force nécessaire pour compléter la prochaine étape de sa guérison : le bilan de sa vie.

Le bilan de vie

Une fois dans l'au-delà, vous serez escorté du cercle accueillant que je viens de décrire jusqu'à une sorte d'amphithéâtre au centre de la salle de Projection afin de commencer l'examen de l'incarnation que vous venez de quitter. Le bilan de vie est l'un des processus les plus exigeants que vous aurez à affronter de l'autre côté, et c'est peut-être le plus crucial. Vous devrez faire face aux problématiques non résolues que vous avez créées dans la vie que vous venez de quitter, ressentir profondément la souffrance inhérente qu'elles recèlent et accepter votre participation à leur manifestation.

Une des raisons qui expliquent la difficulté de cette expérience est qu'à ce stade préliminaire, vous avez encore un ego, contrairement aux autres âmes plus évoluées qui ont transformé tous les aspects de leur être en énergie pure et n'en ont pas besoin. Certaines âmes choisissent de ne pas suivre la voie conseillée par leurs guides et conservent un ego fort, même si elles séjournent dans l'au-delà depuis un moment. Néanmoins, celles qui suivent le chemin de la guérison selon les indications verront leur ego disparaître, permettant ainsi à la guérison et à l'évolution véritables de débuter.

Certaines âmes ont déjà entamé le processus de perte de l'ego avant d'entrer dans la salle de Projection, parfois au moment de leur premier voyage de retour sur le plan terrestre. Elles ont vu leurs mauvaises actions et leurs échecs, et appris ce que l'on pensait vraiment d'elles. Elles ont aussi vu à quel point elles étaient aimées et bien que cela puisse exercer un effet contraire et gonfler l'ego, ce n'est pas ce qui se produit en général. Dans plusieurs cas, l'ego doit être écarté pour que l'âme sente sa vulnérabilité et accepte l'amour.

Pour revenir au bilan de vie, sachez que vous recevrez de vos guides la force et le courage nécessaires pour passer au travers. Chaque membre de votre équipe a été chargé d'une tâche qui correspond aux forces de son âme et aux leçons qu'il a lui-même intégrées. Vous constaterez qu'en raison de cette spécialisation, vous vous rapprocherez de certains guides en fonction des différents processus qui ponctueront votre apprentissage. Votre maître guide sera présent au moment de votre bilan de vie, bien que son rôle soit moins central à ce stade. Il est plutôt chargé de la supervision et intervient uniquement pour vous apporter au besoin un surcroît de soutien visant à favoriser votre guérison.

Bien entendu, vous n'êtes jamais laissé à vous-même durant votre séjour dans l'au-delà. Entre les étapes de guérison, vous partagez beaucoup de temps et d'énergie avec votre maître guide, vous vous amusez et vous profitez de la compagnie l'un de l'autre. Vous repensez aux moments vécus ensemble, tant dans la vie que vous venez de quitter que durant les périodes entre deux incarnations. Si votre âme sœur séjourne à ce moment dans l'au-delà, elle assistera à votre bilan de vie, mais sans pouvoir vous aider à compléter le processus. Une fois le processus terminé, vous aurez amplement le temps d'être avec elle.

Ben explique ce que signifie le bilan d'une vie :

> *Vous revoyez tous les aspects de votre vie : le bon, le mauvais et le laid. Les paroles que vous avez prononcées, les cadeaux que vous avez offerts, les choses et les gens que vous avez accueillis, et la façon dont vous avez vécu. Dans la salle de Projection, tout cela vous sautera aux yeux.*

Ce n'est pas un processus facile, puisque vous verrez la souffrance que vous avez provoquée et celle que vous avez endurée. Vous revivez tout cela, mais cette fois en adoptant le point de vue des autres protagonistes. Vous pouvez alors évaluer les conflits en fonction de la souffrance que vos actions ont fait vivre aux autres. Qui plus est, vous vivez leur souffrance.

Lors de votre bilan de vie, vous revoyez votre incarnation en entier, en affrontant le tout du début à la fin. Vous verrez comment vous avez marqué les gens et comment ils vous ont marqué, vous regarderez la manière dont vous avez affronté ou refusé d'affronter les situations. Mais, le plus difficile sera de ressentir la douleur et la souffrance que vous avez fait vivre. Vous ne l'avez pas fait quand vous étiez sur terre, puisque vous viviez en fonction de votre point de vue et que vous ne connaissiez jamais vraiment l'impact de vos actions sur autrui. Vous voyez maintenant vos leçons du point de vue de ceux qui ont souffert de vos paroles et de vos actes. C'est difficile, et si ce processus n'est pas un incitatif pour traiter tout le monde avec amour et respect sur terre, je ne sais pas ce qui en est !

Revoir votre vie

Dans la salle de Projection, vous revoyez les événements de votre vie qui sont projetés sur plusieurs murs, comme si vous étiez dans une salle de cinéma à plusieurs écrans. L'intérieur de la pièce est toutefois aménagé de façon à vous faire vivre une expérience d'une intensité maximale, plus puissante que n'importe quelle séance de cinéma sur terre. D'ailleurs, Ben dit ceci :

La salle de Projection est circulaire et si vaste qu'elle en est intimidante. Imaginez le plus grand hôtel du monde et doublez-en la taille. Les mots ne parviennent pas à décrire son caractère grandiose. Il y a ce que vous considéreriez comme des structures en marbre, mais n'oubliez pas que nous n'avons pas les substances matérielles de votre monde et que je décris les lieux en termes que vous pourrez comprendre.

Le plafond de la salle principale est en forme de dôme orné de peintures et de dessins puissants, tous paisibles et très beaux. Les ornements dorés foisonnent et au milieu de la salle trône un énorme cadran dont le mouvement répond aux différents aspects de votre vie qui sont projetés sur les écrans pour remémoration.

Autour de la salle, des écrans fixés aux murs projettent les nombreux souvenirs de votre vie. Des piliers séparent les murs et forment des sections abritant des écrans dont la taille varie en fonction de l'événement que vous revoyez. Certaines contiennent plusieurs écrans, ce qui vous permet de voir le déroulement d'un événement selon votre point de vue sur un écran et la perception d'une autre personne sur un écran voisin. Sur d'autres, vous verrez des scènes qui dépeignent ce que les autres ont ressenti, de sorte que vous pourrez en tout temps voir une projection simultanée de plusieurs souvenirs et de leurs sentiments associés.

Vos guides et vous êtes seuls dans la salle de Projection, mais il y a d'autres âmes qui attendent leur tour. Vous restez debout sans vous asseoir durant tout l'exercice : vous n'êtes pas là pour vous détendre et observer passivement. Vous êtes là comme témoin proactif des événements que vous avez vécus et de l'impact de vos actions sur la vie d'autrui.

En méditation, j'ai reçu de Josiah l'Aîné d'autres renseignements sur le déroulement de ce processus :

En revoyant votre vie dans ce cadre, vous comprendrez quelles leçons vous deviez étudier, quel travail a été accompli et comment vous avez réussi à le rendre à terme. Vous verrez aussi les tâches que vous auriez dû accomplir, mais qui restent inachevées. C'est à vous qu'il revient d'établir si vous avez accompli ou non les tâches prévues et intégré ou non les leçons au programme, à l'aide de la liste de vérification établie selon votre contrat originel. Vous verrez aussi le chagrin et la souffrance dont vous êtes l'auteur ainsi que la joie et le bonheur que vous avez procurés.

Voyez-vous, l'apprentissage est le but du séjour et de l'incarnation terrestre. Bien sûr, nous pourrions tous vivre éternellement dans le monde de l'esprit, mais nous sommes des êtres très évolués ayant reçu une planète et un univers en cadeau, alors pourquoi ne pas y vivre ?

*Ce processus est l'une des épreuves les plus difficiles que vous n'ayez jamais traversées. Il est normal qu'il demande du temps et qu'il exige de trois à quatre semaines, en ce qui concerne le temps terrestre, quand il est fait avec constance. Dans les faits, par contre, il ne dure pas longtemps selon **notre** temps, puisque compléter l'exercice ne prend guère plus qu'une heure ou deux.*

Une fois dans la salle de Projection, vous pourrez interrompre le déroulement de chaque souvenir projeté, fixer votre attention dessus et ressentir profondément l'émotion qui lui est associée. Vous pourrez accueillir le moment pour ce qu'il est et vous occuper successivement de chacun. C'est *votre* processus, vous pouvez le gérer à votre guise. Certaines âmes décident de revoir toute leur vie d'un coup, puis de la revoir en s'arrêtant après certaines sections pour faire face aux sentiments qui montent, que ce soit l'amour, la joie, le chagrin ou la souffrance. Votre équipe sera là pour vous aider à compléter le processus au besoin, mais, au départ, vous devez aborder seul votre bilan de vie.

Un jour, un esprit qui faisait son bilan de vie s'est manifesté lors d'une de mes lectures, car il venait de revoir certaines de ses mauvaises actions et voulait demander pardon et faire amende honorable. C'était une expérience particulièrement touchante que je n'oublierai jamais.

La lecture s'adressait à une jeune fille dont le père, Bill, était décédé subitement d'une crise cardiaque. En se manifestant, Bill a dit à sa fille que même s'il savait qu'il n'avait pas été le meilleur des pères, il l'avait tendrement aimée ; il a ajouté qu'il avait aussi perturbé plusieurs membres de sa famille. Il a expliqué que le bilan de sa vie était ce qu'il avait fait de plus difficile à ce jour. Ayant pris conscience de ses erreurs, il voulait donner à chacun de ses proches mécontents une preuve de sa contrition.

Le signe était un billet d'un dollar qui apparaîtrait à un moment donné sur leur route. Comme en pareil cas, les esprits laissent d'ordinaire un cent à leurs proches, j'ai jugé la chose étrange jusqu'à ce que j'apprenne que le billet d'un dollar était significatif pour *Bill* en raison de l'association avec son prénom (*bill*, « billet de banque »). Sa fille lui a promis de faire en sorte que tous les membres de la famille connaissent l'importance du billet d'un dollar et comprennent qu'ils devaient garder l'œil ouvert pour le voir apparaître.

Au cours des quatre semaines qui ont suivi, *tous* les proches que Bill avait blessés de son vivant ont annoncé l'un après l'autre à sa fille qu'ils avaient trouvé, sur le bord de la route, un billet d'un dollar qu'ils avaient ramassé, sachant qu'il venait de lui.

Lorsque la fille de Bill est revenue pour une autre lecture, son père s'est manifesté de nouveau. Il était heureux que son message se soit rendu grâce à elle et d'avoir ainsi pu faire ses excuses aux personnes qu'il désirait joindre. Depuis ce temps, ayant compris qu'il avait irrité bien d'autres personnes de son vivant, il leur avait envoyé un signe d'excuse, utilisant cette fois l'apparition ou le symbole d'un papillon comme signe. En se manifestant une seconde fois, Bill a dit qu'il se sentait enfin en paix et qu'il était satisfait des rapports qu'il avait établis avec ceux qu'il aimait.

Sachez qu'après la transition, *tout le monde* est dirigé vers la salle de Projection pour faire son bilan de vie, y compris ceux qui n'ont pas pu entrer dans l'au-delà en passant par la pure Lumière blanche. Ces âmes disposent de moins de choix quant au déroulement de l'exercice et le processus est plus intense étant donné l'importance de la souffrance qu'elles ont causée. Elles devront être témoins de la souffrance et du chagrin qu'elles ont causés ainsi que de l'impact de leurs actes sur leur entourage. Elles devront également en ressentir l'intensité ouvertement, sans aucune résistance. La guérison de ces âmes passe par l'affrontement et par la résolution des problématiques qui les ont poussées à faire le mal.

L'âme d'Adolf Hitler serait classée dans cette catégorie. Nous savons tous que Hitler a infligé des souffrances terribles à des millions de gens et que l'effet d'entraînement de son incarnation affecte encore des vies aujourd'hui. Par conséquent, il faudrait que dans son bilan de vie, Hitler ressente et comprenne les événements qu'il a provoqués et l'impact que ceux-ci ont eu sur autrui. Il est important de mentionner que n'étant pas dans un corps physique, il ne ressentirait pas la souffrance physique, mais la souffrance et la douleur émotionnelles qu'il a causées. Il séjournerait plus longtemps que la majorité dans la salle de Projection, étant donné qu'il lui faudrait ressentir toutes les émotions de toutes ses victimes, sans possibilité de faire une pause et, par la suite, chercher à obtenir le pardon de ses méfaits. Par ailleurs, son processus ne se conclurait pas là : il devrait en fin de compte retourner sur le plan terrestre afin d'instaurer l'harmonie dans son âme.

J'ai mentionné que l'enfer est un état d'esprit plutôt qu'un lieu dans l'au-delà. Un séjour prolongé dans la salle de Projection, qui serait exigé de l'âme ayant commis des atrocités sur une échelle aussi vaste que Hitler, pourra ressembler à l'enfer pour certains, mais ce n'est pas la réalité. Aussi difficile que soit le processus, le bilan de vie d'une telle âme n'en reste pas moins thérapeutique : ce n'est ni une condamnation ni une sentence de tourment éternel. Une fois que ces âmes ont complété les étapes du processus, elles se voient offrir la possibilité de travailler sur elles-mêmes, soit comme âme dans l'au-delà ou comme êtres humains dans une nouvelle incarnation, et de poursuivre l'apprentissage de leurs leçons de vie et leur évolution de façon à pouvoir entrer dans l'au-delà par la pure Lumière blanche la prochaine fois.

Je ne le répéterai jamais trop : « L'enfer est un état d'esprit dans lequel nous nous emprisonnons. » Si vous pensez que vous irez en enfer après votre mort, vous vous créerez une vie de souffrances et de tourments. Or, je le répète : « L'enfer n'existe pas. » Ce à quoi vous assistez dans la salle de Projection est probablement ce qui se rapproche le plus de l'enfer tel que vous pourriez l'imaginer, car vivre le chagrin et la souffrance dont vous êtes l'auteur sera très intense. Pensez aux moments où vous vous êtes permis de ressentir la souffrance d'avoir blessé quelqu'un que vous aimiez et magnifiez-les plusieurs fois. Par contre, ce n'est qu'en étant extrêmement vulnérable et ouvert que vous serez capable d'accepter vos mauvaises actions et, par conséquent, d'en être lavé. Quand vous accepterez le fait d'avoir fait vivre cette souffrance aux autres, vous pourrez passer à l'étape suivante de votre processus de guérison.

Quand souffrir rime avec grandir

Dans la salle de Projection, même si vous ciblez surtout la souffrance que vous avez fait vivre, votre bilan est aussi l'occasion de voir comment vos actions ont contribué à la croissance des personnes affectées. Tout le monde doit traverser une certaine souffrance pour grandir, que ce soit sous forme de divorce, de débâcle financière, d'abus, de dépendance ou simplement des déceptions de la vie. Et parfois, il se trouve que vous êtes le canal qui achemine ces expériences malheureuses. Le récit d'une de mes lectures vous fera comprendre ce que je veux dire en vous montrant comment votre participation à la souffrance des autres est susceptible de les amener à une guérison plus grande et à une progression dans leur évolution tout en faisant la même chose pour vous.

Marina est venue me consulter pour explorer la direction que prenait sa vie et savoir si elle était sur la bonne voie. Elle m'a dit qu'elle n'avait pas besoin de mes services de médium et préférait une lecture clairvoyante. Bien que j'essaie toujours de me plier aux demandes de mes clients, je ne sais pas toujours d'avance si un esprit acceptera de les visiter de l'autre côté. Bien entendu, si c'est le cas, je m'inclinerai.

Durant la lecture, nous avons obtenu des renseignements qui ont jeté la lumière sur le premier mariage de Marina à un homme dont elle avait ensuite divorcé. Le guide de la jeune femme m'a montré que ma cliente avait été enlisée dix ans dans la routine de ce mariage et que quitter son mari lui avait permis de surmonter ses blocages négatifs personnels à l'origine de la stagnation de leur relation. Elle avait réussi à passer à autre chose, puis avait rencontré l'homme de ses rêves et refait sa vie. Marina avait besoin de beaucoup de changement et de stimulation, et son nouveau partenaire lui ressemblait beaucoup sur ce point. Même s'ils se fréquentaient depuis peu, il lui avait déjà enseigné quelques leçons de vie essentielles et elle avait mûri et grandi de multiples façons.

Après que j'ai dit à Marina que je sentais la présence d'une entité masculine et que nous avons déterminé qu'il s'agissait de son ex-mari, l'émotion l'a gagnée et elle s'est mise à pleurer. Son ex-mari était mort subitement environ deux ans après la fin de leur mariage et elle s'était sentie coupable, comme si le divorce avait contribué à son décès.

Au cours de la lecture, l'ex-mari de Marina lui a dit qu'au moment de leur séparation, il n'avait pas voulu accepter la fin de leur mariage et la nécessité de reprendre le cours de sa vie. Resté furieux et très blessé, il avait cherché à s'accrocher à elle par tous les moyens. Grâce à la sagesse acquise de l'autre côté, il comprenait néanmoins la raison de cette rupture douloureuse. Il avait fini par comprendre à quel point il avait joué un rôle malsain dans la relation et qu'il devait assumer la responsabilité de *son* comportement, au lieu de rejeter le blâme sur Marina ou un autre. Si Marina n'avait pas divorcé, il n'aurait pas eu l'occasion d'apprendre cette leçon qui incluait de faire des excuses et de demander pardon. N'ayant jamais pu le faire de son vivant, il remplissait maintenant son contrat d'incarnation et intégrait la prise de conscience qui s'imposait dans l'au-delà.

Une fois âme, vous découvrirez en faisant le bilan de votre vie que même si vous avez blessé quelqu'un, la souffrance a marqué sa vie et lui a permis de grandir. Imaginez que vous êtes dans une relation destructive et que vous restez, même si vous voulez partir : votre partenaire vous supplie de rester et il est plus simple d'acquiescer et ainsi, de ne pas sortir pour faire de nouvelles rencontres. En n'agissant pas, cependant, vous ne faites que mettre de côté votre bonheur ainsi que l'évolution de votre partenaire. Bien souvent, vous aidez vraiment les autres à grandir en leur faisant du mal pour leur bien. Ils apprennent de la situation et passent par la suite à une relation satisfaisante en conséquence des leçons tirées de la relation avec vous.

Ainsi, quand nous avons rompu, le père de Charlie et moi, je souffrais tellement que je ne pensais pas pouvoir passer au travers de cette épreuve. Simon m'avait profondément blessée et j'ai mis beaucoup de temps à dépasser cette expérience. Quoi qu'il en soit, nous avons aujourd'hui une excellente relation et nous sommes des parents aimants pour notre fils, ce qui m'inspire beaucoup de reconnaissance.

La souffrance que j'ai endurée m'a aidée à trouver ma force, entre autres qualités que je chéris maintenant à mon sujet. Il a fallu que je traverse cette expérience pour devenir la personne que je suis. C'était une courbe d'apprentissage stupéfiante, mais elle m'a beaucoup aidée. Sur le plan de l'âme, Simon devra vivre cette souffrance à son tour, mais comprendra aussi comment elle m'a aidée. Il y aura un avantage thérapeutique pour les deux côtés.

Êtes-vous parti trop tôt ?

Certaines âmes ont le sentiment que leur incarnation s'est terminée trop tôt et qu'elles ont été emportées du plan terrestre avant leur heure. En faisant leur bilan de vie, elles pourront décider de conclure leur séjour dans l'au-delà et de retourner sur terre pour se réincarner et guérir les blessures dont elles se savent maintenant les auteures. Dans ce cas, elles pourront se réincarner dans leur famille d'origine (ou chez des gens proches de la famille) pour marquer ces vies en mal de guérison. En fonction des leçons qu'exige leur guérison, il se peut aussi que ces âmes se réincarnent ailleurs et fassent l'expérience des mêmes leçons dans d'autres situations.

Même si les retours hâtifs sont une réalité, ils ne sont pas conseillés. Le bilan de vie complet est un élément tellement crucial de la guérison de l'âme que son interruption pourrait entraîner la perpétuation des schémas de l'incarnation précédente dans la suivante. Le bilan de vie est l'occasion de briser le cycle malsain de la répétition du mal et de la souffrance et la seule manière de s'y prendre consiste à compléter le processus.

Josiah évoque le fait qu'une fois dans la salle de Projection, certaines âmes décident de se réincarner très vite :

> *Vos leçons sont les tournants de votre vie. Dans la salle de Projection, vous pouvez choisir de revivre ces tournants ou d'arrêter la projection et d'analyser la raison de certaines de vos actions. Vous pouvez aussi déterminer si vous avez besoin de vous réincarner pour poursuivre ces leçons ou non.*

> *Certaines âmes sont tellement affectées par la souffrance de leurs proches à la suite de leur décès qu'elles veulent retourner pour les aider à surmonter la douleur. Elles sont peu à retourner à ce stade ; la plupart ont le sentiment qu'elles doivent rester dans la salle de Projection pour guérir plus complètement de la souffrance de cette vie.*

> *Quand elle choisit de retourner, l'âme est autorisée à le faire rapidement et se voit offrir une nouvelle situation pour apprendre les leçons qui restent. C'est ce qui se produit habituellement dans le cas d'un enfant mort jeune ou d'un suicidé qui veut soulager la souffrance de ceux qui restent.*

En continuant le bilan de votre vie jusqu'au bout, vous en viendrez probablement à comprendre que vous avez quitté le plan terrestre parce que c'est le moment de le faire. Vous aviez complété les leçons que vous vous étiez engagé à apprendre dans votre contrat d'incarnation. Si vous ne les avez pas terminées, c'est que votre véhicule terrestre a failli ou que la situation appropriée ne s'est pas présentée et que vous avez raté une occasion. Il n'en reste pas moins que c'est pour vous le moment de partir, même si vous n'avez pas eu le temps de terminer certaines choses. Ces leçons de vie seront *toujours* au programme dans l'au-delà ou au moment de votre retour sur terre.

✓ Le moment du départ est fixé pour chacun de nous. Il est inscrit dans nos contrats d'incarnation, de sorte que quelle que soit l'heure de notre départ, il se fait toujours « au bon moment », en dépit des circonstances de notre décès ou de nos croyances à ce sujet. La réaction à ce départ du plan terrestre vous revient : partir en paix et en conscience, ou en résistant et en luttant. Par contre, maintenant que vous en savez plus sur l'au-delà, j'espère que vous verrez qu'il n'y a pas lieu de résister. Le savoir devrait vous permettre de vivre plus pleinement, sans vous inquiéter d'être emporté trop tôt ou de voir votre incarnation injustement « écourtée ».

La liste de vie : savoir quand il est temps de partir

J'ai entendu des gens parler de la liste détaillée de ce qu'ils veulent accomplir avant de mourir, ce qu'ils appellent leur « liste de vie » (*bucket list*, allusion à l'expression *to kick the bucket*, « casser sa pipe, mourir »). Cette liste inclut les noms des gens et des lieux qu'ils veulent voir et les expériences qu'ils veulent vivre avant de quitter le plan terrestre. Pour ces hommes et ces femmes, le fait de cocher les éléments de leur liste est une façon de reconnaître le moment du départ, c'est-à-dire le moment où ils ont fait tout ce qu'ils avaient entrepris de faire de leur vivant.

J'aimerais partager quelques anecdotes à propos de personnes qui avaient une *idée* de ce qu'elles voulaient voir se produire dans leur vie, mais qui ont répondu très différemment à la *réalité*.

Il y a plusieurs années, Phyllis est venue me consulter parce qu'elle craignait la retraite. Depuis des dizaines d'années, elle avait tout investi dans sa carrière, souvent au détriment de ses amis et de sa famille. Comme elle avait le sentiment de ne pas avoir de vie sans son travail,

Phyllis a vendu son entreprise tout en restant dans l'équipe à titre de consultante. Lorsqu'elle a eu soixante-dix ans, les nouveaux propriétaires ont insisté pour qu'elle prenne sa retraite, mais elle a refusé. Au moment de notre rencontre, elle exprimait son angoisse que la retraite signifie la fin de son séjour terrestre et l'imminence de son départ.

Phyllis a dressé la liste des lieux qu'elle voulait voir, sa liste de vie, mais décidé d'attendre avant de s'y rendre. Elle a plutôt mis sur pied une autre entreprise, plus petite, et continué de travailler. Au moment de son décès à quatre-vingt-dix ans après avoir vendu finalement sa seconde entreprise à une compagnie, elle avait vu certains des endroits inscrits sur sa liste et s'était beaucoup amusée en cours de route. Lorsque sa famille est venue me consulter pour une lecture, elle s'est manifestée pour transmettre un message très intéressant : même si elle avait renoncé à son entreprise à soixante-dix ans, la première fois qu'on lui avait demandé de prendre sa retraite, elle aurait tout de même vécu jusqu'à quatre-vingt-dix ans, étant donné qu'il s'agissait de l'âge convenu pour son décès dans son contrat d'incarnation.

Je comprends maintenant que j'ai manqué une foule de choses, a révélé Phyllis. *J'ai réussi à apprendre mes leçons autrement, bien que je ne me sois pas amusée autant que j'aurais pu*. Elle a découvert trop tard qu'elle aurait pu prendre sa retraite plus tôt et accepter que l'heure de son départ était déjà fixée, pour ensuite jouir plus pleinement de ses dernières années.

J'ai eu une rencontre très différente avec un couple qui, contrairement à Phyllis, a pris la vie à bras-le-corps et concrétisé la liste de ses rêves de vie jusqu'à la toute fin.

Jane et Mike avaient vécu sur le plan terrestre comme des âmes sœurs, incroyablement dévouées l'une à l'autre. Ils avaient fait connaissance à l'école, s'étaient mariés et avaient eu deux belles filles qu'ils adoraient. Ils avaient trimé dur toute leur vie et tout donné à leurs enfants, y compris une résidence magnifique et ce que d'aucuns qualifieraient de vie parfaite. Malheureusement, le couple était décédé dans un accident de voiture loin des siens, et leur fille Melissa est venue me consulter pour obtenir quelques réponses.

Dès que je me suis assise avec Melissa, j'ai senti une vague d'amour irrépressible venant de l'autre côté. Je ne demande jamais de renseignements personnels ou généraux à mes clients avant la lecture ni la raison de leur consultation. Par conséquent, je n'avais aucune idée de ce qui se manifestait. J'ai simplement dit à Melissa qu'elle recevait tellement d'amour de l'Esprit que c'était irrésistible. J'ai ensuite senti la présence de deux âmes qui s'avançaient parce qu'elles désiraient entrer en contact avec elle. J'ai déterminé qu'il s'agissait de sa mère et de son père et elle était tellement soulagée que le poids qu'elle portait a paru glisser tout de suite de ses épaules. Jane et Mike se sont mis à parler de leur vie et des souvenirs qu'ils avaient créés en famille. Le contact était pur entre les trois et l'amour circulait intensément.

Comme ses parents étaient morts sans témoin, Melissa cherchait à obtenir des détails sur leur décès afin de pouvoir résoudre son deuil. L'accident s'était produit sur une route tranquille, la voiture était en bon état de marche et son père et sa mère étaient tous deux des conducteurs prudents : il n'y avait donc aucune raison pour que l'accident se produise. Le choc avait été terrible pour Melissa et sa sœur en ce jour fatidique où elles avaient reçu un coup de fil leur annonçant que leurs deux parents avaient été tués dans une collision.

J'appris de Melissa que Jane et Mike avaient tout fait ensemble. Ils avaient pris leur retraite à moins d'un mois l'un de l'autre et décidé de faire un voyage en Nouvelle-Zélande, un pays qu'ils avaient planifié de visiter depuis plusieurs années. Les préparatifs leur avaient pris six mois, car ils voulaient savourer chaque moment et faire de ce voyage le voyage de leur vie. Ils rêvaient depuis des années d'une certaine petite île près de la côte, où ils voulaient s'asseoir sur la plage pour regarder ensemble le coucher du soleil. À la fin de leurs trois semaines de vacances, ils comptaient se rendre à cet endroit pour donner une conclusion mémorable à leur voyage.

En se manifestant durant la lecture, les parents de Melissa ont évoqué les paysages qu'ils avaient vus et les nombreux événements qui avaient ponctué leur périple. Ils m'ont aussi dit qu'ils avaient pris une photo du coucher de soleil de « leur » plage et qu'elle était à couper le souffle. *Demandez-lui la photo, elle l'a*, m'a dit Jane.

J'ai relayé les propos de sa mère à Melissa et la jeune femme a sorti la photo. Jane et Mike l'avaient envoyée à leurs filles par courriel de leur téléphone cellulaire quelques minutes avant de rentrer à l'hôtel et de boucler leurs valises pour le voyage de retour. Cette photo vraiment adorable était leur dernier souvenir, le panorama qu'ils avaient attendu de voir presque toute leur vie.

Jane s'est manifestée pour raconter leurs derniers moments à Melissa. Le soleil était couché et ils roulaient sur une route obscure. Mike était au volant et venait de dire qu'il ne se sentait pas très bien, attribuant son état au stress de l'avion, qu'il n'avait jamais aimé prendre. Il s'était brusquement affaissé sur le volant, victime d'une crise cardiaque. Jane n'avait tout d'abord pas compris ce qui venait de se produire. Son mari semblait avoir succombé au sommeil et elle avait essayé de le réveiller. Dans la panique qui avait suivi, la voiture avait fait une embardée et heurté de plein fouet un mur de béton. Jane et Mike étaient morts sur le coup.

Jane a poursuivi en disant : *Le plus bizarre, c'est que dans ce moment de panique, j'ai senti monter un sentiment de calme total. J'ai su que nous allions nous en tirer tous les deux. Tout a ralenti et avant de comprendre ce qui se passait, nous étions tous les deux hors de la voiture et nous regardions la voiture et nos corps d'en haut. La voiture était écrasée contre le mur et de la vapeur jaillissait du capot.*

Melissa était en larmes, mais Jane a continué de me parler. Elle m'a indiqué que dans le contrat d'incarnation que Mike et elle avaient conclu avant leur arrivée sur le plan terrestre, ils avaient choisi de mourir ensemble. Les parents de Melissa voulaient qu'elle sache qu'ils étaient satisfaits et heureux. Ils avaient appris les leçons qu'ils avaient besoin d'apprendre au meilleur de leurs capacités humaines et le moment était venu pour eux de quitter le plan terrestre. Il ne leur restait qu'une seule chose à faire sur leur liste de vie : admirer ensemble le coucher de soleil sur leur île. Après cela, ils étaient prêts à partir. Et, c'est ce qu'ils ont fait ensemble !

Passer à autre chose

En procédant au bilan de votre vie dans la salle de Projection, vous découvrirez ce que vous avez appris dans cette vie et ce qui vous a éludé.

Sachez que vous continuerez de travailler sur toute leçon inachevée dans les étapes subséquentes du processus de guérison de l'au-delà ainsi qu'en retournant de nouveau sur le plan terrestre.

Comme vous l'avez vu, l'objectif du bilan de vie est d'assumer et d'accepter tout ce que vous avez vécu durant votre incarnation. Une fois votre incarnation soigneusement étudiée, vous pouvez passer à autre chose. Par contre, vous devez vous rappeler que durant tout votre processus d'apprentissage et d'évolution dans l'au-delà, vous aurez la possibilité de revenir dans la salle de Projection en tout temps pour obtenir l'aide nécessaire à votre guérison.

Ben nous donne un indice de ce qui vient après :

> *Après la salle de Projection, vous vous dirigez vers la salle de Guérison. Vous êtes escorté par vos guides et certains membres de votre famille d'âmes, qui ont des rôles précis à jouer dans votre guérison. D'autres vous feront leurs adieux pour un certain temps puisque la tâche qui leur avait été assignée sera peut-être accomplie.*

Certaines âmes ont besoin de plus de guérison que d'autres ; c'est une chose que vos guides savent avant votre arrivée de l'autre côté. Ils sont rassemblés à l'aide de votre Aîné afin de faire en sorte que vous ayez tout le nécessaire pour accomplir les tâches auxquelles vous devrez faire face. Revoir votre vie et la souffrance que vous avez causée est parfois accablant, mais vous *serez capable* de le supporter, car à ce stade, vous penserez de plus en plus en être *spirituel*, non en être *humain*. De plus, vous recevrez beaucoup d'aide, de conseils et de réconfort, comme je l'ai dit. Par contre, il y a une foule d'autres renseignements qui ne m'ont pas été révélés, puisqu'il s'agit d'un savoir sacré et qui doit le rester.

Vous serez néanmoins heureux de savoir que l'on vous tiendra la main durant tout le processus. Par ailleurs, ceux qui vous tiendront la main sont hautement qualifiés puisqu'ils ont traversé le processus eux aussi et savent à quoi s'attendre. De plus, ils vous ont été « assignés » en raison de leurs compétences et de leur dévouement envers votre guérison. Vous devez également comprendre que non seulement ils connaissent le chemin, mais aussi que l'assistance qu'ils vous donnent contribue à l'évolution de leur âme dans l'au-delà et les prépare à la prochaine étape de *leur* processus.

Dès que la tâche d'un guide spirituel est accomplie, il vous quitte et ne fait plus partie de votre équipe thérapeutique. Ce n'est pas un adieu définitif, mais plutôt un au revoir, étant donné que vous reverrez tous vos guides dans une autre section de l'au-delà. Quoi qu'il en soit, ils doivent pour l'instant vous quitter, leur travail étant terminé.

Comme je l'ai dit, il y a toujours quelqu'un pour vous aider en plus de votre maître guide qui ressemble beaucoup à votre meilleur ami. Vous pouvez donc puiser du réconfort dans le fait de savoir que vous n'êtes jamais seul. Ben l'explique ainsi :

> *Dans la salle de Projection, vos guides vous ont peut-être aidé à examiner votre contrat d'incarnation et permis de voir votre vie sous un autre angle. Ils ont peut-être été à vos côtés pour vous soutenir émotionnellement. Ils ont peut-être été là pour vous aider et vous guider, ou tout simplement pour vous tenir la main, mais dans tous les cas, ils ont maintenant d'autres tâches à accomplir. Ne vous inquiétez pas, vous les reverrez.*

Maintenant que vous connaissez la salle de Projection et le processus du bilan de vie, il est temps de passer à une étape plus poussée de guérison dans la salle appelée justement la « salle de Guérison ».

Chapitre 12

Guérison pure : la salle de Guérison

En sortant de la salle de Projection, vous passez à l'étape suivante de votre processus, qui se déroule dans la salle de Guérison. Dans cette salle, vous êtes inondé d'une énergie qui vous nettoie des derniers vestiges de la souffrance et du traumatisme qui vont de pair avec l'existence humaine. Comme vous venez tout juste de revoir votre vie, vous profitez assurément de ce qui vous est offert dans cette salle. À ce sujet, Josiah dit ceci :

> Certaines âmes se dirigent directement vers la salle de Guérison après leur séjour dans la salle de Projection; d'autres font d'abord un aller-retour sur terre et vont rendre visite à des êtres chers avant de passer dans la salle de Guérison. C'est dans cette salle que la majorité des âmes se remettent des dernières conséquences désastreuses de leur transition dans l'au-delà.
>
> Quand vous entrez dans la salle de Guérison, la vibration est tellement élevée et l'énergie tellement puissante que vous pourrez d'abord avoir une sensation d'étourdissement ou de nausée. Par contre, une fois que vous êtes attiré dans l'étreinte aimante de l'énergie, vous constaterez que la pièce a énormément à offrir et vous ne voudrez plus la quitter.

Cultiver une attitude positive

Avant de passer à la description détaillée de la salle de Guérison, j'aimerais aborder l'importance de votre attitude durant ce processus.

Croyez-le ou non, l'attitude que vous avez à l'égard de votre vie actuelle est liée à vos incarnations futures et même à votre évolution dans l'au-delà.

Je suis toujours fascinée en entendant les gens dire qu'ils ont peut-être de gros problèmes, mais qu'ils ne sont pas aussi terribles que ceux d'un autre. C'est probablement vrai et certainement un point de vue très humble et très honorable. Quoi qu'il en soit, ce ne sont pas les problèmes de la vie que vous devriez comparer, mais l'attitude que vous adoptez pour *faire face* à ces problèmes qui change tout.

Avez-vous déjà vécu une expérience qui s'avérait difficile pour vous, mais simple comme bonjour pour une autre personne? Ainsi, vous avez peut-être vécu un moment difficile au travail quand votre patron a critiqué votre rendement. Vous avez géré la situation de la seule manière que vous connaissiez: en devenant anxieux et boule-versé. Un collègue relevant du même patron aura peut-être géré la même situation bien différemment, en gardant une attitude terre-à-terre et sans se sentir attaqué.

J'ai été témoin de ce phénomène dans mes contacts avec deux per-sonnes qui avaient reçu un diagnostic de cancer. La première com-battait la maladie avec vigueur et en faisant preuve d'une attitude de battante déterminée à gagner. Elle n'allait pas laisser la maladie l'emporter et se rendait chaque jour au travail tout en continuant de s'entraîner au gym. La seconde combattait sa maladie à sa manière, mais son attitude était très différente. Elle était plutôt défaitiste, adop-tait une attitude de faiblesse devant la maladie et faisait très peu de choses pour s'aider. Elle a finalement succombé au cancer, alors que la première est entrée en rémission.

Pas surprenant, direz-vous peut-être, mais examinons la situation de plus près. Pourquoi un tel devrait-il survivre au cancer et un autre, non? Bien sûr, un contrat d'incarnation a déjà décidé de la conclusion, mais en même temps, nous disposons toujours du libre arbitre pour ce qui est de notre réaction quant à la situation. Comme l'expérience de ces deux femmes le démontre, envisager une situation potentiellement mortelle d'un point de vue optimiste est une réaction qui peut changer les choses.

L'attitude positive ne fait pas que vous aider dans la vie, elle vous suit dans l'au-delà, ce qui rend votre processus beaucoup plus harmonieux. Par conséquent, si vous avez subi des traumatismes ou des mauvais traitements dans cette incarnation, ne balayez pas votre souffrance sous le tapis ; soyez plutôt prêt à l'affronter directement. Ayez recours à toute l'aide dont vous avez besoin pour comprendre que ce n'était pas de votre faute ; vous éviterez ainsi de devenir l'une des victimes sans espoir de la vie.

Si vous pouvez vous engager dans cette forme de guérison de votre vivant, votre âme vivra un processus beaucoup plus facile de l'autre côté. L'un est directement relié à l'autre, étant donné que l'au-delà est régi par l'énergie ; les pensées et les sentiments que vous contribuez à votre processus de guérison influenceront donc instantanément le cours de votre évolution. En lisant plus loin, vous comprendrez mieux ce que je veux dire, mais pour l'instant, faites ce qu'il faut pour vous engager dans un cheminement d'amélioration personnelle.

La salle de Guérison

Lorsque vous entrez dans la salle de Guérison de l'au-delà, votre tâche consiste à vous concentrer sur votre expérience personnelle de guérison, de façon à corriger tout le mal que vous avez fait et à faire amende honorable, comme dans la salle de Projection. Votre séjour dans cette pièce est axé sur la découverte personnelle, puisque vous en apprendrez davantage sur vos actions et vos relations sur le plan terrestre.

Certaines âmes résistent à l'idée de visiter cette salle en croyant qu'assister au chagrin et à la souffrance d'autrui au moment du bilan de leur vie suffit comme démarche de guérison. Par contre, d'autres veulent comprendre les raisons de leurs agissements dans l'espoir d'approfondir leur processus thérapeutique. C'est, certes, le cas ici.

Avant d'atteindre la salle de Guérison, vous pouvez retourner dans l'une des autres salles pour poursuivre votre processus de façon cyclique, comme lors de toutes les étapes du processus de guérison. Vous avez aussi le choix de retourner brièvement en visite sur le plan terrestre, mais seulement si votre âme le souhaite vraiment pour pousser son évolution. N'oubliez pas que si vos raisons pour revenir en arrière dans l'une ou l'autre salle ou retourner sur terre sont égoïstes ou mesquines, ces occasions ne vous sont plus offertes par la suite.

En faisant référence à la salle de Guérison, Ben a canalisé les renseignements suivants :

> *La salle de Guérison est baignée d'une lumière bleu clair ; imaginez la couleur d'une topaze bleue et ajoutez-lui un effet métallique étincelant. L'amour dont vous ferez l'expérience est incroyable, différent de tout ce que vous avez ressenti sur terre, et il s'intensifie lorsque vous recevez par la suite **notre** amour inconditionnel et la guérison qui l'accompagne.*

> *Ici, vous avez la possibilité de revivre tout aspect de votre vie sur lequel vous avez besoin de revenir, tout ce qui vous a fait beaucoup souffrir. Vous pouvez régler les problématiques que vous avez vécues. Quel que soit le poids qui alourdit votre esprit, vous devez vous en libérer avant de pouvoir poursuivre votre route dans le monde spirituel et compléter votre processus de guérison.*

> *Certains séjournent un certain temps dans la salle de Guérison, car ils ont besoin d'être guéris de maladies ou de toutes les formes de mauvais traitements. Ils ont peut-être à guérir les cicatrices de blessures qu'ils se sont infligées. Dans la salle de Guérison, toutes les âmes prennent le temps de se remettre. Vous acceptez votre départ du plan terrestre ainsi que toute la souffrance vécue lors de votre exposition aux événements que vous avez revus dans la salle de Projection.*

Comme je l'ai dit, il est bon de prendre le temps de guérir de votre vivant des situations qui ont engendré de la souffrance et un traumatisme en vous. Les émotions négatives consécutives à ce genre de situation restent souvent inexprimées et enfouies, ce qui vous transforme en volcan prêt à faire éruption à la moindre provocation. Dès que l'on vous provoque, vous laissez jaillir un flot d'émotions, comme si une digue se rompait et que la force de l'eau qui déferle devenait impossible à contenir.

Ce sera plus facile dans l'au-delà si vous vous efforcez d'abord de résoudre vos difficultés émotionnelles sur terre, puisque comme je l'ai dit, tout est plus intense de l'autre côté. Par contre, la résolution d'une problématique de votre vivant ne signifie pas que vous n'aurez pas à l'affronter de nouveau dans l'au-delà. En fait, vous devrez l'affronter, mais ce sera plus facile. Le fait de le savoir devrait vous motiver assez pour que vous entrepreniez de guérir de votre vivant vos blessures et vos cicatrices suppurantes, sans attendre votre décès. Vous n'échapperez pas à l'affrontement de toute façon, alors il est préférable le faire ici qu'une fois là-bas.

Vous resterez dans la salle de Guérison aussi longtemps que vous en aurez besoin. Je sais qu'en fonction de notre point de vue humain, il ne peut rien y avoir de pire que d'assumer la responsabilité de nos problèmes, mais c'est que nous avons tendance à éviter d'affronter les faits. Dans l'au-delà, nous apprenons qu'il est bon d'examiner nos vies. Le sentiment est très libérateur et même révélateur : il ne nous alourdit pas, il ne nous fait pas sombrer et il ne nous rend pas malheureux. L'idée d'avoir à affronter des sentiments désagréables est généralement l'élément qui nous rebute, mais une fois lancés, nous nous ouvrons et la communication s'établit, à notre grand soulagement.

Mon fils Charlie sait comment cela fonctionne et me l'a même expliqué clairement, il n'y a pas longtemps. « Maman, je n'aime pas *être obligé* de te parler de mes émotions, a-t-il dit. Cela dit, quand je le fais, je me sens tellement mieux que je ne veux plus m'arrêter. »

Les enfants ont une façon formidable de s'exprimer sincèrement, alors que nous, les adultes, sommes souvent réticents à le faire. Or, dès que nous amorçons le processus, les problèmes trouvent une solution et l'amour jaillit, ce qui explique que mon fils ne veuille plus arrêter de partager ses émotions. C'est la même chose dans l'au-delà, où l'énergie présente une pureté sublime et où l'amour circule librement. Les émotions viennent plus facilement, même si nous les vivons plus intensément. Il est toutefois utile d'apprendre à partager nos sentiments et à exprimer nos émotions tandis que nous sommes sur terre.

Josiah nous en dit plus sur le processus qui nous attend dans la salle de Guérison :

La salle de Guérison est un lieu où la majorité des âmes choisissent de séjourner. Certaines, qui arrivent de la salle de Projection, restent un moment, d'autres ne font qu'un saut, et d'autres encore reviennent plus d'une fois. Vous n'avez pas besoin pour cela d'autres guides que les guérisseurs, bien que votre maître guide vous attende à l'extérieur.

Imaginez une vaste salle surmontée d'un immense dôme en cristal et remplissez cet espace de paix, d'amour et de calme. Multipliez votre perception par mille et vous vous rapprocherez de la nature de l'expérience dans la salle de Guérison.

Au centre de la pièce se trouve un cristal incolore. Pour votre entendement humain, disons qu'il est fait de cristal de roche. L'énergie est canalisée dans cette pierre, d'une façon qui la contient tout en autorisant son mouvement au centre. Vous êtes assis en périphérie de ce puissant vortex, placé de telle sorte que votre âme est noyée dans la puissante énergie thérapeutique dispensée dans la salle de Guérison.

Le travail des guérisseurs

Les *guérisseurs* sont des âmes exceptionnelles dont la seule fonction dans l'au-delà consiste à vous redonner un bien-être optimal afin que vous puissiez entreprendre la prochaine étape de votre processus. Ils ont été formés pour vous aider et en plus de se consacrer à cette tâche dans la salle de Guérison, ils vous aident à surmonter les problématiques difficiles de l'incarnation.

À la lecture du message ci-dessous que j'ai canalisé de Josiah, nous constatons que les guérisseurs travaillent étroitement avec nous sur le plan terrestre pour accélérer notre processus de guérison dans l'au-delà :

Les âmes qui assistent les occupants de la salle de Guérison sont les guérisseurs, mais ceux-ci travaillent aussi avec les gens sur le plan terrestre afin de s'assurer que l'organisme de l'individu est sustenté durant son séjour terrestre. Ils aident aussi les êtres humains à se remettre des bouleversements et des chagrins émotionnels.

Le monde humain n'est pas comme celui-ci; nous ne connaissons pas la souffrance et le chagrin comme vous. Par conséquent, les guérisseurs travaillent très étroitement avec vous dans votre dimension afin de vous aider à évoluer de votre vivant. Tout le monde n'est pas prêt à accueillir ce genre de guérison toutefois, certains résistent ou l'évitent. Cela rend le travail difficile puisqu'il est indispensable que les gens reconnaissent qu'ils sont en train d'accueillir la guérison. Les âmes doivent accepter la guérison, tandis qu'elles sont encore sur le plan terrestre, afin d'être en mesure de recevoir l'aide grâce à laquelle elles pourront avancer dans la résolution de leurs problématiques personnelles.

Les guérisseurs sont tous des âmes très évoluées, dont certaines ont fait du travail de guérison sur le plan terrestre de leur vivant. En conséquence de leurs expériences, elles ont appris une foule de leçons de vie et sont capables de partager leur vaste savoir avec vous. Elles vous guideront dans tout ce qu'il vous faudra traverser pour guérir du traumatisme de votre décès, surtout s'il survient à la suite d'une longue maladie ou d'une mort violente. Vous êtes entre bonnes mains.

Josiah nous en dit plus sur le travail des guérisseurs et sur la manière dont les âmes progressent et sont aidées durant leur séjour dans la salle de Guérison :

Les guérisseurs vous aident à vivre le processus de deuil qui accompagne la transition du plan terrestre sur le plan spirituel. Oui, vous devez pleurer la vie que vous avez laissée. C'est normal et très fréquent.

Certaines âmes sont capables de se détacher facilement de leur chagrin, mais elles sont peu nombreuses et l'on en rencontre rarement. Elles tendent à faire partie des êtres qui ont vécu de mauvais traitements durant l'enfance et appris à échapper à la réalité terrestre, ou qui ont mené une vie spirituelle et eu un avant-goût du processus que nous traversons dans l'au-delà.

Les séjours des âmes dans la salle de Guérison varient en longueur, selon l'âme et la façon dont elle a quitté le corps. Ainsi, l'individu mort subitement ou violemment pourra rester plus longtemps. De leur côté, ceux qui ont enduré la souffrance physique qui accompagne les maladies comme le cancer n'y séjourneront peut-être que brièvement, étant donné qu'ils ont souvent eu le temps d'accepter l'idée de leur mort.

Certaines âmes victimes du cancer séjourneront plus longtemps quand leur maladie était tellement souffrante qu'elles n'ont pu l'endurer et qu'elles ont terriblement souffert. Il y a aussi les âmes qui ont eu des maladies chroniques comme la démence ou l'Alzheimer et qui ont besoin de guérir en profondeur de la souffrance causée par leur maladie. Certaines ont été affligées d'autres problèmes de santé mentale, elles n'ont pu s'exprimer dans leurs efforts pour résoudre leurs problèmes et ont besoin de guérir en profondeur de la souffrance de leur incarnation.

Chaque cas est unique, mais vous vous en souviendrez peut-être, toutes les âmes ont le temps de retourner rendre visite à leurs êtres chers, accomplissant ainsi une étape de leur guérison qui les autorise à accueillir dans la salle de Projection le chagrin et la souffrance qu'elles ont causés. Elles sont alors prêtes à passer à la salle de Guérison.

Les exceptions sont les âmes troublées qui n'ont pas pu entrer dans l'au-delà par la pure Lumière blanche et ont dû emprunter un autre portail de lumière. Elles ont leur propre salle de Guérison, très semblable à la première, mais pas tout à fait identique. Cela revient à dire qu'on les maintient séparées. C'est uniquement lorsqu'elles ont appris leurs leçons et qu'elles sont prêtes à la réintégration qu'elles se dirigent vers la pure Lumière blanche de l'amour pour rejoindre les autres sur leur chemin final.

Le processus est très ardu pour ces âmes et nous essayons de les aider dans la mesure de nos moyens. Au bout du compte, elles repassent par la salle de Projection avant de se diriger vers la salle de Guérison, ce qui fait qu'elles sont constamment soignées tout au long de leur processus. Cependant, même après avoir séjourné dans les deux salles, elles ne pénètrent jamais dans les niveaux supérieurs de l'au-delà, comme les autres âmes. Par contre, nous les accueillons avec amour à toutes les étapes et nous ne les jugeons jamais comme les formes humaines l'ont fait.

Après la salle de Guérison, ces âmes sautent les étapes du processus de guérison que la majorité des âmes traversent et se dirigent directement vers une salle où on les prépare à retourner à la vie terrestre. On leur propose trois couples de parents différents et elles choisissent ceux qui deviendront les leurs. Le processus est rapide et elles retournent très vite sur le plan terrestre pour poursuivre leurs leçons. La majorité des âmes restent plus longtemps pour évoluer dans les royaumes supérieurs du monde de l'âme.

Les chambres de guérison

Josiah fait une description très belle et très inspirante de ce que l'âme vit en entrant pour la première fois dans la salle de Guérison. Lors des méditations que j'ai faites pour la rédaction de ce livre, j'ai appris progressivement l'existence de plusieurs pièces plus petites à l'intérieur de la vaste salle de Guérison, petites pièces qui sont toutes uniques.

C'est Ben qui m'a fourni une partie de l'information et, même si j'ai entrepris depuis un moment ce voyage avec mes guides et que je possède certaines notions sur l'Esprit, je ne sais pas tout ce qu'il y a à savoir. Il y a de grandes parties de l'au-delà que je ne peux pas partager avec vous, parce qu'elles abritent un savoir extrêmement sacré. Par contre, je peux vous assurer d'une chose : vous ressentirez une somme d'amour incroyable à chaque étape de votre séjour dans l'au-delà.

Voici la description que Ben donne de la première des petites pièces de guérison à l'intérieur de la salle de Guérison :

> *Il y a beaucoup de pièces et de sections différentes dans l'enceinte de la grande salle de Guérison. L'une d'elles est la chambre Jaune où vous séjournez pour guérir des maladies contractées durant votre incarnation ayant aussi affecté votre âme. Cette chambre est saturée du jaune le plus éclatant qui soit et vous êtes complètement baigné dans le chaud rayonnement d'un soleil qui vous inonde, et entouré des guérisseurs qui travaillent avec vous avec une énergie aimante.*

La maladie physique est souvent causée par l'énergie malsaine de notre entourage ou par les situations préjudiciables de notre vie. Vous avez peut-être étouffé vos émotions négatives pendant si longtemps que votre corps en a été affecté, il faut donc que vous en soyez guéri. Dans la chambre Jaune, vous ne traitez que l'impact de la maladie et non la cause de sa manifestation. Il arrive que la maladie soit exigée par votre contrat d'incarnation, mais elle a tout de même marqué votre âme et cet impact doit être traité.

Certaines personnes tombent malades pour une raison précise, ce qui a été mon cas. J'ai dû combattre le cancer et subir une hystérectomie quand j'étais relativement jeune afin d'apprendre à ressentir de la compassion et de l'empathie pour ceux qui ne peuvent pas avoir d'enfants et ceux qui combattent les maladies mortelles. J'ai aussi appris à maintenir une attitude positive selon laquelle je saurais vaincre mes problèmes de santé, en dépit du poids de leur fardeau. Le fait d'avoir traversé cette épreuve incroyablement douloureuse m'a donné des forces supplémentaires pour affronter les autres défis de la vie.

Ben poursuit :

> *La chambre Verte est destinée aux âmes qui ont souffert de leur vivant de maladies mentales telles les nombreuses formes de démence ainsi que de dépression, d'infirmité congénitale, de schizophrénie et autres. Elles sont ici pour dépasser les causes de ces problématiques et de façon individuelle, la nature personnelle de ces causes. Il est difficile de rester dans cette chambre, car elle a vu tellement de souffrance. Quand les âmes sont guéries de ces problèmes, elles passent souvent dans la chambre Rose pour traiter les problématiques connexes.*

> *La chambre Rose est axée sur la guérison des abus. C'est dans cette chambre que vous entamez le processus de découverte personnelle afin de comprendre que vous n'étiez pas l'auteur de l'abus, mais plutôt la victime qui devait composer avec lui.*

Le message précédent mérite d'être clarifié, étant donné que l'abus est un sujet très délicat, par ailleurs mal compris par plusieurs. Les personnes victimes d'abus durant l'enfance, que ce soit verbal, physique ou sexuel, se croient souvent responsables de ce qui leur est arrivé, parce que c'est ce que les adultes à l'origine des abus leur ont répété durant des années. C'est faux. Si vous avez été maltraité durant votre enfance, surtout sexuellement, vous étiez la victime et non le responsable des abus : il est très important de le comprendre.

J'ai donné plusieurs lectures qui m'ont fait voir que les victimes d'abus deviennent à leur tour des agresseurs parce que c'est tout ce qu'elles connaissent, surtout lorsqu'elles ne comprenaient pas ce qui se passait et n'ont pas réussi à le comprendre correctement. Ainsi, l'enfant victime d'abus émotionnel a probablement grandi en pensant que ce genre de comportement était acceptable aux yeux d'autrui. Par la suite, en raison de cette programmation, ce comportement abusif est devenu un schéma psychologique que l'adulte maltraité répétera plus tard avec ses propres enfants. Certaines de mes lectures ont permis aux membres des familles aux prises avec cette problématique de comprendre comment l'abus avait pu se produire et en conséquence de clore l'incident.

Ben ajoute encore :

Il y a aussi la chambre Rouge où sont envoyés ceux qui ont causé beaucoup de souffrances à leurs semblables. Ils doivent étudier les raisons de leurs actes et examiner leur vie. C'est seulement par la suite qu'ils sont autorisés à poursuivre le processus et à passer dans les autres chambres.

Finalement, il y a la chambre Améthyste, un endroit très beau et très paisible, baigné de lumière violette. C'est dans cette chambre que vous passez la majeure partie de votre temps dans la salle de Guérison. Quand vous arrivez dans la chambre Améthyste, vous avez fort probablement séjourné un certain temps dans les autres chambres. Dans celle-ci, vous vous défaites des derniers vestiges du chagrin et de la souffrance qui vous restent du plan terrestre, faisant table rase et vous libérant afin de pouvoir poursuivre votre évolution.

La salle de Guérison est un lieu de découverte de soi et de guérison. Après votre séjour, vous avez le choix de rester dans l'au-delà ou de retourner sur le plan terrestre pour reprendre vos leçons.

D'après ce que l'Esprit a communiqué à propos du processus de guérison, il semble que toutes les possibilités vous seront offertes de guérir les blessures qui vous ont suivi du plan terrestre. Il est clair que si vous ne passez pas suffisamment de temps de l'autre côté à travailler sur vos problématiques, les vieux schémas de mal et de souffrance se perpétueront avec votre réincarnation. Par conséquent, au fil de votre cheminement dans l'au-delà, il est important de vivre toutes les étapes afin d'aider votre âme à guérir et à devenir plus forte afin qu'en définitive, vous soyez libre de passer à ce qui vous attend ensuite.

Je vous dirai exactement ce qui vous attend ensuite, et ce, tout de suite après notre visite de la dernière étape du voyage.

Chapitre 13

Pouvoir supérieur de l'âme : la salle de Tutelle

Votre processus de guérison dans l'au-delà vous a fait passer de la salle des Retrouvailles à la salle d'Attente, puis de la salle de Projection à la salle de Guérison ; il est maintenant presque terminé. Vous retrouverez dans cette dernière salle vos guides spirituels qui vous aideront à découvrir la meilleure voie qui convient à la poursuite de votre évolution d'âme. (À toutes les étapes du processus, vous pouvez retourner dans l'une ou l'autre salle pour poursuivre votre guérison avant de passer à autre chose.)

Pensez à votre passage à la salle de Tutelle comme à une rencontre avec un conseiller en orientation professionnelle, c'est-à-dire comme l'occasion d'évaluer vos forces et vos faiblesses, et de choisir le travail que vous ferez plus tard. Par la suite, vous serez libre d'explorer les horizons plus vastes de l'au-delà, d'entreprendre des leçons et des tâches qui faciliteront votre ascension dans la hiérarchie céleste, et finalement de vous préparer à vous réincarner sur terre. Ainsi que l'explique Josiah :

> Une fois que vous avez séjourné dans la salle de Guérison, vous passez à l'étape suivante en entrant dans la salle de Tutelle. C'est dans cette salle que vous révisez avec votre maître guide spirituel les progrès que vous avez faits à ce jour et discutez de l'aide qui vous a été offerte, que vous avez

*acceptée ou non, ainsi que des changements intervenus en vous. Grâce à
ce processus, vos liens avec votre guide s'approfondiront et vous profiterez
de votre compagnie mutuelle dans le rire et le plaisir.*

*Vous consulterez aussi votre dossier des Annales akashiques, qui décrit
votre existence en détail, y compris votre séjour dans l'au-delà et toutes
les vies que vous avez vécues sur terre, et vous serez mis au courant de
plusieurs mystères de la vie. Ensuite, il sera temps pour vous de découvrir
la prochaine étape et de dresser un plan pour le reste de votre séjour au
royaume de l'Esprit.*

Certaines émotions intenses pourront avoir fait surface durant les
processus entrepris dans la salle de Projection et la salle de Guérison :
à ce stade, vous pourrez donc vous occuper à la fois des situations *à
l'origine* de ces émotions et de votre évolution. C'est ainsi que se déroule
le développement cyclique dans l'au-delà, qui offre des occasions
constantes de guérir encore plus profondément.

Votre entrée dans la salle de Tutelle marque une sorte de cérémonie
de passage, le moment où vous complétez la première phase de votre
apprentissage et de votre guérison de l'autre côté. Vous acquerrez toujours de la sagesse et vous poursuivrez toujours votre évolution tant que
vous vivrez, mais votre passage dans la salle de Tutelle vous préparera
au cheminement que vous entreprendrez à titre de citoyen participant
pleinement à la vie de l'au-delà.

Changement de relations

Avant que je donne des détails sur la salle de Tutelle, j'aimerais faire
un bref aparté et parler du lien qui vous reste avec le plan terrestre et du
changement qu'il a subi à mesure que vous cheminiez dans l'au-delà.

À ce stade de votre processus de guérison, vous êtes plus à l'aise avec
l'idée de votre décès et vous avez accepté le grand voyage entrepris. En
vous habituant à vivre de l'autre côté, les liens que vous aviez avec vos
êtres chers sur terre se sont progressivement affaiblis. Avec le temps, la
situation a évolué au point où ils ne sentent plus votre présence. Cela
étant dit, vous pouvez encore leur rendre visite.

Comme vous êtes une âme, vous êtes capable d'entendre la pensée ou l'appel à l'aide d'un être cher encore incarné. Ainsi, vous pourrez découvrir qu'un membre de votre famille a besoin de votre aide pour vraiment faire le deuil de votre départ ou traverser une situation particulièrement difficile au travail ou dans une relation. En recevant «l'appel» de quelqu'un qui a besoin de vous sur terre, vous voudrez répondre par un message afin d'informer la personne qu'elle n'est pas seule et que vous êtes près d'elle. Vous aurez peut-être un signe particulier pour indiquer votre présence, une pièce musicale qui joue à un moment significatif, un papillon qui passe dans la nature ou une autre chose que vous jugerez pertinente pour la personne.

Vous pourrez même choisir de retourner sur terre et de suivre un être cher durant la journée en souhaitant faire connaître votre présence à votre père, votre fils ou votre frère, par exemple. Dans ce cas, il saura que vous êtes là, il regardera souvent derrière lui et percevra votre présence. En le voyant faire, vous voudrez l'envelopper de tout l'amour que vous vivez de l'autre côté, accroissant votre énergie de telle sorte qu'elle entoure sa forme physique et remplisse son aura. Vous aurez l'impression de lui donner une accolade ou une étreinte chaleureuse, mais elle sera d'une froideur glaciale et celui que vous aimez frissonnera ou aura la chair de poule.

Vous pourrez aussi sentir que la personne avec qui vous voulez entrer en contact, votre mère, votre fille ou votre sœur, par exemple, a besoin de plus que des signes déjà fournis pour établir votre présence. Dans ce cas, vous pourrez lui rendre visite en rêve et établir un contact profond avec son âme. À cette fin, vous devrez abaisser le taux vibratoire de votre énergie pour la rencontrer non loin du voile et elle devra augmenter le sien pour vous rejoindre.

Pendant ce temps, sur terre

Sur terre, nous élevons nos vibrations naturellement chaque fois que nous sombrons dans le sommeil. Tandis que nous dérivons entre la veille et le sommeil, en laissant notre subconscient prendre le relais, nos vibrations s'accélèrent, n'étant plus restreintes par nos préoccupations quotidiennes. Nous pouvons alors quitter notre corps et voyager dans l'astral en donnant à notre organisme la chance de se détendre et de guérir du stress ou de la souffrance vécus durant la journée.

Plus tôt dans cet ouvrage, j'ai mentionné mon expérience de ce phénomène lorsque j'étais enfant, alors que je me réveillais en sursaut dans mon lit parce que mon esprit conscient se manifestait pour m'empêcher de quitter mon corps. Vous pourrez vivre la même chose si, pour une raison ou une autre, vous n'êtes pas à l'aise avec l'idée de voyager dans l'astral.

La plupart des gens ne se souviennent pas de leurs déplacements, mais vous pourrez avoir au réveil le souvenir d'un homme ou d'une femme apparus en rêve, quelqu'un que vous connaissez. Dans ce cas, entrez en contact avec cette personne pour savoir si elle a fait un rêve semblable au vôtre. Si sa réponse est oui, vous saurez que vous êtes entré en contact avec elle en rêve et que vous avez voyagé ensemble dans l'astral tandis que vous étiez tous deux endormis.

Quand vous voyagez dans votre sommeil, toujours attaché à votre corps par votre cordon d'argent, vous vous rapprochez du voile qui sépare ce monde de l'autre. Par conséquent, vous pourrez vous réveiller avec le souvenir d'un moment magique vécu en rêve avec un cher disparu. Vous pourrez avoir reçu des visions ou des messages de sa part, ce qui indiquera sans l'ombre d'un doute que cette âme a tenté de vous joindre. Ou encore, en se servant de cette même capacité de créer une vision, vos chers disparus pourront projeter des souvenirs significatifs et très vifs que vous avez partagés de leur vivant, étant donné qu'ils n'ont pas encore entièrement coupé leurs liens terrestres.

Quoi qu'il en soit, n'oubliez pas que l'âme qui vous apparaît dans une vision ou en rêve peut avoir une apparence différente que le souvenir que vous gardez de cette personne. Ainsi, quand il me rend visite, mon grand-père n'est jamais chauve. Comme il n'a pas aimé perdre ses cheveux de son vivant, il revient sous une apparence beaucoup plus jeune et avec tous ses cheveux! J'ai mis un certain temps à le comprendre, mais l'explication est simple: comme les âmes n'ont pas de corps matériel, elles peuvent prendre l'image qu'elles veulent et, c'est à souhaiter, une apparence que vous saurez reconnaître.

Ariel explique comment les caractéristiques personnelles des âmes changent dans l'au-delà :

> *À mesure que le séjour des âmes se prolonge dans l'au-delà, l'étiquette du nom terrestre disparaît. Quand nous retournons dans l'Esprit, nous reprenons le nom qui nous a été donné lors de nos multiples séjours ici. Ainsi, mon nom ici est « Ariel », mais mon étiquette sur terre était Margaret. J'étais une femme, celle d'un bon conjoint, la mère de cinq enfants. J'ai perdu mon étiquette terrestre au fil du temps passé ici. Je n'ai plus non plus de sexe ou de genre, comme vous le diriez. Mes énergies sont féminines, ce qui explique que vous m'ayez associée à une femme. Si je désire me réincarner, je pourrai retourner en homme ou en femme, mais c'est une décision que je prendrai lorsque je serai prête.*

Chercher des réponses dans l'au-delà

Il faut une quantité phénoménale d'énergie aux âmes pour s'approcher et franchir le voile ; par conséquent, n'espérez pas trop de visites fréquentes. En fait, vous devez accepter que les visites soient de plus en plus rares à mesure que le temps passe, étant donné que les liens terrestres de vos chers disparus s'affaibliront progressivement.

En fait, il vient un temps dans les voyages de guérison de vos êtres chers où vous pouvez à peine sentir leur présence. C'est un phénomène normal, mais cela ne signifie pas qu'ils vous ont oublié. C'est plutôt que les âmes disparues savent quand leur présence est nécessaire et quel est le meilleur moment pour nous rendre visite ; ils obtiennent ces renseignements directement en nous écoutant sur le plan terrestre.

Il est important de comprendre que les âmes dans l'au-delà vous voient sous une lumière différente de celle sous laquelle vous vous voyez. Ils se fient aux données venant de votre aura, votre corps énergétique. Comme votre aura est une source directe d'énergie, elle ne ment jamais, ce qui fait que vos chers disparus savent toujours ce qu'il vous faut réellement en tout temps. Les âmes peuvent établir d'après votre aura où vous en êtes dans votre processus de deuil et si une visite vous sera bénéfique ou non. (Vous ne comprenez peut-être pas pourquoi ce ne serait pas une bonne idée qu'une âme vous rende visite, mais croyez-moi : en tant que médium, je sais comment cela pourrait vous affecter.)

C'est grâce à l'information vraie qui se lit dans votre aura que les personnes empathiques sont capables de savoir des choses dont vous pensez peut-être que personne n'en saura jamais rien. Il existe heureusement des moyens pour occulter cette faculté, ce qui s'avère parfois nécessaire dans le cours de nos occupations quotidiennes. Ainsi, je ne passe pas mes journées à parler avec les morts ; il y a un temps et un lieu pour cela. Comme j'ai appris à focaliser et à gérer mon énergie, la majorité des âmes que je rencontre respectent mes frontières et ne me harcèlent pas pour que je transmette leurs messages, à moins d'une urgence et, dans ce cas, je me rends disponible.

Grâce aux données que les âmes dans l'au-delà peuvent lire dans votre aura, ils vous connaissent mieux que vous-même. C'est pourquoi avant de donner une lecture, je demande toujours au client : « Voulez-vous tout savoir ? » J'ai besoin de son autorisation avant de transmettre tout ce qu'un esprit me dit.

Sachez que vous êtes toujours en relation avec la Source ; vos chers disparus le savent et ne vous révèlent que ce qui est nécessaire à votre évolution. Ils vous transmettront certains renseignements que vous jugerez difficiles, mais vous ne serez jamais placé devant une information que vous n'êtes pas capable de traiter. Par ailleurs, un esprit ne vous dira pas *tout* ce que vous affronterez dans la vie. En effet, il y a des expériences que vous devez traverser sans information préalable afin d'apprendre une leçon cruciale ou de découvrir quelque chose d'important sur vous.

L'âme qui a besoin de vous transmettre un message sera susceptible de vous guider vers la personne qui vous transmettra l'information. Vous pourrez rencontrer par hasard une personne qui donne des lectures ou quelqu'un vous recommandera un médium. Sachez toutefois qu'il n'y a pas de coïncidences dans la vie et que ce qui ressemble à un hasard n'en est pas un. Nous finissons tous par le comprendre en progressant dans notre cheminement existentiel.

Quand on entre en contact avec un cher disparu, on est parfois tenté de poursuivre l'échange en faisant appel à des lectures répétées. Cela pourra s'avérer malsain autant pour la personne qui cherche à recevoir les messages que pour l'âme qui est sollicitée. En réalité, les visites fréquentes peuvent nuire aux clients, en rendant les clients dépendants des conseils des âmes, au point de ne plus prendre leurs propres décisions. Bien entendu, comme je l'ai dit, les âmes dans l'au-delà peuvent suivre le progrès de ceux qui leur sont chers et ne leur offriront que le nombre de contacts nécessaire.

Cela me rappelle une cliente que j'avais au Royaume-Uni du nom de Chloé. Elle venait me consulter parce qu'elle avait perdu son mari et qu'il lui restait des affaires à régler avec lui. Il s'était suicidé, la laissant dans l'obligation de diriger sa compagnie et de s'occuper de ses nombreuses affaires. Elle était très en colère contre lui, mais avait découvert qu'elle était incapable de prendre des décisions importantes sans d'abord lui demander conseil.

La première fois que j'ai donné une lecture à Chloé, elle a obtenu les réponses qu'elle voulait, y compris les conseils dont elle avait besoin pour la poursuite de ses affaires. Lorsqu'elle est revenue me consulter plus tard dans l'année, je n'ai pas jugé la situation problématique. Fort heureusement, son mari s'est de nouveau manifesté, mais cette fois, comme il était guéri de ce qui l'avait troublé de son vivant, il était redevenu l'âme dont Chloé était devenue amoureuse. Leur lien était très fort.

Après quelques lectures, Chloé a pris l'habitude de fixer régulièrement un nouveau rendez-vous avec moi immédiatement après la fin de la rencontre. À l'époque, j'avais une liste d'attente de six mois, ce qui fait que j'étais à l'aise de lui donner un rendez-vous relativement éloigné du précédent. Mais, à mesure que la distance entre les rendez-vous s'amenuisait, j'ai commencé à soupçonner que les contacts fréquents de ma cliente avec son mari n'étaient peut-être pas aussi sains que cela.

Finalement, le mari de Chloé m'a avoué qu'il ne pouvait plus continuer à se manifester dans nos lectures, étant donné que cela retardait son processus en le gardant lié à notre dimension. J'ai eu de la difficulté à le faire comprendre à Chloé, surtout parce qu'elle *ne voulait pas* l'entendre. Par ailleurs, j'ai su qu'elle rencontrait aussi d'autres médiums à mon insu entre nos lectures.

Lors de notre rencontre suivante, le mari de Chloé n'a pas répondu à l'appel. À sa place, le guide spirituel de la jeune femme s'est manifesté pour lui dire d'arrêter les lectures et de laisser la vie suivre son cours. Le guide de Chloé lui a révélé qu'il était écrit dans son contrat d'incarnation à elle que son mari s'enlèverait la vie, mais qu'elle s'en remettrait et finirait par passer à autre chose.

Après cette lecture, je suis partie pour les États-Unis et je n'ai pas revu Chloé, mais je suis restée en contact avec elle par courrier électronique. J'ai reçu de ses nouvelles récemment : elle a rencontré quelqu'un et refait sa vie. Cette femme m'a clairement fait comprendre que les gens peuvent devenir dépendants des lectures au détriment de leur développement personnel ; j'ai donc établi une nouvelle règle selon laquelle un client ne peut prendre rendez-vous avec moi s'il a eu une lecture dans les six mois qui précèdent.

Même si vos chers disparus finissent par ne plus vous donner régulièrement signe de vie par des messages et des signes, sachez qu'ils conservent leur lien avec vous. Ils vous entendront et seront à votre disposition aussi longtemps qu'ils le pourront. Néanmoins, ils doivent aussi cheminer dans l'au-delà et il n'est pas bon pour leur évolution de faire constamment appel à eux. Soyez patient et sachez que vous serez de nouveau avec eux de l'autre côté.

La fin des visites

Si les visites de vos chers disparus cessent tout à fait, l'explication est probablement fort simple. En observant vos émotions, les âmes sont capables de juger s'il vaut mieux entrer en contact avec vous ou non, ce qui fait qu'elles peuvent planifier leurs visites en fonction de leurs constatations. Elles pourront conclure que leurs visites continuelles exigent trop de vous et comme elles doivent finir par accepter leur décès et qu'elles s'adaptent bien à l'au-delà, elles choisiront de passer à autre chose et de se concentrer sur leur processus de guérison.

Il se peut aussi que vos chers disparus soient revenus se réincarner sur terre. Dans ce cas, les âmes seront moins disponibles pour toute forme de communication faisant appel à la parole. En tant que médium, j'ai appris qu'une empreinte de l'énergie de l'âme reste de l'autre côté, très semblable aux traces d'ADN sur un vêtement ou aux empreintes digitales sur un verre. Un médium peut lire cette empreinte, mais non entrer en contact pour recevoir des messages.

Si les signes ou les visites de vos chers disparus ont cessé en raison de leur réincarnation et que vous voulez les retrouver dans leur nouveau corps, cherchez les personnes qui ont les mêmes yeux que ceux que vous avez perdus. Les yeux sont le miroir de l'âme ; ils peuvent vous donner des indices quant à la personnalité que vos êtres chers pourront avoir endossée cette fois. Vous devez vous fier à votre instinct viscéral ; si, en rencontrant quelqu'un, vous avez le sentiment qu'il s'agit d'un être cher réincarné, vous devriez vous fier à ce sentiment et explorer la possibilité.

Finalement, certaines âmes sont si heureuses et si satisfaites dans l'au-delà qu'elles ne sentent plus le besoin d'entrer en contact avec vous. Elles peuvent continuer de vous surveiller à l'occasion, mais elles ne vous laisseront plus ni signes ni messages, ayant dissous leurs liens terrestres au point où vous n'entendez plus parler d'elles. Elles ont toujours un lien avec vous, même s'il est inactif, mais vous remarquerez que vous avez passé à autre chose vous aussi et que vous pensez peut-être moins à elles avec le temps.

La salle de Tutelle

Revenons à votre voyage d'âme : en entrant dans la salle de Tutelle, vous reprenez contact avec vos guides spirituels afin de découvrir ce que vous ferez du reste de votre séjour dans l'au-delà. Cette étape est beaucoup plus relaxante que les périodes de guérison intense que vous venez de traverser. À ce stade, vous êtes chez vous dans l'au-delà et vous vous y sentez très à l'aise.

Dans la salle de Tutelle, vous aurez le temps de prendre des nouvelles de certains compagnons d'âmes que vous n'avez pas beaucoup vus depuis votre arrivée, étant donné que vous étiez très occupé à guérir ou à visiter le plan terrestre. Pendant ce temps, vous approfondirez vos liens avec ces âmes, surtout votre maître guide. Vous ferez aussi plus ample connaissance avec l'être qui vous est «assigné» comme Aîné. Comme vous vous en souvenez peut-être, les Aînés sont des âmes très évoluées dont le rôle consiste à accueillir les âmes qui entrent dans la salle d'Attente et à leur remettre leurs contrats d'incarnation. Il faut qu'une âme évolue énormément dans son cheminement pour devenir un Aîné. Bien qu'ils soient supérieurement évolués, les Aînés continuent de revenir dans notre dimension pour aider ceux qui sont dans le besoin, souvent en devenant des maîtres spirituels ou des gourous.

C'est maintenant le temps pour vous de réfléchir à la pleine signification de l'incarnation que vous venez de quitter ainsi qu'aux nombreuses existences que vous avez vécues auparavant. Dans la salle de Tutelle, on vous montrera des souvenirs de votre existence afin de déterminer le sens des événements. Vous découvrirez que vos guides ont joué un rôle dans toutes vos vies et que vous les avez aidés dans *leurs* incarnations. Plusieurs mystères de la vie vous seront révélés, mais vous ne saurez que ce que vous avez besoin de savoir pour pouvoir planifier la suite de votre périple.

Vous verrez aussi votre dossier des Annales akashiques, c'est-à-dire l'empreinte énergétique de votre âme et tout ce que vous avez vécu au fil de vos nombreuses incarnations : les blessures, la souffrance, l'amour et le chagrin. Vous réviserez tout cela avec votre maître guide spirituel et ce sera comme vous remettre à jour avec un vieil ami perdu de vue depuis longtemps, un partage et une remémoration en feuilletant un album de découpures ou de photos.

Il est important de souligner que les âmes noires qui ne sont pas entrées dans l'au-delà par le portail de la pure Lumière blanche se préparent au retour sur le plan terrestre sans passer par la salle de Tutelle. Comme elles ne restent pas dans l'au-delà, elles n'ont pas besoin de se prêter à un processus de planification. Leur sort est un passage rapide dans la salle de Présélection pour observer la nouvelle famille au sein de laquelle elles naîtront et recevront d'autres leçons qui leur permettront d'évoluer tout en guérissant. (Toutes les âmes passent par la salle de Présélection avant la réincarnation ; je la décrirai plus en détail un peu plus loin.)

J'ai découvert ce que vit l'âme dans la salle de Tutelle lorsqu'une âme rendue à ce stade s'est manifestée dans une lecture.

J'avais reçu Joan plusieurs fois au fil des ans. Ma cliente avait voulu que j'entre en contact avec sa mère, Patty, après son décès à la suite d'un cancer. Patty avait été une cliente de ma grand-mère et avait manifesté de son vivant une grande ouverture d'esprit par rapport au monde spirituel. Je ne doutais pas qu'elle serait présente lorsque Joan viendrait pour sa lecture.

C'est ce qui s'est passé. En plus de l'échange convenu sur les souvenirs qui lui restaient dans l'au-delà, Patty nous a transmis un renseignement auquel ni sa fille ni moi ne nous attendions. Elle nous a dit qu'elle avait rencontré un homme parfaitement incroyable de l'autre côté, absolument merveilleux et d'une grande beauté. À mesure qu'ils faisaient connaissance, elle a compris qu'ils avaient été amants dans une vie antérieure et qu'il avait choisi de rester dans l'au-delà pendant qu'elle s'incarnait sur le plan terrestre.

Patty a confié à sa fille qu'elle aimait tendrement son mari sur terre, c'est-à-dire le père de Joan, mais qu'en réalité, le bel homme était son guide et son âme sœur. Le plus intéressant est que le père de Joan était aussi dans l'au-delà : la mère de Joan et lui étaient des compagnons d'âmes importants et ils étaient heureux de renouer après la transition de Patty.

Orientation professionnelle céleste

Dans la salle de Tutelle, vous découvrirez quels sont maintenant vos besoins en tant qu'âme, tout comme vous pourriez le faire sur terre en allant rencontrer un orienteur pour planifier votre avenir. Vous pourrez choisir de rester avec votre âme sœur de l'autre côté, où vous pourrez jouir de nouvelles possibilités d'évolution et de développement. Vous pourrez endosser un rôle de service et acquérir une formation de guide en vous joignant au rang des auxiliaires célestes et en devenant peut-être même un Aîné par la suite. Ou vous pourrez décider de retourner sur le plan terrestre. Votre cheminement peut prendre plusieurs directions, mais le choix vous revient. Cette étape porte sur la découverte de ce qui est bon pour *votre* âme.

Josiah indique ceci :

Si vous n'êtes pas déjà retourné sur le plan terrestre pour vous réincarner, vous explorerez à ce stade votre vie de l'autre côté. Vous aurez l'occasion de choisir un objectif, mais ce choix ne sera pas tout de suite exigé. Ce ressemblera beaucoup à ce que vous faites en réfléchissant à un choix de carrière sur terre.

Vous pourrez constater que certains guides vous quittent à ce stade, car il est temps pour eux de se réincarner ou de passer à autre chose et d'aider quelqu'un d'autre. Certains guides vous demanderont peut-être de les aider dans leur affectation suivante ou d'être leur guide. Dans ce cas, vous aurez l'occasion de voir d'un autre angle ce qu'est la vie d'un guide.

Vous pourrez prendre conscience qu'il est préférable pour l'évolution supérieure de votre âme de séjourner plus longtemps dans l'au-delà pour apprendre vos leçons et assumer des tâches qui seront utiles à d'autres âmes. Vous pourrez décider de devenir un guérisseur, d'aider les énergies universelles naturelles à aider le plan terrestre à continuer de vivre et de respirer ou de devenir le guide spirituel de quelqu'un. Il n'y a pas de bon ou de mauvais choix ; la décision vous revient entièrement après votre révision dans la salle de Tutelle. Vos guides vous guideront et vous donneront des conseils, mais ne peuvent prendre la décision à votre place. Votre âme saura ce que vous devez faire et c'est ce que vous choisirez.

Dans la salle de Tutelle, vous découvrirez aussi les leçons qu'il vous restera à intégrer lors de votre prochaine incarnation. Si vous ne vous incarnez pas avant un moment, vous aurez amplement de temps pour décider ce que vous voulez apprendre ensuite. La décision n'est pas facile à prendre, ce qui fait que le moment venu, vous serez invité à réfléchir soigneusement à la question.

À ce stade, certaines âmes retournent plus vite que d'autres sur le plan terrestre, peut-être parce qu'elles prennent une décision hâtive, mais vous ne devriez pas être aussi expéditif. Le fait d'étudier *soigneusement* les leçons que vous devez apprendre et de voir ce que vous avez intégré jusqu'à présent vous aidera à déterminer la prochaine étape de votre périple.

Si vous décidez de rester dans l'au-delà, on vous confiera un « travail » dans la salle de Tutelle, c'est-à-dire un moyen d'aider les autres pendant que vous choisissez votre prochaine étape. Vous ne voudrez peut-être pas entendre que vous devrez travailler une fois de l'autre côté, étant donné que vous avez travaillé très fort votre vie durant et que vous vous attendez à quelque chose comme des vacances en mourant.

N'ayez crainte : le travail qui vous sera confié ne ressemblera en rien à votre occupation sur terre. Il s'agira plutôt d'une sorte d'entreprise spirituelle dans laquelle vous aiderez d'autres âmes qui font le processus. On pourra vous demander d'accueillir un membre de votre famille, exactement comme vous avez été accueilli. On pourra vous assigner la tâche de sauver les âmes égarées qu'il faut faire passer dans la Lumière. Ou encore, vous serez peut-être envoyé au chevet des enfants ou des animaux sur le point de mourir et qui ont besoin d'un surcroît de soutien. La liste est sans fin.

On vous offrira de nombreuses possibilités qui pourront changer selon votre mode de gestion du temps dans l'au-delà. Par contre, vous n'aurez pas le choix en ce qui concerne votre travail. Un Aîné sera nommé responsable du plan élargi de votre âme et fera ce choix à votre place. Même si vous disposez en réalité de plusieurs choix en vertu de votre libre arbitre, vous devrez tout de même apprendre certaines leçons dans l'au-delà, dont votre Aîné connaîtra la nature.

Ariel partage ces lumières sur le sujet :

Votre point de mire est l'apprentissage et vous ne cesserez jamais d'apprendre. J'ai vu tellement d'âmes qui croyaient que leur séjour ici se déroulerait comme sur des roulettes et qui ont découvert que l'apprentissage est la partie la plus difficile. Pour couronner le tout, nous devons leur dire qu'elles ont un travail à faire! Certaines sont estomaquées, d'autres l'acceptent, mais c'est difficile pour tout le monde. Vous avez travaillé toute votre vie et maintenant, alors que vous rentrez à la maison dans un lieu de paix et de tranquillité, vous devez vous remettre au travail.

Le travail qui vous est confié ici diffère de ce que vous faisiez sur le plan terrestre. Votre tâche dépend des leçons que vous avez apprises de votre vivant. Plus vous êtes avancé dans l'évolution de votre âme, plus votre assignation est importante. Tout le travail est important, bien entendu, mais un rôle vous est attribué en fonction de ce que vous avez accompli en ce qui concerne l'évolution spirituelle.

Accueillez-le et laissez-le être. Votre travail vous préparera à votre prochain objectif d'incarnation. Il pourra s'agir d'aider les autres à faire la transition, de travailler comme guide spirituel ou de retourner sur le plan terrestre. Quelle que soit la tâche qui vous est assignée, faites-la bien et vous graverez les échelons célestes où vous atteindrez un jour l'état d'être éternel.

Bien entendu, votre vie de l'autre côté ne comportera pas que du travail. Il y aura aussi des moments pour rire et s'amuser. Il n'y a jamais d'hostilité, pas telle que vous la connaissez. Au lieu de cela, l'au-delà est un lieu d'apprentissage et de conseils où vous êtes aidé et éduqué. Si vous voulez retourner sur le plan terrestre pour vérifier où en sont vos êtres chers, vous pouvez le faire. C'est un choix et vous êtes autorisé à le faire, mais n'oubliez pas que cela exige beaucoup d'énergie et que vous voudrez peut-être conserver la vôtre pour accomplir vos tâches.

Exploration de l'au-delà

Si vous choisissez de rester dans l'au-delà, vous disposerez d'une période pour apprendre, évoluer et comprendre pleinement le trésor de connaissances à votre portée. Cela inclut les rencontres avec votre Aîné et votre maître guide, s'ils sont toujours avec vous à ce stade. Vous devrez continuer de vous rapporter et de faire en sorte d'atteindre vos objectifs établis, mais vous aurez souvent l'occasion de vous promener et de découvrir les merveilles de l'autre côté.

Josiah explique :

Après votre passage dans la salle de Tutelle, vous êtes libre de vagabonder dans l'au-delà. Vous êtes toujours en compagnie de vos compagnons d'âmes dont la tâche consiste à vous aider à rester sur la voie. En effet, cet endroit peut s'avérer très divertissant et certaines âmes partent et ne reviennent pas pour remplir leurs assignations. Dans ce cas, leur évolution s'interrompt, ce qui indique qu'il est temps pour elles de retourner sur le plan terrestre et d'apprendre les leçons qu'elles ont à intégrer. Sur terre, elles répéteront les mêmes schémas qu'elles avaient dans leur incarnation précédente de façon à reprendre l'apprentissage de leurs leçons.

Tandis que vous explorez l'autre côté, vous devez vous rapporter régulièrement à votre Aîné et à votre guide spirituel. Dans votre monde, cela se produirait toutes les semaines, mais dans notre temps, c'est toutes les trente minutes. Néanmoins, croyez-moi : vous aurez tout le temps nécessaire pour découvrir les nombreux endroits et les multiples choses qui sont ici.

L'exploration de l'au-delà ne comporte pas d'échéancier, étant donné que chaque âme est différente ; vous pouvez donc rester aussi longtemps que votre contrat l'exige. Il y a tant à découvrir et à créer dans cette nouvelle étape du processus et vous disposez d'un grand libre arbitre. Sachez que les autres âmes veulent que vous soyez heureux et que vous serez entouré de paix, d'amour et de tranquillité.

C'est aussi le moment de vous concentrer sur vos nombreuses relations avec votre famille spirituelle. Vous avez la chance de nouer des liens plus profonds avec votre âme sœur et de ne plus faire qu'un avec elle en ressentant pleinement l'amour que vous avez l'un pour l'autre. De plus, il est temps pour vous d'être en compagnie de vos compagnons d'âmes et de comprendre pourquoi vous êtes tous liés en tant que groupe. Ensemble, vous pouvez œuvrer à un dessein supérieur, par exemple contribuer à créer un monde en paix. Vous serez aussi en mesure de rendre visite à ceux que vous aimez sur le plan terrestre, mais vous constaterez que ces visites se font plutôt rares. Votre vie est maintenant de l'autre côté à explorer ses nombreuses dimensions et c'est ce que vous ferez jusqu'à ce qu'il soit temps pour vous de retourner et de vous réincarner de nouveau.

Avant de quitter la salle de Tutelle, vous déterminez les tâches et les leçons dont vous devez vous occuper dans l'au-delà. Vous avez aussi votre travail à accomplir qui peut consister à accueillir quelqu'un qui arrive du plan terrestre et à lui servir d'auxiliaire et de guide durant son voyage dans l'au-delà. Les tâches qui vous sont assignées sont gratifiantes et vous aideront à maximiser votre temps. En fait, plus vous travaillerez à cultiver, alimenter et aimer votre âme, plus vous deviendrez illuminé.

Votre guide spirituel ou votre Aîné pourront vous demander de les aider dans une situation que vous connaissez bien grâce à votre expérience sur le plan terrestre. Il pourra s'agir d'une problématique qu'ils doivent affronter, qui se rapporte à la manière dont une personne gère sa vie et pour laquelle ils ont besoin de votre connaissance de la dimension terrestre afin de pouvoir l'influencer. Vous serez peut-être appelé à venir en aide à la personne avec qui ils travaillent, puisque vous aurez vécu la même problématique durant votre incarnation. Le problème pourra être lié à des problématiques complexes comme la cupidité ou le matérialisme, par exemple, et si le guide et l'Aîné ne sont pas retournés sur le plan terrestre depuis un moment, ils pourront ne pas comprendre et auront besoin d'un bon coup de main.

De telles tâches ne durent pas longtemps, mais on s'attendra à ce que vous les acceptiez pour votre développement personnel et que vous les compreniez et les aimiez, par ailleurs. Josiah explique pourquoi il est important que l'âme accomplisse les tâches qui lui sont assignées :

> *Vous serez peut-être appelé à guider ou à surveiller un individu qui ressemble à qui vous étiez durant votre plus récente incarnation afin de pouvoir constater l'impact que vous avez eu sur les autres en l'observant. En même temps, vous êtes là pour l'aider, tout comme son ou ses guides. En cours de processus, vous verrez quelle frustration peut engendrer le fait que les êtres du plan terrestre n'écoutent pas leur voix intérieure, cette même voix que nous, leurs guides, leur envoyons.*

> *Vous pourrez faire une nouvelle lumière sur la situation en nous montrant pourquoi un individu ne nous écoute pas. Comme vous avez été sur le plan terrestre plus récemment que nous, vous pourrez nous aider à enrichir notre compréhension.*

> *Quelle que soit la tâche qui vous est assignée, c'est pour le plus grand bien de l'Univers et le vôtre. Par ailleurs, les tâches sont régulièrement réassignées. Ainsi, au moment de repartir, vous vous réincarnerez avec un trésor de connaissances, ce qui vous permettra de vivre une vie plus satisfaisante sur le plan spirituel. En ayant accompli plusieurs tâches, vous serez également en mesure de mieux aider vos semblables sur terre.*

Josiah conclut par cette remarque personnelle sur ma vie :

> *C'est ce que vous avez fait après votre dernière incarnation où vous vous êtes enlevé la vie. Vous avez juré d'accomplir le plus de tâches et de*

travaux possible pour aider les gens qui souffrent autant que vous avez
souffert afin d'évoluer en tant qu'âme.

En dépit de toutes les tâches qui vous sont assignées dans l'au-delà, vous avez amplement le temps de vous détendre et de profiter de ce que les lieux ont à vous offrir. C'est un endroit aussi spectaculaire que vous pouvez l'imaginer. Il y a des lieux grandioses à découvrir : des lacs, des rivières et des panoramas montagneux que les mots n'arrivent pas à décrire. Même si tout ce que vous voyez est d'une vitalité époustouflante, c'est aussi un endroit plein de paix, d'amour et d'harmonie.

Josiah tente de nous en donner une idée :

Oh ! cet endroit est tellement beau. Bien entendu, il est entièrement
créé par l'esprit et la pensée, ce qui donne une image de l'aspect que nous
voulons qu'il ait. Mais, il est aussi pittoresque et paisible, et entièrement
débordant d'amour.

Matérialisme et au-delà

En dépit de la beauté de l'au-delà, certaines âmes sont encore aux prises avec des problématiques non résolues. Heureusement, leurs problèmes ne sont jamais aussi graves que ceux que l'on expérimente dans la vie, mais ressemblent plus à la situation de deux personnes qui ont une divergence d'opinions et conviennent amicalement de ne pas être du même avis, s'amusant même de la situation. Ce n'est jamais plus sérieux que cela ! Et, bien entendu, ces âmes se voient confier des tâches conçues pour les aider à résoudre leurs difficultés.

Dans certains cas, les problématiques touchent au matérialisme et à la cupidité, un reflet de notre monde qui nécessite encore beaucoup de guérison. Josiah explique ceci :

Dans l'au-delà, vous pouvez créer tout ce que vous voulez. Mais, si
durant votre incarnation, votre motivation était l'argent et que vous
avez créé toute la richesse que vous vouliez, vous découvrirez que cette
création n'est ici qu'une invention de votre imagination, et qui vous
sera enlevée après un certain temps, de surcroît. Cela nous enseigne que

la vie est bien plus qu'une question de biens matériels et que nous ne devrions rien tenir pour acquis.

Nous constatons que les âmes qui aspirent encore à la richesse dans l'au-delà sont celles qui n'ont pas appris leurs leçons et sont réticentes à grandir. Elles n'ont pas fait leurs devoirs ni leurs tâches, plus préoccupées de leur confort et de l'illusion des gains matériels. Comme elles n'ont pas appris leurs leçons ici, elles se réincarneront avec la même mentalité et devront reprendre les mêmes leçons.

Il est très tentant de se créer une existence de nabab dans l'au-delà, mais après avoir revu votre vie dans la salle de Projection et été témoin de l'impact de votre fortune sur autrui, vous serez moins enclin à céder à cette tentation.

En relisant ces messages de Josiah, j'ai été abasourdie en prenant conscience à quel point le monde dans lequel nous vivons est matérialiste, alors que les êtres humains ont besoin de beaucoup plus de compréhension et d'amour. Cela pourrait expliquer pourquoi partout sur la planète, les gens sont beaucoup plus ouverts à l'Esprit et prennent conscience de la spiritualité. Je crois aussi que nous engendrons une population de jeunes doués qui représentent notre avenir. Ces garçons et ces filles sont des âmes très évoluées qui ont passé plus de temps dans l'au-delà que les autres, de sorte qu'ils sont prêts à entourer le monde de cette guérison qui nous est si nécessaire à tous.

C'est encourageant de savoir qu'il n'y a pas de valeurs matérialistes dans l'au-delà. Quand je vivais au Royaume-Uni en donnant jusqu'à vingt-cinq lectures par semaine, mes clients étaient étonnés de constater que leurs chers disparus ne semblaient jamais avoir de conseils à donner en matière de finances. Je transmets toujours à mes clients exactement ce que je reçois et j'ai rarement croisé des esprits qui voulaient parler de problèmes d'argent, à moins d'une situation désespérée. Comme les esprits ne s'inquiètent pas des choses matérielles, il est difficile pour eux de commenter le sujet.

Quoi qu'il en soit, quand je demande à mes clients à la fin de notre rencontre s'ils ont des questions, la plupart du temps, ils veulent savoir s'ils obtiendront la sécurité financière plus tard ou combien de temps ils devront attendre avant de rencontrer « l'homme [ou la femme] idéal ».

Les esprits ne sont pas enclins à me transmettre ce genre de renseignement non plus, parce qu'ils n'ont pas le sens du temps et ne se préoccupent pas de l'avenir.

Par ailleurs, ils ne jugent pas. À ce sujet, Josiah dit ceci :

> *Les âmes ne jugent jamais. Un membre de votre famille d'âmes ne jugera jamais ce que vous faites de votre vie en ce moment. Si vous décidez par exemple de vivre une relation homosexuelle, ce que les membres de votre famille terrestre désapprouvaient de leur vivant, ils ne vous jugeront plus une fois dans l'au-delà. La vie et la mort, comme vous les appelez, sont une affaire de choix et c'est une chose que vous devez honorer.*

> *Durant votre période d'exploration, vous ferez de nouveau un saut à la salle de Tutelle pour bavarder avec votre maître guide et votre Aîné. Ils décideront des nouvelles tâches que vous devez accomplir ou vous suggéreront d'autres activités utiles à entreprendre. Au bout du compte, toutefois, ce que vous faites à ce stade relève de votre choix. Vous pouvez étudier vos progrès et décider de changer de vie ou non, mais personne ne peut vous y obliger. Vous pouvez aller de l'avant, poursuivre votre cheminement dans l'au-delà ou décider si vous voulez retourner à une nouvelle vie sur le plan terrestre et à quel moment. Vous pouvez retourner au moment qui vous convient et décider de ce que vous voulez faire.*

À ce stade de votre processus de guérison, vous avez décidé en tant qu'âme si votre prochaine étape vous amènera à prolonger votre séjour dans l'au-delà ou à retourner sur terre pour commencer une nouvelle incarnation. Vous penserez peut-être que vous ne voudrez pas retourner sur le plan terrestre, mais en réalité, il le faut, à moins que vous ayez rempli votre contrat d'incarnation et que les royaumes supérieurs vous conseillent autre chose.

Dans le prochain chapitre, j'expliquerai à quoi ressemble le cheminement de ceux qui restent dans l'au-delà.

Chapitre 14

Service supérieur et rencontre de Dieu

À cette étape de votre voyage spirituel, vous avez probablement exploré l'au-delà et conclu que vous aviez fini d'apprendre vos leçons sur ce plan ; en conséquence, vous avez choisi de retourner sur le plan terrestre. Sachez toutefois qu'une fois de retour sur terre, vous pourriez bien vous retrouver à répéter les mêmes leçons de façon plus approfondie. Vous aurez également de nouvelles leçons à apprendre, étant donné que votre évolution d'âme se poursuit au cours de votre incarnation dans la perspective continue d'un cheminement supérieur.

Quoi qu'il en soit, ce chapitre est axé sur ce qui se passe si vous choisissez de rester dans l'au-delà et d'emprunter la voie du service supérieur afin de favoriser votre évolution.

Devenir un guide spirituel

Une des premières étapes de la voie du service consiste à devenir un guide spirituel pour venir en aide aux âmes incarnées sur terre. Bien entendu, le niveau que vous intégrerez en entrant dans ce service dépendra de votre expérience personnelle, mais aussi de l'expérience que vous aurez peut-être déjà acquise comme guide. Par conséquent, quand vous faites ce choix, votre maître guide spirituel et vous aurez plusieurs conversations pour échanger sur ce qui vous attend. Vous pourrez apprendre que vous serez le guide de votre maître guide, si cette âme se réincarne. Vous pourrez aussi être sélectionné pour guider un de vos compagnons d'âmes, par exemple votre âme sœur ou un membre de votre famille d'âmes.

L'identité de la personne que vous guiderez restera à déterminer, mais ce ne sera pas votre responsabilité. C'est l'âme qui retourne sur terre qui fera ce choix en évaluant soigneusement qui est le mieux placé pour l'aider à apprendre ses leçons imposées. L'âme vous fait un grand honneur en vous demandant de la guider ; en effet, cette requête signifie que votre évolution est reconnue et que vous êtes assez fiable pour aider un semblable à étudier ses leçons de vie.

Dans certains cas, les contrats d'incarnation déterminent pour chaque vie qui sera le guide et qui sera guidé. Ainsi, j'ai établi un contrat pour cette incarnation avec Ben, mon maître guide. Nous avons déjà échangé nos rôles cependant : je le guidais dans sa dernière incarnation et c'est maintenant à son tour.

Si le contrat d'incarnation ne comporte pas d'arrangement précis, les âmes qui retournent chercheront conseil auprès de leur Aîné pour déterminer l'identité de leur guide. Les Aînés prépareront ensuite les guides choisis afin de s'assurer qu'ils guideront les âmes correctement dans leur incarnation et qu'ils les maintiendront sur la bonne voie.

Nous savons que l'Aîné est une âme très évoluée dont la tâche consiste à nous éclairer et à nous assister dans notre voyage. Votre Aîné vous est « assigné » pour l'éternité, même s'il décide de se réincarner de nouveau. Vous serez toujours lié l'un à l'autre et ce lien ne sera jamais rompu. Néanmoins, une fois qu'elle a évolué suffisamment pour devenir un Aîné, l'âme est en général satisfaite de rester et d'aider les autres. Il est rare qu'elle voie une raison de retourner sur terre, à moins que la requête ne vienne d'une source supérieure.

Il est important de savoir que les Aînés ont déjà évolué sur le plan terrestre et qu'ils connaissent les leçons que les êtres humains doivent apprendre ainsi que les épreuves et les tribulations vécues dans cette dimension. En fait, ils ont vécu plusieurs vies, certaines plus pénibles que d'autres. Ils ont fait l'expérience de tout ce que vous pouvez imaginer, y compris la pauvreté, la fortune, l'abus, la cupidité, l'amour, la maladie et plusieurs autres circonstances préjudiciables. Ayant sur-monté tous ces défis, ils savent comment aider les âmes qui se préparent à l'incarnation.

Les gens sur terre se demandent souvent pourquoi leur vie est si dif-ficile, mais il est rare qu'ils comprennent que ces épreuves ont peut-être une raison d'être. Ayant moi-même vécu ce questionnement en maintes occasions, j'ai fini par croire qu'en tant qu'êtres humains, nous vivons des existences difficiles parce que nous sommes tous formés pour remplir un dessein supérieur. (En particulier, le fait que les Aînés aient eux-mêmes vécu des moments difficiles est une preuve à l'appui de ce que j'avance.) Les défis présentent toujours des leçons que nous devons apprendre et il nous revient de les accepter, même en ne les com-prenant pas sur le moment. Quel que soit votre tourment, sachez qu'il est présent dans votre vie pour vous enseigner quelque chose.

Dans l'au-delà, les âmes regardent en arrière et revoient la vie qu'elles ont menée, en examinant ce qu'elles ont appris, parfois au milieu de grands défis et de grandes épreuves. Elles ont hâte de se réincarner et elles planifient entièrement leur prochaine vie en décidant des évé-nements et des leçons qu'elles vivront pour remplir leur contrat. En renaissant sur le plan terrestre, nous oublions que nous choisissons constamment d'apprendre et d'évoluer dans la vie, au lieu de rester assis sur nos lauriers ou de nous la couler douce.

La période de formation

Lorsque vous choisissez de devenir guide, vos rencontres régulières avec votre Aîné prennent beaucoup d'importance. Vous passez des heures (en termes terrestres) avec cette âme évoluée qui vous aide à vous développer et à vous préparer à votre rôle, que ce soit d'auxiliaire au sein d'une équipe de guides ou de maître guide supervisant l'équipe. Vous êtes emmené dans une foule d'endroits, vous faites plusieurs visites dans la dimension terrestre pour évaluer les différentes leçons que l'âme que vous guiderez aura à traverser et vous admirez également les merveilles de l'existence et de l'Univers. Une fois de retour dans l'au-delà, vous êtes dirigé vers la salle des Registres où sont conservées les

Annales akashiques, ce qui vous permet d'accéder à plusieurs mystères de la vie grâce auxquels vous pourrez venir en aide à une autre âme dans son incarnation.

À un moment donné, on vous «assigne» une âme qui retourne sur terre. Votre formation exige ensuite que vous restiez auprès d'elle afin de bâtir graduellement une confiance, un amour et un soutien mutuels. Vous êtes déjà en relation, toutes les deux, puisque vous faites partie de la même famille d'âmes, mais à partir de maintenant, vous devrez toujours être ensemble afin de vous préparer à affronter les leçons qui accompagneront la prochaine incarnation terrestre.

Pendant ce temps, vous étudiez les avantages que comporte votre rôle dans votre développement. Prenons un exemple : dans votre dernière incarnation, vous aviez un don de guérison et vous avez aidé les autres à guérir de leurs maladies tout en cultivant vos capacités. Aujourd'hui, en tant qu'âme qui en guide une autre, vous pourrez aider votre pupille à développer ses capacités de guérison tout en renforçant vos propres capacités.

La formation de maître guide spirituel étant très avancée, il faut un engagement total pour assumer ce poste. D'après ce que Ben m'a dit, vous devez d'abord jouer quelques fois le rôle de guide adjoint avant d'être prêt à devenir maître guide. Par ailleurs, vous devez avoir acquis une certaine expérience de l'accompagnement des âmes dans leur voyage dans l'au-delà et accompli beaucoup de choses durant votre propre passage sur terre.

Dans votre formation de maître guide, on vous demandera à l'occasion de venir en aide à une équipe de guides chargés de soutenir une personne incarnée aux prises avec un défi particulier. Cependant, en devenant *à votre tour* un de ces guides, vous devrez au bout d'un moment former votre propre équipe, comme vous le faites dans votre carrière sur terre lorsque vous travaillez à vous élever dans la hiérarchie.

Si vous avez maîtrisé certaines leçons et déjà contribué à guider une âme incarnée, vous êtes éligible au poste de maître guide, sous l'égide de votre Aîné qui vous éduque et vous aide. Il se pourrait que cela soit en train de se produire dans votre vie en ce moment même. En effet, le périple que vous avez entrepris dans cette vie pourrait bien vous conduire à devenir maître guide.

Assumer ce rôle représente un grand engagement pour l'âme sur le point de s'incarner; par conséquent, vous ne devez le prendre que si vous n'avez pas l'intention de retourner sur terre durant son incarnation. Vous devrez rester près du plan terrestre pour l'épauler, ce qui fait que vous devez être prêt à vous éloigner un certain temps des joies et des aventures de l'au-delà ainsi que de vos compagnons d'âmes. Toutefois, même en passant la majeure partie de votre temps à travailler avec l'âme qui vous a été «assignée», vous poursuivrez votre apprentissage en suivant différents cours et en continuant de rencontrer régulièrement votre Aîné. À ce stade, vous aurez établi une relation solide, entrant souvent en contact sans communiquer directement et percevant vos pensées et vos sentiments respectifs.

Vous serez aussi soutenu par une équipe de guides composée d'âmes que vous connaissez et en qui vous avez confiance; ils vous aideront, votre pupille et vous, à traverser les nombreuses leçons exigeantes qui vous attendent. Votre équipe doit être capable de faire face à toute la gamme des expériences humaines: le chagrin, le deuil, le plaisir, le rire, devenir parent ainsi qu'une foule d'autres situations importantes qui font partie de la vie. Par contre, c'est à vous de prendre les décisions qui sont bonnes non seulement pour l'âme dont vous êtes le guide, mais aussi pour vous et pour les autres guides de votre équipe. Les membres de votre équipe peuvent intervenir et vous remplacer temporairement, mais vous serez toujours à proximité. Vous avez la responsabilité de gérer cette équipe et vous la prenez très au sérieux.

L'âme dont vous êtes le guide est toujours votre priorité, ce qui explique que les âmes aient tendance à endosser le rôle de maître guide pour leurs âmes sœurs, puisqu'elles veulent ce qu'il y a de mieux pour elles. Par contre, il ne faut pas vous inquiéter si vous n'êtes pas l'âme sœur de l'âme dont vous êtes le guide. Vous aurez toujours les intérêts de cette âme à cœur, puisqu'il est de votre devoir de prendre soin d'elle le mieux possible.

Mon maître guide

J'aimerais maintenant prendre un moment pour vous parler de Ben, mon maître guide personnel.

Comme je l'ai mentionné plus tôt, j'ai fait la connaissance de Ben lors d'une visite chez ma grand-mère. Après une période d'adaptation, j'ai appris à percevoir sa présence comme son absence et aujourd'hui, je reconnais sa présence par le ton de voix qui accompagne ses paroles, toujours légèrement plus bas que le mien.

Ben m'accompagne depuis toujours, mais je ne connais son existence que depuis environ neuf ans. Cependant, il y a environ sept ans, il a complètement disparu. Enfin, c'est ce que je croyais. En fait, il s'était retiré pour permettre à un autre guide de travailler avec moi. Quand ce nouveau guide se manifestait durant une lecture, je n'étais pas habituée à sa fréquence vibratoire et j'étais incapable d'identifier sa présence ni même de savoir s'il y avait quelqu'un! Je croyais vraiment que Ben m'avait abandonnée.

Durant près de six mois, je n'ai plus perçu la présence de Ben jusqu'à ce qu'il réapparaisse subitement devant moi un soir, alors que j'étais à la toilette dans une bruyante boîte de nuit londonienne. Bien entendu, j'étais ravie de le revoir, mais était-il obligé d'apparaître tandis que j'étais assise sur la cuvette? Franchement! Il aurait pu trouver un moment plus approprié pour faire connaître sa présence! Mais non, Ben est comme ça. Il semble que notre degré d'intimité l'autorise à se manifester même dans mes moments les plus intimes.

J'ai vite surmonté mon embarras, car j'étais très soulagée que mon maître guide soit de retour. Quelques jours plus tard, je lui ai demandé en méditation la raison de son départ. Il m'a répondu qu'il n'était pas parti: il s'était simplement effacé au profit de son équipe de manière à pouvoir s'absenter pour étudier la prochaine étape que j'étais sur le point d'entamer. Par ailleurs, il m'a expliqué qu'il avait autorisé un autre guide à travailler avec moi afin que je puisse m'habituer à une énergie différente. C'est Lucinda qui m'a aidée pendant l'absence de Ben. Aujourd'hui, j'ai une bonne relation avec elle, mais j'entre plus étroitement en résonance avec l'énergie de Ben qu'avec la sienne.

Comme je l'ai dit, même si je parle de Ben au masculin et de Lucinda au féminin, les âmes n'ont pas de sexe. Nous jugeons plus naturel d'employer un genre en faisant référence à nos guides, mais ce n'est que par la force de l'habitude. Les guides le respectent et se présentent sous des noms associés à un genre. Cela facilite le contact pour nous, mais en essence, ils ne sont ni masculins ni féminins. Cela étant dit, Ben m'apparaît sous les traits d'un homme. D'un autre côté, Lucinda semble une femme, parce que son énergie, c'est-à-dire le «ressenti» qui m'habite quand j'entre en contact avec elle, est plus féminine.

Chaque fois que je travaille avec des âmes qui entrent en communication avec leurs proches encore incarnés, je suis toujours plus intensément en résonance avec l'énergie masculine. Cela ne signifie pas que je suis incapable de recevoir l'énergie féminine, puisque je la reçois, mais à mes yeux, le phénomène est intéressant.

Le Royaume du Pouvoir

Dans votre formation de guide spirituel, votre Aîné vous emmènera dans des endroits de l'au-delà auxquels vous n'aviez jamais rêvé, surtout parce qu'ils sont tellement éloignés des sentiers battus qu'ils sont inaccessibles à la majorité. L'un de ces endroits est le Royaume du Pouvoir, un lieu retiré où vivent les ordres les plus hauts des êtres célestes et que peu d'âmes sont autorisées à visiter.

Dans ce royaume, votre Aîné vous emmènera rencontrer la Source, le Grand Maître. Plusieurs religions de la terre donnent à ce Grand Maître le nom de «Dieu», aussi pour faciliter la compréhension, j'emploierai ce terme pour parler de cet être céleste.

Au fil des ans, plusieurs âmes ont parlé de cet endroit en se manifestant dans certaines de mes lectures. Elles ont toutes rapporté avoir vu dans le lointain un lieu étincelant qui irradiait chaleur et amour. En fait, chacune l'a décrit comme Josiah l'Aîné le fait:

Il y a dans l'au-delà un endroit où seuls les Aînés ont l'autorisation d'entrer et encore, sur invitation seulement. On l'appelle le «Royaume du

Pouvoir » et c'est là que réside le Grand Maître à Qui certains donnent le nom de « Dieu ».

Le royaume est toujours visible au loin, entouré d'arcs-en-ciel et relié au reste par un pont d'or à très longue portée. C'est là que vivent les êtres célestes, les anges et tous ceux qui accompagnent le Tout-Puissant, que vous appelez « Dieu ». Cependant, les âmes ne peuvent pas simplement s'y rendre et frapper à la porte. Plusieurs essaient, mais n'y parviennent jamais. Imaginez marcher et marcher sans jamais arriver à destination. Peu importe la distance couverte, votre destination est toujours aussi éloignée, comme si vous étiez sur un tapis roulant et que vous n'alliez nulle part !

Le Royaume du Pouvoir est un lieu de paix et d'harmonie exquise et rencontrer Dieu, une expérience splendide qui illumine. Il y a une hiérarchie dans le royaume, mais elle n'est pas gouvernée par l'ego. Dieu Lui-même est une force supérieure qui gouverne tous les sens plus élevés, comme la nature, la beauté, les planètes, la guérison, le confort, les gens et leur évolution. Dieu gouverne tout, mais Il ne peut pas tout diriger ; Il envoie donc ses auxiliaires pour superviser les nombreuses facettes de l'existence. Il délègue aussi beaucoup de tâches aux Aînés, qui les transmettent aux guides spirituels, qui les transmettent à leur tour aux vivants.

Comme vous pouvez le constater, nous essayons tous d'accomplir le dessein de Dieu ! Il n'est question que de travail d'équipe et de collaboration. Pas de religion, pas de lutte, pas de tracas pour diviser les âmes. Il veut que tout le monde vive en harmonie.

Comme vous pouvez l'imaginer, la tâche de Dieu est difficile en ce moment. Les choses vont néanmoins se mettre à changer en mieux et il y aura ce qui ressemblera plus à la paix dans le monde. Il faudra peut-être des siècles, mais à un moment donné, cela finira par se produire.

Ben m'a aussi confié qu'il avait rencontré Dieu (rare exception, parce qu'en général, seuls les Aînés ont ce privilège) en disant : *Imaginez une rencontre si puissante qu'elle fait vibrer votre âme sur un plan plus profond que tout ce que vous avez vécu dans l'au-delà.*

Dans mes lectures, j'ai entendu les esprits dire que plusieurs essaient de rencontrer Dieu dans l'au-delà, mais que peu en ont finalement l'occasion. Un jour, une âme s'est présentée, celle d'un homme qui avait été prêtre dans sa dernière incarnation. Il a étonné sa sœur en lui disant qu'il n'avait pas rencontré Dieu dans l'au-delà. Il a expliqué qu'il avait vu le Royaume du Pouvoir au loin et qu'il avait essayé de s'y rendre, mais sans succès. Il a ajouté que son âme n'était pas encore assez évoluée pour recevoir une invitation et qu'il lui faudrait revenir plus tard, quand ce serait le cas. Il a confié à sa sœur qu'en dépit de cette rebuffade, il savait que Dieu existait et Qu'il l'aimait, mais il comprenait qu'il lui faudrait attendre un moment avant de recevoir une invitation. À ce point de la lecture, l'âme s'est mise à rire et est intervenue pour dire qu'il l'attendait toujours !

Sur terre, nous sommes plusieurs à percevoir la présence des anges, ces créatures célestes qui travaillent en étroite collaboration avec les guides spirituels pour nous aider dans notre cheminement. Les anges ne sont pas des âmes qui ont déjà été incarnées sur terre ; par conséquent, ils n'ont jamais vécu les combats et les défis humains. Ils répondent pourtant à notre appel quand nous avons besoin d'eux en adoptant souvent une forme que nous appelons nos « anges gardiens ». Les anges gardiens nous protègent et nous guident comme notre maître guide le fait. Ils travaillent en collaboration avec notre équipe de guides spirituels tout en nous donnant des signes concrets de leur présence.

Des anges sont « assignés » à chacun de nous, mais il faut leur *demander* de travailler avec nous, ce que nous pouvons faire en tout temps durant nos incarnations terrestres. Chaque ange a une fonction et un rôle précis à jouer : en fonction de nos besoins, par exemple la *force* ou l'*amour*, un ange en particulier nous rendra visite et nous aidera. Nous ne devons pas oublier cependant que les anges n'agissent que pour notre plus grand bien ; il ne faut donc pas s'attendre à ce qu'ils apparaissent avec les numéros gagnants de la loterie !

Je me souviens de l'époque où je ne croyais pas aux anges. Je débutais comme médium et selon moi, ceux qui croyaient aux anges étaient un brin fêlés. C'est alors que j'ai vécu une expérience qui m'a transformée. C'est arrivé un après-midi, pendant que je donnais une lecture à une cliente.

Alors que nous étions en train d'échanger, Jim, son conjoint disparu, s'est manifesté. Il a confié à sa femme qu'il était avec les anges et que ces derniers s'occupaient d'elle. Il a promis de lui donner une preuve de la véracité de son affirmation en lui recommandant de rester sur le qui-vive puisque ce serait pour bientôt. Vers la fin de la lecture, une plume blanche est descendue du plafond en flottant, apparaissant juste devant nos yeux. Stupéfaites, nous nous sommes écriées à l'unisson : « Jim ! » C'était le signe promis, la confirmation qu'il était avec les anges et que ceux-ci veillaient sur ma cliente !

Même alors, mon esprit sceptique n'a pu résister à remâcher l'incident ; j'ai regardé autour de moi pour voir ce qui aurait pu provoquer l'apparition d'une plume duveteuse dans les airs devant nos yeux. Les fenêtres étaient fermées. Il n'y avait pas de coussins bourrés de duvet. Il n'y avait rien dans la pièce pour créer ce phénomène. Étrange !

C'est à partir de là que je me suis mise à croire aux anges et je n'ai plus jamais mis leur existence en doute. En fait, je les vois souvent, en particulier quand je donne des lectures devant de grandes foules. Quand je suis sur scène, je vois souvent en levant les yeux un ange immense qui flotte au-dessus de la salle, suspendu dans les airs qu'il remplit de lumière et de chaleur. En le voyant, je sais que je suis protégée quand j'entre en communication avec les esprits et que tous ceux avec qui je travaille sont pleins d'amour.

Les royaumes célestes existent vraiment, tout comme cet être suprême que nous appelons la « Source » ou « Dieu ». Peu importe la religion que nous pratiquons (ou non), Dieu nous protège, nous guide et nous aime. Son étreinte nous enveloppe et nous sommes entourés en abondance de connaissances et de ressources toujours à notre disposition.

Comme vous pouvez le constater, une aventure incroyable vous attend dans l'au-delà, une aventure de guérison et de service, supervisée par la puissance supérieure qui gouverne l'Univers tout entier. Durant votre séjour, votre Aîné et vos guides font en sorte que vous tendiez constamment vers l'épanouissement maximal de votre potentiel, en atteignant à des niveaux de maîtrise qui vous font évoluer toujours davantage en tant qu'âme.

Vous êtes maintenant prêt à retourner vivre un autre cycle de leçons et de vie sur terre. C'est à votre tour de choisir un maître guide et une équipe de guides spirituels pleinement préparés à vous soutenir, un choix que vous faites avec votre Aîné. Les derniers préparatifs vous attendent dans la salle de Présélection, votre dernier arrêt dans l'au-delà, avant votre réveil dans le corps tout neuf d'un petit bébé sur la planète Terre. Tout cela vous attend dans la quatrième partie !

Quatrième partie

RETOUR

Chapitre 15

Bienvenue sur terre, *encore une fois* !

Bien que je ne possède pas toute l'information, j'ai essayé de brosser le portrait le plus complet possible de votre processus de guérison dans l'au-delà.

Je voudrais maintenant aborder ce qui se passe quand les âmes décident de retourner sur le plan terrestre et le déroulement du processus de leur réincarnation. Ce chapitre répondra également aux questions que vous pourriez avoir sur les raisons qui poussent les âmes à choisir des existences qui présentent souvent en cours de route beaucoup de défis et d'épreuves.

La planification de votre prochaine vie

Quand vous décidez de retourner sur terre, vous choisissez l'équipe de guides spirituels qui sera la meilleure pour vous, celle qui vous guidera tout au long de l'incarnation que vous vous apprêtez à vivre. Vous informez vos compagnons d'âmes de votre décision, dont ils sont tous heureux. Ils savent que vivre une autre série d'aventures et de leçons fait partie de l'évolution de votre âme. Même si certains seront tristes de vous voir partir, ils vous encourageront dans votre décision ; d'autres (dont votre âme sœur peut-être) savent qu'ils vous rejoindront très bientôt sur terre.

Une fois vos guides choisis, vous commencez les préparatifs parce qu'ils ont beaucoup à apprendre sur ce qui se prépare. Vous avez révisé votre plus récente incarnation et exploré plusieurs domaines enrichissants de l'au-delà afin de recueillir de l'information qui vous sera utile au moment de tracer les grandes lignes de l'existence que vous voulez vivre ensuite. Votre Aîné vous aidera à dresser vos plans et vous constaterez peut-être que vous visitez les chambres de Guérison de façon plus assidue pour traiter les problématiques que vous ne voulez pas reproduire dans votre prochaine incarnation. C'est important, puisque vous ne voulez pas répéter les vieux schémas dans votre nouvelle vie (si vous pouvez l'éviter).

Comme votre nouvelle équipe de guides spirituels vous aident à préparer votre retour sur terre, vous finissez par connaître chacun d'eux intimement. Bien entendu, vous avez appris à en connaître plusieurs, mais vous les verrez maintenant sous un nouveau jour, parce qu'ils ont une tâche à accomplir, un rôle à jouer. Cette nouvelle relation s'apparente à ce qui se produit lorsqu'un ami devient votre patron. Vous avez deux modes d'interaction : l'un axé sur le travail, l'autre plus décontracté. Au moment de votre incarnation, vos guides joueront un rôle qui s'apparente à celui de patron en supervisant vos actions à partir d'une perspective qui vous élude en tant qu'humain.

Il est temps de dire au revoir à vos compagnons d'âmes dans l'au-delà. Quand vous les reverrez sur terre, ils auront quelque chose de familier, mais vous ne les reconnaîtrez pas tout de suite. Dans certains cas, vous aurez le sentiment de déjà connaître quelqu'un en faisant sa connaissance. Vous pourrez mettre un certain temps à le reconnaître, mais vous finirez par comprendre que vous avez avec cette personne un lien d'âmes et que ce n'est pas votre première rencontre.

Il est parfois triste de quitter l'au-delà, mais ce n'est pas la tristesse que vous ressentiriez en étant incarné. Vous savez que la période que vous vous apprêtez à vivre sur terre sera brève par rapport au temps qui gouverne l'au-delà. Vous savez aussi que chaque fois qu'ils le désirent, ceux qui restent pourront venir voir si tout va bien pour vous.

La salle de Présélection

Pour lancer officiellement votre processus d'incarnation, votre Aîné et votre nouveau maître guide vous escortent jusqu'à la salle dite de Présélection afin de vous informer des éléments importants de votre périple.

Voici ce que dit Josiah à propos de ce qui s'y déroule :

C'est dans la salle de Présélection que vous pourrez voir les différentes personnes qui sont prêtes à devenir parents, qu'elles en soient conscientes ou non. Vous déciderez à ce moment au sein de quelle famille vous devez être placé pour apprendre au mieux vos leçons.

Dans la salle de Présélection, vous observez donc ces personnes un certain temps pour déterminer lesquelles sont parfaitement assorties tant à l'atteinte de vos objectifs qu'à l'apprentissage de leurs leçons de vie. Vous décidez ensuite qui, en ce qui concerne les parents, facilitera le plus votre entrée sur le plan terrestre.

C'est un moment grisant pour vous, car vous êtes sur le point de vous lancer dans un voyage rempli de leçons et de défis, armé d'une nouvelle compréhension de la vie. Pensez à l'excitation qui accompagne le début d'un nouvel emploi, lorsque vous êtes impatient de vous y mettre et de voir comment les choses se dérouleront. Dans votre incarnation à venir, les leçons que vous aurez à affronter seront toutefois celles dont vous avez discuté avec votre équipe et que vous avez acceptées, ce qui signifie qu'une trajectoire optimale est déjà tracée pour tout ce que vous avez l'intention d'accomplir.

Dans la salle de Présélection, vous établissez un contrat d'incarnation avec l'aide de votre maître guide et de votre équipe. Comme l'explique Josiah :

On vous remettra une liste énumérant les leçons à apprendre et les objectifs à atteindre dans l'incarnation que vous êtes sur le point de commencer. Ces éléments sont choisis par vos guides et votre Aîné avec votre accord et s'appuient sur le niveau d'évolution de votre âme. Vous recevrez aussi une « liste de souhaits » énumérant d'autres objectifs que vous voulez atteindre, dont des expériences et des événements que vous avez l'intention de vivre. Ces deux listes font partie de votre contrat d'incarnation, mais sont très différentes : la première est de nature imposée, alors que la seconde reflète vos souhaits et vos désirs personnels.

En traçant les lignes directrices de votre incarnation, vous choisirez parmi ces éléments ceux qui auront le plus d'importance à vos yeux. Toutes les âmes doivent se plier à l'établissement d'un contrat d'incarnation avant de retourner sur terre, même les âmes troublées.

Dans cette dernière phrase, Josiah dit que toutes les âmes, même celles qui ont été dirigées vers une autre dimension thérapeutique de l'au-delà à cause du mal qu'elles ont fait dans leur incarnation, doivent avoir terminé la rédaction de leur contrat d'incarnation avant leur retour. Ces contrats énoncent les leçons qu'elles auront à apprendre et les personnes avec lesquelles elles s'associeront ; autrement dit, tout ce qui est censé se produire dans leur nouvelle incarnation.

Nous aimons qualifier le déroulement de ces événements de « destin », mais le fait est que nous avons tout planifié nous-mêmes. Par conséquent, sur un certain plan, nous savons en rencontrant certaines personnes ou devant certains événements que tout était prédéterminé.

Dans la salle de Présélection, vous visualisez les moments de votre avenir qui seront particulièrement transformateurs : divorce, mariage, obtention d'un diplôme. C'est ce qui explique qu'une fois sur terre, ces moments font remonter en nous un souvenir vague, mais intrigant, le *déjà vu*. Les événements qui vous sont montrés dans la salle de Présélection sont absorbés par votre inconscient. Quand cet événement se produit dans votre incarnation, votre subconscient vous dit : *Oh ! je sais ce qui va se passer !* Le souvenir jaillit dans votre esprit conscient, ce qui vous donne le sentiment d'avoir « déjà vécu » ce moment.

Le choix de vos parents

Comme vous choisissez votre mère et votre père avant la conception de votre nouveau corps, vous avez la possibilité avant de vous réincarner d'observer les candidats possibles ainsi que leur existence dans la salle de Présélection. Vous pourrez donc voir d'avance s'ils conviennent et s'ils seront capables de vous donner ce qu'il vous faut pour remplir les clauses importantes de votre contrat d'incarnation. Vous étudierez aussi leurs contrats pour déterminer si leurs objectifs s'accordent avec les vôtres, ce qui fera d'eux de bons parents pour vous.

Les personnes sur le point de devenir vos parents vous fourniront toutes les circonstances possibles pour que vous commenciez sur-le-champ à apprendre vos leçons d'incarnation, même si pour cela, vous devez être adopté ou élevé par d'autres. N'oubliez pas que sur le plan de l'âme, votre mère et votre père ont leurs propres leçons à apprendre.

Josiah explique ce qui amène certaines âmes à se faire adopter :

Quand les âmes sont sur le point de naître, elles ont déjà visualisé le cheminement des parents qu'elles ont choisis. Les âmes ne peuvent pas gouverner la vie de leurs parents, mais elles peuvent avoir une certaine influence sur leur propre périple en choisissant leurs parents. Les âmes savent déjà si l'un ou l'autre parent partira, mourra ou abandonnera son enfant ; elles choisissent donc ce qui convient le mieux aux leçons qu'elles doivent apprendre.

Grâce aux renseignements obtenus dans la salle de Présélection, votre âme s'assortit aux parents que vous voulez. À ce stade, vous planifiez et déterminez aussi votre prochaine incarnation, quoiqu'en vous incarnant, vous ne vous souviendrez probablement pas de façon consciente d'avoir déterminé d'avance le cours de votre vie sur terre.

Toutes les âmes qui veulent s'incarner doivent se plier à ce processus de sélection de leurs parents et s'assurer qu'elles sont placées auprès des parents qui conviennent le plus, de façon à favoriser l'apprentissage de tous les partis.

Dans certains cas, vous pourrez revenir sur terre pour aider votre mère et votre père à apprendre leurs leçons ; autrement dit, la situation porte peut-être moins sur vous que sur l'exécution d'un contrat conclu avec une autre personne. Vous pourrez revenir pour aider vos parents à traverser une période difficile. Vous mourrez peut-être précocement, ce qui les affectera beaucoup. C'est surtout le cas si vous étiez le nouveau-né ou l'enfant en bas âge d'un couple dont les leçons portaient sur l'acceptation de votre décès précoce.

Il est important de souligner qu'en revenant à la vie terrestre, vous n'entrez pas dans le corps avant d'être prêt à naître. À ce sujet, Josiah dit ceci :

> *Vous accompagnerez les parents que vous avez choisis en tout temps durant la période qui précède la conception de votre nouveau corps jusqu'à la naissance ; ensuite, vous serez avec eux comme nouveau-né. Par contre, avant la naissance, vous pouvez en tout temps décider que vous n'êtes pas prêt à vous incarner et demander qu'un terme soit mis à la grossesse. Les Aînés peuvent vous conseiller dans ce domaine en étudiant votre évolution et celle des deux personnes sur le point de devenir vos parents, qui ne vont peut-être pas ensemble en tant que couple. Voilà pourquoi les êtres humains font l'expérience des fausses couches ou de la mise au monde d'un enfant mort-né.*

Dans le cas d'une grossesse qui s'interrompt naturellement ou d'une mort à la naissance, on croit souvent que l'âme a rejeté ses futurs parents, ce qui est cause de beaucoup de souffrance pour eux. C'est faux. Pareil événement signifie plutôt que les parents n'étaient pas prêts à accueillir l'âme ou qu'ils avaient d'autres problématiques à régler avant. Dans ce cas, l'âme pourra faire en sorte de naître d'une autre personne avec qui elle a un lien d'âme ou attendra le moment opportun pour retourner aux parents qu'elle avait choisis d'entrée de jeu.

Si vous décidez en tant qu'âme que vous aviez d'autres leçons à apprendre dans l'au-delà et que vous êtes revenu trop tôt, vous pouvez changer de trajectoire et vous réincarner par la suite avec les mêmes parents ou au moins un des parents qui ont participé à la conception de votre corps la première fois.

Parfois, un des parents choisis n'est pas disposé à mettre un enfant au monde parce qu'il n'a pas le bon partenaire. Dans ce cas, il empêche l'âme de revenir et d'être leur enfant à tous deux. Josiah fait la lumière sur ce qui se passe en pareil cas :

> *Même si vous avez décidé que vous êtes prêt à vous incarner, les parents que vous avez choisis ont le droit de vous empêcher de revenir sur terre en devenant leur enfant. La mère, le père ou les deux parents ont le droit de changer d'avis à l'idée de devenir parents, ce qui explique la décision d'avorter.*

Ce choix ne constitue pas un problème : en tant qu'âme, vous pouvez tou-
jours revenir une autre fois, peut-être chez un membre de la famille proche
de la mère et du père que vous aviez choisis, ou dans une autre famille. Vous
pouvez aussi choisir l'un de vos parents, attendre qu'il rencontre la bonne
personne et vous réincarner par la suite. Il se peut aussi que votre mère ou
votre père rencontre un nouveau partenaire désireux de fonder une famille,
ou même que les deux parents que vous aviez choisis au départ décident
plus tard qu'ils sont maintenant prêts à avoir un enfant.

Ces situations sont tout à fait normales. Chacun fait des choix diffé-
rents et il n'y a pas de jugement chez les âmes.

Une fois vos parents choisis, vous consacrez le reste de votre séjour dans
la salle de Présélection à observer vos parents et à vous assurer que vous
avez vraiment fait le bon choix. Vous avez la possibilité de tout voir, en
commençant à quelques semaines de votre conception jusqu'à votre naissance. Vous êtes témoin des réactions des gens qui entourent votre mère
et votre père, et des sentiments qui les animent. Vous voyez la grossesse à
travers leurs yeux et vous comprenez ce que chacun ressent par rapport
à la grossesse et à votre naissance imminente.

Le point de vue de l'âme

Étant moi-même mère, je connais les doutes qui peuvent ébranler un
couple lors d'une première grossesse, surtout si la relation est instable.
En raison de ma condition personnelle, je me sentais extrêmement
coupable de mettre un enfant au monde dans une situation précaire.
Néanmoins, l'Esprit m'avait assurée que l'âme de mon fils Charlie ne
me jugerait jamais. C'est que les âmes qui reviennent sont très pures et
donc peu enclines à juger.

Sous sa forme spirituelle, Charlie nous a observés, son père Simon
et moi, un certain temps avant sa naissance. J'ai appris la vérité de la
bouche même de mon fils.

Quelques semaines avant de concevoir Charlie, Simon et moi avons
fait une escapade en Écosse. Nous n'avions jamais visité la région et nous
nous sommes beaucoup amusés. Nous avions réservé une chambre,
mais à notre arrivée, il s'est avéré que l'hôtel avait « surréservé », ce qui

fait que nous avons été invités à séjourner dans un hôtel non loin de là. Une fois à l'hôtel, je suis sortie faire des courses et j'ai acheté quelques vêtements que je n'ai pas essayés sur place. Une fois de retour à la chambre, j'ai constaté que ce que j'avais acheté ne m'allait pas et qu'il me faudrait tout retourner. Simon et moi sommes ensuite allés au cinéma et plus tard, au dîner, j'ai mangé du saumon pour la première fois.

Un jour, alors qu'il avait à peu près trois ans, Charlie a annoncé de but en blanc qu'il était allé en Écosse. Il a poursuivi en expliquant qu'il était allé au cinéma et qu'il avait fait des courses avec Simon et moi, que j'étais retournée au magasin pour rapporter certains vêtements et même que j'avais hésité à goûter le saumon au dîner. J'étais estomaquée ! Il a ajouté qu'au début, son papa n'était pas très content parce que nous ne pouvions pas rester à l'hôtel où nous avions réservé.

Le récit de Charlie m'a complètement renversée, surtout parce qu'il n'était même pas une étincelle dans mon regard au moment des événements qu'il a décrits. Rien ne peut expliquer qu'il possède autant de détails sur notre voyage en Écosse (après tout, il n'était même pas conçu !) si ce n'est que son âme nous avait choisis comme parents et nous a observés tout ce temps, Simon et moi.

Les défis de la vie

Comme vous pouvez le constater, sous votre forme d'âme, vous savez beaucoup de choses sur les parents qui vous donneront la vie. Vous savez aussi ce qui se produira dans votre existence avec eux, étant donné que vous avez tout déterminé et planifié à l'avance. Ainsi, les circonstances que vous vivrez vous aideront à grandir et feront de vous une âme plus forte si vous les gérez correctement.

La vie n'est pas facile, mais elle n'est pas censée l'être. Tout le monde doit affronter des défis, puisque la vie a été conçue ainsi à l'origine. Pourtant, vous pourrez juger que vos défis sont très difficiles et vous lamenter que votre vie est plus difficile que celle de la majorité. Si vous vous surprenez à regarder certaines personnes en pensant qu'elles ont la vie facile, sachez que vous ne pourriez pas faire plus erreur. Elles ont, comme vous, leurs leçons à apprendre et leur monde n'est pas aussi merveilleux que vous pourriez l'imaginer. Ce que vous voyez, en fait, c'est la manière dont elles ont décidé de brosser le portrait de leur vie et non la réalité des faits.

Prenez l'exemple des couples de célébrités. Dans les magazines glacés, les gens riches et célèbres ont tous l'air heureux, et leurs mariages et leurs enfants semblent parfaits. En réalité, ils ont les mêmes problèmes que vous et moi. Ils ne sont qu'humains, après tout : ils ont à prendre des décisions professionnelles, ils vivent des difficultés relationnelles et ils souffrent parfois même de graves problèmes de santé. Même le mariage qui semble parfait ne l'est pas autant que les apparences pourraient le faire croire (je le sais par expérience).

Vous ne pouvez tout simplement pas y échapper : aucune vie n'est parfaite. *Tout le monde* a des obstacles à surmonter et leur nature exacte, c'est-à-dire les détails, les protagonistes et les circonstances, est déterminée quand les âmes sont encore dans l'au-delà, bien avant leur retour sur le plan terrestre.

Vous découvrirez peut-être que vous vous êtes réincarné pour apprendre ce qu'il vous faut pour mener à bien votre prochain mandat dans l'au-delà, par exemple être le guide d'une autre âme lors de son retour sur terre. Vous pourrez aussi poursuivre votre période de formation en passant toute une incarnation dans une famille ou une situation particulière. En tant qu'être humain, vous pourrez ne pas comprendre le portrait d'ensemble, mais en tant qu'âme, vous connaissez les raisons d'être de certains problèmes et même de certains traumatismes de votre vie.

À ce sujet, je me souviens de la lecture que j'ai donnée à une femme dont le guide m'a avertie qu'elle se retrouverait en grand danger. J'ai relayé le message à ma cliente en lui disant qu'elle aurait à affronter une forme de mauvais traitements physiques, mais qu'à long terme, elle s'en sortirait. Son guide ne m'a donné aucun détail et je lui en ai été reconnaissante, car je ne voulais pas être responsable d'avoir tu certains faits.

De façon tragique, cette femme a été violée. Quand je l'ai revue, elle m'a confié qu'en dépit de cette horrible épreuve, elle était heureuse que son guide n'ait pas été trop spécifique dans sa mise en garde. Le viol avait eu un impact considérable sur elle, mais pas comme vous pourriez le penser : à la suite de cet événement, elle a compris ce qu'elle voulait faire de sa vie. Avant le drame, elle n'avait plus ni objectif ni but professionnel, et ce, depuis des années; aujourd'hui, elle travaillait dans un centre d'aide pour victimes de viol dirigé par le service de police de sa localité. Elle avait le bonheur d'aider d'autres femmes victimes d'expériences similaires à changer leur vie. Il avait fallu cette tragédie pour qu'elle fasse un changement majeur dans sa vie et finisse par faire le travail pour lequel elle s'était incarnée sur terre.

L'entrée dans le corps

De retour dans la salle de Présélection. Une fois que vous avez choisi vos futurs parents, vous nourrissez durant une certaine période de l'amour et du respect pour eux. Vous observez les moments, tristes et heureux, qui entourent la grossesse, vous écoutez la musique qu'ils font jouer et les histoires qu'ils racontent à l'enfant à naître et vous découvrez les prénoms auxquels ils songent.

Souvent, les parents remarquent que le fœtus réagit par un petit coup de pied en entendant un prénom auquel ils pensent ou lorsque l'on joue ou chante une pièce musicale en particulier. C'est que même si elle n'est pas incarnée, l'âme peut influencer jusqu'à la naissance la manière dont le corps réagit durant son développement.

Le moment vient enfin pour vous d'entrer dans votre nouveau corps et de vous engager dans le processus de la naissance. Josiah décrit ce qui se produit ensuite :

> Une fois que vous êtes tout à fait prêt au retour et tandis que votre corps mûrit dans l'utérus de la mère que vous avez choisie, un bref créneau temporel s'ouvre pendant lequel vous pouvez entrer dans votre nouveau corps. En général, ce moment a lieu juste avant la naissance, peut-être quelques jours avant. À ce moment, vous sentirez d'abord que vous glissez à travers un portail, comme si vous étiez sur le point de tomber en chute libre, puis votre ligne de vie se tendra instantanément sous la forme de votre cordon d'argent.
>
> Votre amour pour vos parents aura beaucoup grandi durant la période de développement de votre corps, puisque vous aurez entendu leurs paroles et ressenti leur joie et leurs sentiments. Vous aurez vécu tout ce

que votre mère aura vécu, puisque d'ordinaire, c'est la mère que vous suivez de plus près. Durant la grossesse, vous aurez peut-être été témoin d'un événement, ou vous aurez peut-être ressenti une émotion, qui vous liera davantage à une personne ou à une autre, une fois incarné.

Ensuite, lorsque le moment arrive et que les premières douleurs de l'enfantement se font sentir, vous aurez l'impression que votre nouveau corps subit une attaque. Pendant l'accouchement, vous devrez être très déterminé à revenir et à faire en sorte de protéger votre nouveau corps pour qu'il commence sain et sauf cette nouvelle incarnation.

Le voyage de retour sur le plan terrestre s'avère souvent traumatique pour l'âme. J'ai vécu une séance de régression thérapeutique pour faire l'expérience de mes incarnations passées et je craignais beaucoup de revivre ma naissance, car j'avais entendu dire qu'elle avait été très difficile. Heureusement, cela n'a pas été nécessaire! Par contre, j'en ai eu des visions en méditation et mon âme a aussi vécu l'expérience du retour dans le corps lors de mon expérience de mort imminente. Ce retour s'est produit très vite et j'ai eu la sensation d'être aspirée dans le tuyau d'un aspirateur. Ensuite, j'ai été propulsée à toute vitesse dans un tunnel sombre et catapultée dans mon corps. C'était une sensation étrange et effrayante!

Josiah a confirmé mon expérience, ainsi que le souvenir que vous pourrez avoir de votre propre expérience de retour, à la suite d'une expérience de mort imminente ou en revivant votre naissance:

Votre voyage de retour est très rapide. Sur le plan énergétique, vous avez créé des liens avec vos parents, par l'entremise du cordon d'argent, la ligne de vie qui vous relie à votre incarnation terrestre. Vous commencez à vous sentir de plus en plus humain.

Ensuite, quand il est temps d'entrer dans le corps matériel, souvent au moment où il est endormi, vous êtes aspiré à travers la brillante Lumière blanche, précipité dans un long tunnel et réintégré de force dans une forme physique, un être humain encore une fois.

De mon bref séjour dans l'au-delà lors de mon expérience de mort imminente, je me souviens combien mon âme s'est sentie libre. Je savais que l'expérience ne durerait pas, mais j'ai tout de même été capable de la sentir et de la comprendre entièrement. Le retour dans mon corps a donné lieu à une sensation très différente. J'ai senti que j'étais écrasée, comme si mon âme était emprisonnée, poussée contre son gré dans un corps trop étroit que je ne voulais pas réintégrer en raison de la souffrance causée par ma maladie. En retombant dans mon corps, j'ai été secouée par un éclair d'énergie, mais la sensation n'était pas libératrice. Elle était sourde et lourde, comme si j'étais censée la ressentir sans en être vraiment capable. J'ai compris par la suite que mon corps m'avait protégée en m'empêchant de vivre un moment qui se serait avéré très douloureux.

Josiah décrit le processus qui se déroule exactement comme je l'ai vécu et qui pourra vous sembler familier :

> *Le processus de renaissance est difficile pour vous, étant donné qu'il est douloureux autant pour le corps que pour l'âme. Beaucoup d'âmes ne veulent pas l'affronter, mais d'autres sont impatientes de passer au travers. Il commence quand vous voyez un tunnel ; en y entrant, vous perdez votre sentiment de liberté et ressentez une constriction extrême. Vous vous frayez un chemin dans ce corridor long et sombre, vous n'avez pas l'habitude d'être écrasé et confiné à ce point, et vous finissez par voir une lumière au bout du tunnel. C'est la lumière du monde humain.*
>
> *La main qui vous attrape et vous tire dans ce monde est étrange, mais une fois que l'on vous a déposé dans les bras d'une personne que vous avez l'impression de connaître, une vague d'amour inonde vos cellules. Vous sentez immédiatement que vous êtes chez vous, vous êtes réconforté en voyant cette personne parce que vous la connaissez et vous l'aimez depuis longtemps, non seulement dans le monde d'où vous venez, mais probablement dans plusieurs autres incarnations sur terre.*

Vous voilà de nouveau accueilli dans votre séjour terrestre, prêt à vous lancer dans la grande aventure de l'apprentissage et de l'évolution. En tant qu'âme, vous avez survécu, vous êtes passée de la vie à l'au-delà, puis de nouveau de l'au-delà à la vie, et ainsi de suite tout au long de votre évolution. Ce que vous croisez durant votre séjour terrestre, vous le verrez de nouveau après votre mort. Faites donc pour le mieux : il n'y a aucun moyen d'échapper à votre évolution !

Chapitre 16

Vivre au présent

En rédigeant ce livre et en essayant de faire la lumière sur la survie de l'âme, j'ai naturellement remis en question certains des renseignements reçus. C'était mon scepticisme à l'œuvre, exactement comme le vôtre a pu réagir à la lecture de ces pages.

Personnellement, je crois qu'il est toujours bon d'être un peu sceptique, surtout que nous sommes conditionnés ainsi. Par contre, j'ai dû m'extraire de ce carcan de scepticisme et faire confiance, ce qui explique que j'ai médité périodiquement en cours d'écriture, pour m'assurer d'être le meilleur récepteur possible.

J'ai toujours dit aux personnes qui viennent à moi pour apprendre à développer leurs facultés psychiques et leur médiumnité de faire confiance à leur instinct et à leurs réactions viscérales, exactement comme ma grand-mère Frances me l'a enseigné, il y a si longtemps.

Par conséquent, même si j'étais un peu sceptique au départ, j'aime beaucoup ce que j'ai reçu et canalisé! Il est évident à mes yeux que les guides et les âmes qui m'ont aidée dans cette entreprise ont présenté l'information selon une perspective que l'esprit humain est capable d'accepter et de comprendre. En ce sens, je suis vraiment privilégiée.

En revenant sur la survie de l'âme, je constate que le processus est à la fois complexe et incroyable, mais surtout magnifique. L'au-delà est rempli d'un amour et d'un confort qui dépassent tout entendement humain. Néanmoins, grâce aux connaissances que nous possédons maintenant sur l'autre côté, nous disposons à mon avis d'une ressource précieuse pour vivre la meilleure vie possible au présent, *en ce moment même.*

Être au présent, vivre «ici et maintenant», est vraiment ce qu'il y a de plus important. Nous ne pouvons pas toujours envisager notre vie en nous disant *et si?* Il nous faut accepter *ce qui est* et ce qui est arrivé, puis continuer d'avancer, un pas à la fois.

Si un de vos proches est décédé, sachez qu'il est près de vous et veille pour s'assurer que vous allez bien. Il vous sera utile de savoir que le déroulement de sa vie avait été planifié exactement comme il s'est produit. Il n'y a pas eu d'erreur. Nous sommes tous à l'endroit où nous sommes censés nous trouver en ce moment même et cela s'applique aux âmes qui sont en ce moment dans l'au-delà.

J'aimais aussi vous confirmer que vos bêtes et vos animaux de compagnie vivent le même processus que les humains au moment de leur mort. Ils seront là sous leur forme spirituelle pour vous accueillir lors de votre transition, car ils vous attendent dans l'au-delà. Mais, c'est le sujet d'un tout autre livre!

C'est à vous que revient le choix de vivre dans un esprit élargi sur le plan spirituel en sachant que vous êtes une âme éternelle. Votre façon d'avancer sur le chemin de la vie est une décision qui vous revient entièrement parce que vous êtes doté du libre arbitre. Souvenez-vous simplement que tout ce que vous traversez vous prépare à la prochaine étape de votre périple, quelle qu'elle soit.

Sachez, en traversant les hauts et les bas de la vie, que tout cela a une raison d'être. Vous pouvez tout accueillir avec amour et un sourire, puisqu'en fin de compte, les choses tourneront comme elles sont censées le faire. N'oubliez pas que vous avez planifié votre vie actuelle à dessein. Vous avez orchestré la présence de certaines personnes dans votre vie à dessein: celui de vous enseigner des leçons et de vous faire grandir.

Tout cela relève d'un dessein supérieur. Eh oui, vous devrez revenir pour tout recommencer, mais ce voyage de découverte personnelle est aussi une aventure formidable!

C'est la vie de l'âme après la vie.

Épilogue

Après avoir terminé la rédaction de ce livre, j'ai vécu un événement remarquable qui a fait encore plus la lumière sur le voyage que nous entreprenons tous dans l'au-delà.

Une raison explique que je serve de canal à ma chère amie Elaine. Je l'ai accompagnée durant sa transition. Bien que l'émotion soulevée par son décès soit encore très présente, je veux partager cette expérience avec vous dans l'espoir que vous serez informé et inspiré par mon récit et que vous chercherez à entrer en contact avec un proche disparu. Voyez-vous, même si la communication avec l'Esprit est un don, toute personne ouverte aux messages du proche disparu avec qui elle a un lien d'amour peut percevoir les signes que cette âme envoie.

J'ai demandé à la fille d'Elaine, Jennie, l'autorisation de raconter notre histoire aux lecteurs de ce livre et elle m'a répondu qu'elle considérait comme un honneur que je le fasse. Elle croit comme moi que le décès de sa mère aidera les gens à conclure sans l'ombre d'un doute que l'âme survit à la mort.

Elaine Saller était une figure maternelle, une confidente et une épaule sur laquelle je pouvais m'épancher, même si elle me faisait rire aux éclats avant que je comprenne ce qui se passait. Mais, surtout, Elaine était l'amie la plus chère et la plus merveilleuse du monde. En apparence, notre relation semblait ne pas avoir beaucoup de sens, puisque Elaine avait presque trente ans de plus que moi. L'âge n'avait aucune importance à nos yeux, étant donné que nous n'avions pas un lien physique, mais bien un véritable lien d'âme.

Je ne m'étais jamais attendue à ce qu'une personne entre dans ma vie et la marque comme Elaine l'a fait. Juste en étant elle-même, Elaine m'insufflait l'inspiration et le courage de croire que je pouvais accomplir tout ce que je décidais. Elle continue de le faire, même après sa mort.

Elaine venait de Philadelphie et c'était une bagarreuse. Personne ne pouvait se mettre en travers de sa route et si vous faisiez du mal à quelqu'un qu'elle aimait, Dieu devait vous venir en aide ! Elle ne laissait jamais rien la déprimer, même quand les choses devenaient difficiles.

Elle était aussi très bavarde et avait l'habitude de me rendre folle en racontant des histoires que j'avais déjà entendues au moins cinquante fois. Il fallait toujours qu'elle fasse du bruit dans le silence et elle parlait même dans son sommeil. Je souris avec affection en y repensant, parce que c'était Elaine, tout simplement, toujours une histoire à raconter et toujours ce rire contagieux. En quelques mots, c'était une sacrée bonne femme.

Ma chère amie s'est vraiment épanouie durant ses deux dernières années sur la planète en profitant pleinement de la vie. Sa vie mondaine aurait fait rougir Paris Hilton. Et pourtant, même si Elaine avait une foule d'amis, rien ne se mettait en travers de sa vie de famille, surtout avec ses deux belles filles et leurs enfants. Elle avait aussi la relation la plus étonnante qui soit avec son ex-mari, qu'elle considérait comme faisant toujours partie de la famille. J'avais le privilège d'en faire moi aussi partie, ayant été pleinement accueillie dans le giron des Saller.

En 2008, durant la semaine de *Thanksgiving*, Elaine et moi avons rejoint une de ses amies, Marilyn, au Canyon Ranch Spa, la célèbre station thermale en Arizona. Nous avons allègrement relaxé et suivi des cours de mise en forme, et nous nous sommes laissé chouchouter. Rien ne semblait arrêter Elaine : elle s'entraînait vigoureusement chaque fois qu'elle en avait l'occasion, s'offrait toutes les folies et flirtait même avec les jeunes employés du spa en déclarant à la blague qu'elle n'était pas un couguar, mais un tigre à dents de sabre !

Elle ne s'est plainte qu'une fois, durant notre séjour, d'une petite douleur à la hanche. Comme je n'étais pas en service, c'est-à-dire pas dans mon mode médium clairvoyante (« sorcière »), je n'en ai pas fait grand cas. Je lui ai simplement dit de se faire examiner la hanche. Nous pensions surtout à nous amuser et à profiter de cette semaine ensemble avec Marilyn.

Près d'un an plus tard, alors que je quittais l'Australie pour rentrer aux États-Unis, j'ai reçu un courriel d'Elaine. J'étais très étonnée, car elle n'envoyait jamais de courriel, préférant prendre le téléphone pour bavarder. Elle m'écrivait qu'elle avait dû se soumettre à une biopsie à cause d'une bosse apparue dans son cou, rien de sérieux, d'après elle. Comme je ne voulais pas penser non plus que cela pourrait se révéler sérieux, je ne suis pas passée *en mode* sorcière pour creuser la question. Je comprends maintenant que je me protégeais parce que je ne voulais pas savoir la vérité à propos de mon amie.

En atterrissant aux États-Unis, j'ai tout de suite ouvert mon téléphone cellulaire : j'avais un message d'Elaine. Elle me disait qu'en fin de compte, elle avait le cancer, mais ajoutait à sa façon inimitable : « Je vais le combattre, cet enfoiré ! » *Oh ! c'est tellement Elaine !* ai-je songé. Avant même de descendre de l'avion, je lui ai téléphoné pour lui dire : « Bon, ça veut juste dire que tu vas devoir me supporter deux fois par semaine pour des traitements, non ? » et nous nous sommes esclaffées.

Au cours des cinq mois qui ont suivi, je suis allée lui rendre visite lorsque je n'étais pas en déplacement. Je laissais Charlie à l'école le mardi et le vendredi et je me rendais directement chez Elaine. Par bien des côtés, c'était mon échappatoire du monde, puisque rien ne contrariait nos rencontres. Nous faisions fi de nos coups de fil respectifs ainsi que des autres interruptions. C'était le bonheur. Elaine restait même silencieuse tandis que je lui transmettais de l'énergie de guérison en ma capacité de praticienne du reiki. Je pense que j'ai été la seule capable de la faire taire (j'ai réussi !), du moins jusqu'à ce que je sente l'énergie de guérison entrer dans son corps. Aussitôt qu'elle sentait cette infusion, Elaine repartait de plus belle et parlait de tous les sujets sous le soleil !

En la voyant, vous n'auriez jamais deviné qu'elle avait le cancer. Elle maintenait son attitude positive par rapport à sa maladie, se rendait au travail la plupart du temps et avait encore une vie mondaine active, en dépit de la fréquence éreintante de ses traitements de chimiothérapie. Bien entendu, même dans ce cas, elle était si pleine de vie et de joie que tout le monde voulait l'accompagner : ses traitements étaient devenus un événement mondain pour Elaine et ceux qui y assistaient.

La saison des Fêtes est arrivée. J'étais sortie acheter des cadeaux quand je suis tombée sur deux magnifiques flûtes à champagne au pied serti de cristaux Swarovski. Elles étaient remarquables et comme le nom d'Elaine était « écrit dessus », je les ai achetées.

Lorsque j'ai rendu visite à mon amie la fois suivante, elle m'a dit : « Oh ! mon Dieu, Lisa, j'ai trouvé *le* cadeau de Noël le plus sensationnel qui soit pour toi. Tu vas tout simplement l'adorer ! Mais, je ne peux pas sortir l'acheter, parce que je ne peux pas prendre le risque d'être dans les magasins avec le nombre de gens qui ont le rhume ou la grippe. » Je comprenais parfaitement. De toute façon, j'avais déjà le plus beau des cadeaux : Elaine.

Comme elle n'avait jamais pu garder un secret, elle a laissé tomber ces mots, alors que je sortais pour prendre dans ma voiture le cadeau que je lui destinais : « Tu vas mourir en voyant ce que je veux t'offrir à Noël. Des flûtes à champagne en cristal Swarovski ! »

Je lui ai demandé d'attendre un instant, je suis allée à ma voiture et j'en suis revenue avec une boîte. Après qu'Elaine a eu déballé son cadeau, j'ai dit : « Ce ne sont pas ces flûtes-là, oui ? » Nous n'en revenions pas de voir à quel point notre lien était fort, au point que nous avions planifié de nous offrir mutuellement le même cadeau ! Elaine a insisté pour que je garde les flûtes que je lui offrais, en disant que lorsqu'elle aurait les siennes, nous ferions l'échange.

Un matin de février, je venais tout juste de revenir à mon bureau après une séance de guérison avec Elaine quand mon ami Jonesy m'a demandé comment elle allait. Je me suis mise à pleurer. Il n'y avait aucune raison logique à ma réaction parce que le médecin d'Elaine lui avait dit qu'elle se dirigeait vers une rémission. Malgré tout, j'ai dit à Jonesy que d'après moi, elle n'allait pas s'en sortir.

Le soir, en rentrant à la maison, j'ai sorti les deux flûtes de cristal de leur boîte et je les ai rangées sur la tablette supérieure de ma crédence en me disant que je les gardais pour une occasion spéciale. Je n'ai pas dit à Elaine qu'elle ne survivrait pas. En fait, chaque fois qu'elle m'a demandé si elle allait s'en tirer, j'ai répondu oui, en voulant dire que son *âme* s'en sortirait. Sur le plan conscient, je voulais croire qu'elle vaincrait le cancer, mais dans mon âme, je connaissais l'issue fatale. J'ai choisi de croire mon conscient.

À partir de février, j'ai constaté un changement chez mon amie. Même si elle restait positive, on aurait dit qu'elle savait. Il y avait maintenant des périodes de silence entre nous durant les séances de guérison, ce qui ne lui ressemblait pas du tout. Un jour qu'elle me parlait d'une situation du quotidien qui lui occupait l'esprit, je lui ai demandé : « Tu as renoncé, n'est-ce pas ? » Elle a dit oui. Nous pensions peut-être consciemment que nous parlions de cette situation, mais sur le plan de l'âme, nous parlions de son cancer.

Je crois que j'étais la seule à savoir comment elle se sentait vraiment. Quoi qu'il en soit, si elle affrontait la réalité dans son âme, sa conscience se rebellait et poursuivait le combat. Elle me parlait même de la fête qu'elle avait planifiée pour célébrer sa rémission et me dit que nous devrions retourner au Canyon Ranch pour fêter mon anniversaire en juin. Elle était convaincue qu'elle serait guérie à ce moment-là.

Hélas, j'ai vu progressivement diminuer son ardeur au combat, comme si elle acceptait l'inévitable. Elle parlait d'engager une auxiliaire familiale à demeure, puisqu'elle savait que les choses iraient de mal en pis. Je ne pensais jamais entendre ces paroles dans sa bouche. Mon amie avait mené tant de combats dans sa vie et son entourage croyait qu'elle luttait contre sa maladie comme elle l'avait toujours fait. Or, elle a commencé à me parler de faire un testament, et le reste, afin de s'assurer que ses filles soient à l'abri du besoin. Il était clair qu'elle cherchait à mettre ses affaires en ordre.

Un lundi d'avril, je venais de rentrer d'un voyage à Hawaï quand j'ai appris qu'Elaine avait passé la semaine précédente à l'hôpital à cause d'un caillot de sang. Quand je lui ai annoncé que je me rendais chez elle pour une séance de guérison, j'ai été étonnée de l'entendre dire qu'elle se reposait. J'ai compris qu'il se passait quelque chose et que ce n'était pas seulement parce qu'elle ne voulait pas que je la voie sans maquillage et en pyjama : au fil des ans, cela m'était arrivé bien des fois dans les deux cas.

Bien entendu, je n'en ai rien laissé paraître, mais j'ai senti que mon deuil débutait. Je pleurais tellement que je ne savais que faire. La seule chose qui m'est venue à l'esprit a été de téléphoner à un ami d'Elaine pour lui demander de me rejoindre le lendemain matin chez elle. De cette manière, je ne serais pas la seule à me faire enguirlander. C'était bel et bien ce que je craignais : en dépit de sa faiblesse, Elaine avait toujours son côté bagarreur. Elle serait furieuse que j'arrive à l'improviste et que je la voie dans cet état.

Je suis arrivée chez Elaine le mardi matin et j'ai été accueillie par l'auxiliaire familiale. Elle m'a dit que mon ami était déjà avec Elaine dans la chambre à coucher de cette dernière. Quand je suis entrée, Elaine somnolait. Elle souffrait beaucoup. Je me suis approchée et je lui ai dit que j'imposerais mes mains sur elle pour la guérir tandis qu'elle se reposait.

Elle m'a répondu : « Je ne sais pas où sont mes cristaux. » Nous avions toujours travaillé avec des cristaux durant nos séances, on pouvait donc lui faire confiance pour y penser ! Je lui ai dit de ne pas s'en inquiéter et j'ai posé mes mains sur elle. Dès lors, mes plus grandes peurs ont été confirmées et j'ai dû affronter les faits : c'était la fin. J'ai doucement permis à l'énergie curative d'entrer dans le corps d'Elaine, qui a pris ce qui lui était nécessaire. J'ai fait attention de ne pas la noyer et tandis qu'elle était consciente, je lui ai fait promettre de consulter son médecin.

Tout à coup, elle a dit : « Il y a une raison à notre rencontre. » Nous avions toujours cru que nous nous étions liées d'amitié parce que nous avions traversé la rupture de notre mariage en même temps. La vérité était que j'étais entrée dans sa vie pour aider son âme et qu'elle était entrée dans la mienne pour me donner le courage dont j'avais besoin pour faire ce que je décidais.

Elaine est entrée à l'hôpital le soir même. Je suis allée lui rendre visite le lendemain matin et je lui ai promis de revenir le lendemain. Le jeudi, je suis arrivée à l'hôpital vers quinze heures et quand Elaine m'a regardée, j'ai vu son âme. La même chose s'était produite avec mon grand-père et je n'ai pas aimé cela du tout. La fille d'Elaine m'a dit que le médecin leur avait expliqué, à sa sœur et à elle, qu'à moins qu'elle ne trouve la force de lutter, il ne pourrait administrer à leur mère la chimio dont elle avait besoin et elle mourrait.

J'ai posé mes mains sur Elaine jusqu'à l'arrivée d'un de ses amis, avocat. Ils ont discuté un moment et elle l'a remercié plusieurs fois pour tout ce qu'il avait fait durant la journée. On aurait dit qu'elle savait que c'était le dernier jour où elle serait cohérente et en mesure de traiter ce genre d'affaires.

Ensuite, nous sommes restées seules. Elle s'est emparée de ma main, s'est redressée et m'a regardée droit dans les yeux. « Il se passe quelque chose ; pourquoi tout ce monde est-il ici ? » a-t-elle demandé, faisant référence aux amis venus lui rendre visite. « Je sais que tu le sais. »

Selon moi, il n'était pas nécessaire qu'elle sache ce que le médecin venait de dire parce qu'il fallait qu'elle continue de lutter envers et contre tout. Je lui ai donc répondu que je n'étais pas certaine de ce qui se passait.

Mais, elle a plongé le regard de son âme dans mon âme en disant : « Est-ce que je vais survivre à la nuit, Lisa ? » Elle était tellement sérieuse et déterminée à connaître la réponse que j'ai été incapable de lui mentir. « Sincèrement, Elaine, je l'ignore », ai-je répondu. J'aurais souhaité pouvoir lui répondre autrement, mais je ne le savais *vraiment* pas.

Elle m'a demandé de ne plus la quitter et de l'aider à faire face à ce qui l'attendait. C'était un honneur qu'elle me demande de l'assister durant l'un des moments les plus privés et les plus intimes de sa vie.

Elle a ensuite rappelé une de ses filles et s'est mise à lui parler de questions juridiques, mais celle-ci n'a rien voulu entendre. J'ai insisté pour qu'elle écoute parce que j'ai donné beaucoup de lectures à des personnes qui regrettaient de ne pas avoir été plus attentives aux dernières paroles de leurs chers disparus.

Je suis restée à l'hôpital jusqu'à minuit. En partant, j'ai fait promettre aux filles de me téléphoner au moindre changement afin que je puisse revenir.

Le lendemain, je me suis réveillée à 6 h 55 en entendant Elaine prononcer mon nom. Cinq minutes plus tard, j'étais debout en train de me brosser les dents et de m'habiller tout en essayant d'envoyer un message texte lorsque j'ai reçu celui-ci : *Viens, s'il te plaît.*

J'ai dévalé l'escalier jusqu'au rez-de-chaussée où j'ai trouvé Charlie occupé à bâtir une construction en LEGO avec Inma, mon adjointe.

J'ai embrassé mon fils à la hâte en lui disant que je le verrais quand il rentrerait de l'école. J'étais vraiment reconnaissante envers Inma de pouvoir s'en occuper.

J'étais à l'hôpital un quart d'heure après. Les filles étaient stupéfaites que j'arrive si vite et j'ai dit à la blague que je conduisais une voiture de sport pour une bonne raison : c'est parfois très commode. À la vérité, depuis que j'avais été réveillée par l'âme d'Elaine, je savais qu'il fallait que je me rende à l'hôpital au plus vite.

L'état de mon amie s'était détérioré durant la nuit et pourtant, elle avait encore la force de combattre. Elle luttait pour respirer, mais j'étais là pour lui transmettre de l'énergie de guérison et l'apaiser. Son corps acceptait la guérison dont il avait besoin et sur le plan de l'âme, Elaine savait qu'il l'aiderait. Elle se réveillait, regardait les gens droit dans les yeux, souriait en disant qu'elle combattait « cet enfoiré » et tout le monde gardait une lueur d'espoir. Elle refusait par contre de croiser mon regard : si nous nous étions regardées, elle aurait vu la vérité et moi aussi. Il m'était très difficile d'accepter ce qui se passait et d'y faire face. Il fallait néanmoins que je reste forte et positive pour soutenir les proches d'Elaine et lui donner ce dont elle avait besoin au moment opportun.

Durant la journée, la famille avait quitté son chevet pour organiser les funérailles qui devaient avoir lieu quelques jours seulement après le décès, en accord avec la religion juive. Je suis restée près d'Elaine jusqu'à minuit et je suis revenue tôt le lendemain. Le samedi, vers huit heures, ayant décidé de réaménager la chambre de façon à pouvoir accueillir tous ceux qui viendraient rendre visite à Elaine, nous avons placé le lit au milieu de la pièce.

Elle restait elle-même, injuriant ses filles, exigeant qu'elles se taisent en disant qu'elle avait besoin de paix et de silence pour combattre « cette connerie d'enfoiré ». On ne pouvait s'empêcher de rire : son corps s'affaiblissait peut-être de jour en jour, mais son esprit restait solide et féroce et luttait de toutes ses forces.

Malgré tout, ce fut la journée la plus difficile. Le matin, j'ai commencé par lui tenir les jambes et lui insuffler de l'énergie de guérison. Je sentais que l'âme d'Elaine cherchait à quitter son corps, mais une pensée surgissait alors qui la faisait retomber lourdement. Personne ne paraissait s'en rendre compte, sauf moi.

À un moment donné, les personnes présentes dans la pièce sanglotaient tout bas, croyant Elaine endormie. J'ai senti son âme quitter brièvement son corps pour échanger avec les esprits qui s'étaient rassemblés derrière son lit pour l'accueillir. Puis, j'ai entendu : *Dis-leur d'arrêter ces conneries de larmes !* (Je suis certaine que vous avez compris à ce stade qu'elle aimait beaucoup employer le mot *connerie* !)

Je voyais que l'âme d'Elaine avait besoin de quitter son corps afin qu'elle puisse se préparer la transition et cesser de souffrir. Malheureusement, même si j'ai été appelée à plusieurs reprises à l'aider à respirer, je ne pouvais plus faire grand-chose à ce stade.

Un ami intime d'Elaine, qui était aussi rabbin, est venu lui rendre visite et elle s'est mise à marmonner. Tout à coup, elle s'est écriée distinctement : « C'est un conard d'enfoiré !

— J'espère que ce n'est pas à moi que tu parles, Elaine », a répondu son ami et nous sommes tous partis à rire. (Nous ne savons toujours pas de qui elle parlait.)

Le rabbin est resté et nous avons tous prié ensemble, une expérience intime et particulière. Environ une heure après son départ, alors que je lui donnais de nouveau de l'énergie de guérison, Elaine s'est mise à parler et nous nous sommes tous penchés pour l'entendre. Elle s'est adressée à ses filles en leur recommandant de rester fidèle à leur nature et d'être heureuse, de prendre soin l'une de l'autre et de leurs enfants. Ensuite, elle s'est adressée à ceux qui étaient dans la pièce en disant que nous étions tous chers à son cœur, chacun à notre manière. Elle a demandé à la famille de former un cercle d'amour autour d'elle. Ses filles ont pris chacune une de ses mains et j'ai posé une des miennes sur une main d'Elaine et l'autre sur sa tête. Nous lui avons tous dit à tour de rôle en quoi nous lui étions reconnaissants et de quelle manière elle avait marqué notre vie.

Plus tard, nous sommes restées seules. Elle m'a dit qu'elle avait besoin d'aller à la toilette et a voulu se lever pour se rendre à la salle de bain. Quand je l'en ai empêchée, elle m'a dit : « Tu as raison, Lisa.

Je devrais rester ici, mais j'ai peur. » Je lui ai dit de ne pas avoir peur, que je serais là pour aider son âme à franchir le pas et qu'elle devait me faire confiance. De nouveau, je lui ai promis que je ne la quitterais pas. Et, je ne l'ai pas quittée.

Je suis restée à son chevet toute la nuit, la tête sur un oreiller posé à ses pieds. Je somnolais tout en gardant l'œil ouvert et je l'écoutais respirer pour m'assurer qu'elle n'avait pas trop de difficulté. Chaque fois qu'elle se réveillait, j'étais là avec de l'énergie de guérison et je l'aidais à rester calme. En vérité, c'était tout ce que je pouvais faire: être une influence apaisante tandis qu'elle se préparait à l'inévitable.

Le dimanche s'est levé. C'était le jour que tout le monde redoutait puisque les filles d'Elaine avaient une décision pénible à prendre. Elles ont décidé qu'il fallait augmenter les doses de morphine au maximum afin qu'Elaine ne souffre plus. Nous avons tous eu un moment en tête-à-tête avec elle pour lui dire que nous l'aimions. Elle était encore consciente et essayait de parler à ses filles, mais elle avait la gorge presque obstruée par des fluides et j'étais la seule capable de la comprendre.

Je sais maintenant que je l'entendais sur le plan de l'âme, mais que ma conscience intervenait aussi. C'était très étrange. Elle répétait souvent qu'elle avait peur, ce que j'ai choisi de ne pas relayer aux autres. J'ai plutôt échangé avec elle d'âme à âme, en lui disant qu'il était temps de lâcher prise, que tout allait bien se passer pour tout le monde.

Par la suite, nous avons appris que les lumières avaient vacillé le même soir chez Elaine, où tous les petits-enfants étaient hébergés. Chez moi, Charlie commençait aussi à s'agiter: Inma me dit qu'à 21 h 35, il lui avait demandé la permission de dormir dans mon lit. C'est à ce moment que j'ai senti que la transition d'Elaine débutait.

Jennie, la fille d'Elaine, a senti sa mère s'approcher tandis que la chambre se refroidissait. Je voyais les esprits entourer mon amie et j'ai ouvert les bras pour les aider à l'accueillir. Alourdie par le combat, l'âme de mon amie s'est arrêtée au creux de mes bras ouverts. L'âme d'Elaine s'est reposée dans mes bras un moment qui m'a semblé durer cinq minutes, mais qui n'a duré que quelques secondes, en réalité. J'ai entendu : *Dis à tout le monde que je l'aime*, puis son âme a quitté mes bras. Elle avait besoin d'être en paix.

Les gens lui ont fait leurs adieux et ont commencé à partir, même si Elaine respirait encore. Je l'avais accompagnée tellement loin que je ne voulais pas partir, mais je ne voulais pas non plus m'immiscer dans les derniers instants de ses filles à son chevet.

Le lundi 26 avril 2010, vers midi trente, je me préparais à partir quand Jennie m'a arrêtée pour me remercier de tout ce que j'avais fait. Brusquement, j'ai senti une bouffée d'énergie et entendu ces paroles : *Ah ! non, tu ne pars pas !*

Devrha, la seconde fille d'Élaine, dormait aux côtés de sa mère en lui tenant la main quand je suis rentrée dans la chambre et que j'ai commencé à minuter la respiration d'Elaine.

Comprenant que la fin était proche, Jennie et moi avons dit à l'unisson : « Dev, réveille-toi. » Nous étions ensemble pour voir Elaine rendre son dernier soupir.

C'était un décès paisible, calme et facile, mais je crois qu'Elaine a eu son mot à dire. Elle m'avait envoyé ce message : *Ah ! non, tu ne peux pas me laisser avant la toute dernière seconde. Si tu ne restes pas, je pars tout de suite !* Par la suite, nous avons beaucoup ri, toutes les trois, de la persistance de son esprit.

Le décès d'Elaine a été le moment le plus intime et le plus doux-amer de ma vie. Même si j'avais déjà écrit ce livre et que je connaissais le processus, je savais qu'il me fallait partager l'expérience de son décès parce qu'elle serait utile à plusieurs. J'ai perdu une amie que j'aimais profondément, mais j'ai aussi été témoin de ses derniers instants, qui ont été beaux et rassurants. Et d'avoir tenu son âme dans mes bras… il n'y a pas de mots pour décrire cette sensation incroyable.

Charlie avait surpris une conversation que j'avais eue avec Inma. Il savait donc que j'étais à l'hôpital avec Elaine. Il m'avait répété à maintes reprises : « Maman, je ne veux pas que tu reviennes à la maison avant qu'Elaine aille mieux. » C'est exactement ce que j'ai fait.

La nuit où Elaine est morte, je me suis assise avec mon fils une fois de retour chez moi et je lui ai raconté exactement ce qui s'était passé. Je l'ai rassuré : Elaine *allait mieux* maintenant ; son esprit était en paix, affranchi d'un corps fatigué qui ne lui était plus d'aucune utilité.

J'ai décidé qu'il était temps d'étrenner les flûtes que j'avais achetées pour elle. J'ai versé une larme de champagne dans chacune, une pour Charlie et l'autre pour moi. Nous avons levé les flûtes et porté un toast à cette femme fantastique, puis nous avons partagé en riant les meilleurs souvenirs qui nous restaient d'elle.

La fin de semaine d'ensuite, Devrha, la fille d'Elaine, est passée nous rendre visite. J'ai sorti les flûtes encore une fois et nous avons bu un peu de champagne en l'honneur de sa mère. J'ai fini mon champagne et lavé ma flûte avant de la déposer délicatement au centre du séchoir à vaisselle pour m'assurer qu'elle ne se brise pas.

Nous bavardions quand Dev s'est brusquement écriée : « Non ! » Je me suis retournée juste à temps pour voir la flûte de cristal tomber au ralenti. Le pied s'est cassé net à la base lorsque la flûte est tombée sur le comptoir de la cuisine, et tous les cristaux se sont éparpillés. C'était comme si Elaine disait : *Oh ! non, **nous** buvions dans ces flûtes !* en ne m'en laissant qu'une. Depuis cet incident, j'ai décidé de faire créer un bijou que je porterai en mémoire d'Elaine, dans lequel seront sertis les cristaux.

Elaine m'a envoyé un autre signe le 26 mai, un mois exactement après son décès. Charlie et moi avons découvert dans la maison *vingt-six* guêpes mortes près de sa photo. Nous n'avons pas trouvé de nid, même après avoir passé l'extérieur au peigne fin, et nous n'avons pas vu d'autre guêpe, vivante ou morte. Par la suite, nous avons découvert la photo d'Elaine sur le plancher à côté d'un cristal de la flûte à champagne. C'était bizarre, puisque la photo était dans la salle familiale et que la flûte avait été brisée dans la cuisine…

Il y a eu beaucoup d'autres signes pour me montrer que l'âme d'Elaine était encore reliée à nous, mais le plus spécial de tous m'a été donné la nuit précédant ses obsèques, quand elle est venue me transmettre des messages destinés aux personnes spéciales de sa vie, qu'elle voulait que je leur transmette le lendemain. Avant la cérémonie, j'ai rédigé les messages sur les cartes qu'elle avait choisies le matin même au magasin à travers moi, avant de les remettre à leur destinataire. C'était un beau geste, rassurant pour tous, car il nous faisait comprendre que l'esprit d'Elaine nous protégeait, aussi fort et plein d'amour que toujours !

Même si je communique avec l'Esprit depuis des années, le décès d'Elaine m'a permis de prendre conscience de façon encore plus pénétrante du pouvoir que nous possédons dans notre âme. Je me sens très privilégiée d'avoir pu accompagner mon amie dans la mort, aussi triste qu'ait été ce moment, et je sais que le fait de partager cette expérience ici aidera beaucoup de gens à cheminer personnellement dans la vie et dans la mort. Elaine n'est peut-être plus ici physiquement, mais elle continue de m'aider, de me guider et de m'inspirer à parler de *la vie de l'âme après la vie.*

Remerciements

Plusieurs personnes ont exercé une influence sur ma vie durant l'écriture de ce livre et j'ai beaucoup de reconnaissance pour chacune d'elles. J'aimerais adresser des remerciements particuliers à :

Charlie, parce que tu es cette âme très particulière et que tu fais en sorte que je souris tous les jours, même quand les choses vont mal.

Holly, pour m'avoir fait voir la lumière et m'avoir aidée à croire en moi. Tu es une source d'inspiration incroyable et je suis privilégiée et reconnaissante que tu fasses partie de ma vie. Je t'aime.

Jonesy et Carole, merci de vous assurer que je reste sur la bonne voie et que je respecte les échéances. Je sais que la tâche n'est pas facile !

Mike, parce que tu m'inspires et que tu conseilles sur la façon d'écrire un livre, tu es une étoile !

Janey, merci d'être là et de me permettre de me vider le cœur et de pleurer sur ton épaule. Tu m'as gardée sur la bonne voie de tant de manières tout au long de ce voyage difficile ; tu es et seras toujours ma sœur d'âme. Je t'aime, poulette !

Michelle et Sarah, merci d'avoir lu mon travail et d'y avoir cru. Vous l'avez remis en question et vous m'avez aidée à l'écrire de telle sorte que tout le monde puisse le comprendre. Merci beaucoup !

Ryan, Steve et Double D, merci de prendre soin de moi sur la route et de toujours me faire rire. À partir de maintenant, je pourrai flâner, m'amuser et arrêter de répéter : « J'ai un livre à écrire ! »

Mark, mon imprésario et mon ami, tu as toujours été là pour me soutenir et me guider. Merci !

Reid Tracy, Louise Hay et tous les autres membres de l'équipe de Hay House, merci d'avoir cru en mon don et de m'avoir offert la tribune qui me permet d'aider les autres et de leur enseigner la survie de l'âme.

Nancy Marriott, mon éditrice, je n'aurais jamais pu faire ce que j'ai fait sans ton travail acharné, ton amour et ta passion pour ce livre. Tu as été une bénédiction dans ma vie et j'espère que ce n'est que le début d'une relation harmonieuse.

Aux membres de mon club et à tous ceux qui ont soutenu mon don, merci. Je ne peux exprimer combien il est important pour moi de savoir que vous êtes derrière moi. Je vous remercie de vos paroles d'encouragement et d'amour. Je vous garde vraiment dans mon cœur !

Il y a tellement d'autres personnes que je voudrais remercier, mais vous savez qui vous êtes. Sachez que je vous garde toujours dans mon cœur et que je remercie l'Univers de vous avoir fait entrer dans ma vie.

À propos de l'auteure

Lisa Williams est connue et aimée à travers le monde pour ses talents de médium et de clairvoyante grâce auxquels elle possède l'étonnante faculté de communiquer avec ceux qui sont passés de l'autre côté. Née en Angleterre, Lisa a été découverte par Merv Griffin et présentée au public lors des deux saisons de sa propre émission populaire, *Lisa Williams, dialogue avec les morts*, suivie de *Lisa Williams, Voices from the Other Side* et *Lisa Williams Live*. Toutes ces séries sont maintenant diffusées à travers le monde.

Lisa est aussi l'auteure de *Life Among the Dead*. Elle a été invitée à *Oprah*, à *Good Morning America*, à *Larry King Live* et à *Jimmy Kimmel Live*. Actuellement en tournée, elle donne des lectures en direct à des assistances nombreuses partout dans le monde et tient un blogue où elle parle régulièrement de sa vie et de ses enseignements spirituels (**www. lisawilliams.com**) et interagit avec le public ainsi qu'avec les membres de son site.

Lisa est aussi formée en reiki et en « cristallothérapie ». Elle vit dans le sud de la Californie avec son fils Charlie et leurs deux chiens, Lucy et Max.

RECYCLÉ
Papier fait à partir
de matériaux recyclés
FSC® C103567

Marquis imprimeur inc.

Québec, Canada
2012

Imprimé sur du papier Silva Enviro 100% postconsommation
traité sans chlore, accrédité ÉcoLogo et fait à partir de biogaz.